D1723980

COMMUNITYS

OLIVER POTT
KATHRIN HAMANN

COMMUNITYS

WIE DIGITALE GEMEINSCHAFTEN DIE SOZIALEN
MEDIEN ABLÖSEN, ECHTE VERBUNDENHEIT SCHAFFEN
UND VERTRAUEN ZURÜCKBRINGEN

Campus Verlag
Frankfurt/New York

ISBN 978-3-593-52061-2 Print
ISBN 978-3-593-46133-5 E-Book (PDF)
ISBN 978-3-593-46132-8 E-Book (EPUB)

© 2025. Alle deutschsprachigen Rechte bei Campus Verlag in der Verlagsgruppe Beltz, Werderstr. 10, 69469 Weinheim, info@campus.de
Redaktion: Diana Schmid (www.schmid-text.de)
Umschlaggestaltung: studioheyhey.com
Satz: inpunkt[w]o, Wilnsdorf (www.inpunktwo.de)
Gesetzt aus: Minion und Myriad
Druck und Bindung: Beltz Grafische Betriebe GmbH, Bad Langensalza
Beltz Grafische Betriebe ist ein Unternehmen mit finanziellem Klimabeitrag
(ID 15985-2104-1001).
Printed in Germany

www.campus.de

INHALT

DIE VERTRAUENSKRISE: DAS ENDE DES SOCIAL-MEDIA-ZEITALTERS UND DER AUFSTIEG DER COMMUNITYS

Social Media ist unrettbar umgekippt – wie ein giftig gewordener, einst lebendiger, klarer Teich, in dem ein Fass Gülle verklappt wurde. Wer kann und nicht aus beruflichen Gründen noch Kontakte unterhält, kehrt den müde werdenden Plattformen wie Facebook, Instagram oder LinkedIn den Rücken zu. Allein zwischen 2023 und 2024 hat X, das vormalige Twitter, rund 30 Prozent aller US-amerikanischen Nutzer verloren.[1]

Auch Werbekunden springen ab und wollen mit X nichts mehr zu tun haben: In den USA haben Apple, Coca-Cola, Microsoft, Disney und noch viele weitere sämtliche Budgets eingestellt; in Deutschland zählen dazu beispielsweise Aldi oder Volkswagen.[2] X passe nicht mehr zur Kultur vieler Unternehmen, so fasst die *Wirtschaftswoche* den Exodus zusammen – und beziffert den Rückgang der Werbeeinnahmen auf dramatische 50 Prozent.[3]

Und wie steht's um den Meta-Konzern, der Social Media ja mit Facebook im Wesentlichen zur Welt gebracht hat und heute außerdem Instagram und WhatApp betreibt? Der Konzern verdient noch gutes Geld, gilt aber, was die Reichweite betrifft, als »weit abgeschlagen«[4] – und sucht daher nach alternativen Geschäftsmodellen wie VR-Brillen oder dem Metaverse.

Das größte Social-Media-Netzwerk weltweit ist allerdings TikTok, das zum chinesischen Bytedance-Konzern gehört – und sich damit westlich geprägten Kontrollmechanismen und wohl auch Normen weitgehend entzieht.

Der *Spiegel* bezeichnet TikTok als die »mächtigste App der Welt«[5]; aber gerade TikTok steht unter weltweiter massiver Kritik. TikTok ist in der Lage, binnen Sekunden 1,59 Milliarden Nutzer weltweit zu erreichen und Trends in einer nie dagewesenen Geschwindigkeit zu setzen.

Doch diese Macht bringt auch massive Kritik mit sich, die sich auf Fragen des Datenschutzes und der Privatsphäre konzentriert. Amnesty International wirft der Plattform nicht nur den Missbrauch der Privatsphäre vor, sondern sieht in TikTok vor allem eine Datenkrake, die massenhaft Informationen sammelt.[6]

In den USA droht TikTok gar ein Verbot, da es im Verdacht steht, die gesammelten Daten an chinesische Regierungsstellen weiterzugeben.[7]

Die Diskussionen um TikTok spiegeln aber eine viel breitere Debatte wider als nur die des Datenschutzes. Kernpunkt ist vielmehr die Frage, wie innerhalb einer globalisierten und digital vernetzten Welt mit der Macht von Social Media umgegangen werden sollte – dies insbesondere dann, wenn deren Mutterkonzerne aus Ländern stammen, die andere politische und rechtliche Systeme haben. Dabei spielen auch die Medien als »vierte Macht« – einschließlich Social Media – eine entscheidende Rolle, denn sie sind maßgeblich daran beteiligt, diese Themen in den öffentlichen Diskurs zu bringen, zudem Transparenz zu schaffen und die Bevölkerung über mögliche Risiken und Konsequenzen zu informieren.

Sehnsucht nach Postkarten:
Social Media ist längst blutleer geworden

Die aktuellen Social-Media-Trends des Jahres 2024, veröffentlicht von Meltwater, zeigen eine weitere, von der politischen Diskussion unabhängige Entwicklung: Dass die künstliche Intelligenz die Social-Media-Netzwerke wie nie zuvor beherrscht.

Bereits 92 Prozent aller Social-Media-Teams setzen auf künstliche Intelligenz (KI), wie Meltwater berichtet. Diese Zahl verdeutlicht die immense Bedeutung, die KI in der Gestaltung und Verwaltung von Social-Media-Inhalten erlangt hat.[8]

Dabei nutzen sowohl Influencer KI, um Inhalte wie Texte, Bilder und Videos zu produzieren. Doch auch deren Follower sind heute längst nicht mehr ausschließlich menschlich, sondern in ganz erheblichem Maße selbst KI – sogenannte »Bots«.

KI spricht mit KI

Im heute durchaus üblichen Fall wird Social-Media-Inhalt also von der KI erzeugt – und andere KI, eben in Form von Bots, antwortet und interagiert. KI spricht somit mit KI, und das pervertiert offenkundig den Social-Media-Kerngedanken: So waren doch »soziale« Medien offenkundig nie gedacht!

Blutleere Texte sind die Folge: Mit dieser weitverbreiteten Nutzung von KI als Inhaltslieferant von Social-Media-Plattformen gehen auch einige bemerkenswerte Konsequenzen einher. Ein häufig beobachtetes Ergebnis ist die völlige Beliebigkeit, das Gleichmaß des erzeugten Contents. Es fehlt oft an einer persönlichen Note, an sprachlichen Besonderheiten oder visuellen Herausforderungen, die den Betrachter wirklich ansprechen und begeistern könnten. Die Inhalte wirken zumeist austauschbar und glatt, ohne jene individuellen Ecken und Kanten, die früher von menschlichen Influencern eingebracht wurden.

»Linkedin- und Instagram-Botschaften langweilen mich zusehends. Sie klingen alle generisch. Und sehen auch ähnlich aus: eine emotionale Frage als Einstieg, dann eine Liste mit Argumenten, gern mit vorangestellten Emojis. Der Grund dafür ist, dass viele von Claude, ChatGPT oder Perplexity, also von generativer künstlicher Intelligenz formuliert werden«, so erklärt das Holger Volland, Vorstand des Trendsetter-Magazins *Brand Eins*.

Er freut sich über eine simple Urlaubspostkarte als zwar anachronistisches, aber wenigstens ganz sicher menschlich gemachtes Medium: »Auf der Rückseite berichtete meine Schwester handschriftlich von faulen Tagen, zirpenden Grillen und dem glücklich spielenden Kind im Meer. Immer wieder sah ich die Karte an, drehte sie herum und stellte sie schließlich vor mir auf den Tisch. Wenn mein Blick darauf fällt, muss ich lächeln.«[9]

KI-Algorithmen sind darauf ausgelegt, solche Muster zu erkennen und zu reproduzieren, die auf breiter Ebene erfolgreich sind. Sie lieben den Gleichklang des Durchschnittlichen, da dies die sicherste Methode ist, um eine maximale Reichweite und Engagement zu erzielen. Kreative

Risiken, die einzigartige und möglicherweise kontroverse Inhalte hervorbringen könnten, werden minimiert.

Es ist dieser Trend zur Uniformität, der Social-Media-Teams vor neue Herausforderungen stellt: Wie kann man sich in einer zunehmend gleichförmigen, fast blutleeren digitalen Landschaft abheben? Welche Strategien können entwickelt werden, um trotz des Einsatzes von KI die Individualität und Authentizität zu bewahren? Diese Fragen werden in den kommenden Jahren von zentraler Bedeutung sein, wenn Unternehmen und Content-Ersteller nach Wegen suchen, um in der Flut von algorithmisch erzeugten Inhalten nicht unterzugehen.

Wenn du selbst als Social-Media-Influencer unterwegs bist, kommen hier rauere Zeiten auf dich zu.

Die Lösung liegt hier im Rückschritt und nicht im Fortschritt, und zwar in der echten menschlichen Verbindung: Einzig und allein Menschen können wirklich menschlich interagieren. Während KI nützlich ist, um Daten zu analysieren und Trends zu erkennen, kann sie die menschliche Empathie nicht ersetzen. Durch die Einbeziehung echter menschlicher Erfahrungen und Emotionen können Inhalte geschaffen werden, die authentisch und berührend sind.

50 Prozent der Menschen wollen Social Media erheblich einschränken

Eines der renommiertesten Marktforschungsinstitute der Welt, das US-Unternehmen Gartner, sieht in der Gesamtschau den Untergang von Social Media und prognostiziert, dass über einen kurzen zeitlichen Horizont sogar bis zu 50 Prozent aller Menschen ihre Social-Media-Aktivitäten erheblich einschränken könnten. Dabei gaben 53 Prozent der Befragten an, dass die Qualität der sozialen Medien im Vergleich zu den Vorjahren abgenommen habe – und vermutlich deckt sich das mit deiner eigenen Wahrnehmung.

Gartner nennt in der Studie drei Hauptgründe, die maßgeblich zur wachsenden Unzufriedenheit der Nutzer beitragen:

1. **Fehlinformationen:** Soziale Medien haben sich zu einem zentralen Schauplatz für die Verbreitung von Fehlinformationen entwickelt. So verbreiten sich Fake News, also irreführende und bizarr falsche Inhalte, oft schneller als verifizierte und vertrauenswürdige Informationen, was das Vertrauen der Nutzer in diese Plattformen untergräbt. Die Schwierigkeit, zwischen wahrheitsgetreuen und manipulierten Inhalten zu unterscheiden, führt zu einer zunehmenden Frustration und Verunsicherung unter den Social-Media-Nutzern.

2. **Toxische Benutzer, die Hass verbreiten, wie etwa Trolle:** Ein weiteres Problem ist das Auftreten von Trollen und anderen toxischen Nutzern, die gezielt Hass und Spaltung in den sozialen Medien verbreiten. Sie nutzen die Anonymität der Plattformen, um Konflikte zu schüren und gezielt negative Emotionen zu säen. Dies führt zu einer vergifteten Onlineumgebung, die viele Nutzer abschreckt.

3. **Zunehmende Zahl an Bots:** Die wachsende Zahl an Bots in den sozialen Medien trägt ebenfalls zur Verschlechterung bei. Bots sind in der Lage, große Mengen an Inhalten durch KI zu generieren und zu verbreiten, oft mit dem Ziel, bestimmte Meinungen zu manipulieren oder Spam zu verbreiten. Die zunehmende Automatisierung der Interaktionen sowie die damit einhergehende Entmenschlichung der Plattformen mindern die Authentizität und den Wert der sozialen Medien für die Nutzer. Wenn du selbst Influencer bist und ausreichend viele Follower hast: Schau mal in deinem Posteingang, wie viel Prozent der Nachrichten schlicht Spam sind!

Neben diesen drei Hauptproblemen weist diese Gartner-Studie auf Bedenken hinsichtlich der Auswirkungen von künstlicher Intelligenz (KI) auf soziale Medien hin. Etwa 70 Prozent der Befragten glauben, dass die Integration von KI die Social-Media-Dienste weiter verschlechtern wird.[10]

Social Media in den Anfängen

Aber wie kam es zu diesem rasanten Abstieg? Und was waren die Anfänge davon?

In den frühen Tagen der sozialen Medien lag eine Aufbruchsstimmung in der Luft – wie so oft, wenn eine neue Technik am Entstehen ist. Die Anfänge von Plattformen wie Facebook, Twitter und Instagram waren geprägt von einem Geist der Entdeckung und der guten, positiven Schwingungen. Menschen liebten diese Plattformen – fasziniert davon, was für neue Möglichkeiten sie boten. Diese sozialen Netzwerke waren nicht nur Werkzeuge zur Kommunikation, sondern auch die ersten digitalen Vorboten für das Knüpfen und Pflegen von Beziehungen.

Alte Schulfreunde, die sich aus den Augen verloren hatten, konnten wieder zueinanderfinden. Familienmitglieder, die durch weite Distanzen getrennt waren, konnten durch Fotos und Nachrichten den Kontakt aufrechterhalten und am Ergehen des anderen teilhaben – in der Zeit zuvor musste man teuer telefonieren, und das dann eben auch ohne Bilder. Und 100 Prozent aller Akteure waren: Menschen!

Echte, menschliche und tiefe Verbindungen – darum ging es in den Anfängen, und genau darum hießen diese neuen Medien eben *soziale* Medien.

So ging es darum, ein digitales Abbild des realen sozialen Netzwerks eines Menschen zu schaffen, in dem Freunde und Familie im Mittelpunkt standen. Sie sollten die sozialen Aspekte des menschlichen Lebens in den digitalen Raum übertragen. Und exakt diese damals bahnbrechende neue Idee war es, die Facebook, Instagram, WhatsApp und damit den Meta-Konzern zu einem Tech-Giganten machte. Heute gehört Meta zu den zehn Unternehmen mit dem höchsten Marktwert der Welt – es wird mit über 1,3 Billionen US-Dollar bewertet und setzt fast 140 Milliarden US-Dollar pro Jahr um.[11]

Die Dienste von Meta boten auch eine Bühne für das Teilen von Erfolgserlebnissen und das Feiern besonderer Momente: Hochzeiten, Geburtstagsfeste, Abschlussfeiern und viele andere freudige Anlässe wurden in Form von Bildern und Videos geteilt, wodurch ein Gefühl der Gemeinschaft und des Zusammenhalts entstand. Ebenso fanden Menschen Unterstützung in schwierigen Zeiten, sei es durch aufmunternde Worte, Ratschläge oder einfach durch das Wissen, dass jemand zuhört. Die sozialen Medien wurden zu einem virtuellen Treffpunkt, an dem man sich jederzeit mit Menschen austauschen konnte, die einem wichtig waren.

Diese frühen Tage waren geprägt von einer Lebendigkeit, die die sozialen Netzwerke wie frische, klare Teiche erscheinen ließ. Die Energie echter menschlicher Interaktionen war überall spürbar – denn genau das war der Kern der sozialen Medien. Diskussionen und Gespräche fanden in einem respektvollen und konstruktiven Rahmen statt. Nutzer fühlten sich sicher, ihre Gedanken und Gefühle zu teilen, ohne Angst vor negativen Reaktionen haben zu müssen. Kreativität und eine positive Grundstimmung florierten. Diese Umgebung wurde als vertrauenserweckend und authentisch empfunden.

Die große Vertrauenskrise

Hassrede und Mobbing prägen dagegen heute zunehmend die sozialen Medien – das ist eine der Kernaussagen der zuvor geschilderten Gartner-Studie. Beleidigungen, Drohungen und gezielte Angriffe auf Einzelpersonen oder Gruppen sind weitverbreitet. Ein weiteres ernstes Problem ist die Verbreitung von Fake News und Desinformation. Dies untergräbt das Vertrauen der Nutzer in die Plattformen erheblich.

Der Club of Rome hat ein Überlebenshandbuch unter dem Titel *Earth for all* herausgegeben und erklärt darin: »Die bedeutendste Herausforderung unserer Tage ist nicht der Klimawandel, der Verlust an Biodiversität oder Pandemien, sondern unsere kollektive Unfähigkeit, zwischen Fakten und Fiktion zu unterscheiden.«[12]

Und auch das Bundesinnenministerium erkennt in Fake-Information ein großes Problem. Es schreibt: »Desinformation kann die öffentliche Sicherheit und Ordnung erheblich gefährden und den gesellschaftlichen Zusammenhalt schwächen […]. Oft dient Desinformation dazu, das Vertrauen in staatliche Stellen zu untergraben und durch das Befeuern kontroverser Themen gesellschaftliche Konflikte zu entfachen oder zu vertiefen.«[13] Es hat das »Jahr der Nachricht 2024« ins Leben gerufen.

In einer umfassenden Kampagne schaltet das Ministerium in Printmedien auffällige Anzeigen und hat dazu prominente Journalisten wie die Moderatoren Pinar Atalay und Ingo Zamperoni verpflichtet. Atalay erklärt in den Kampagnen: »Mein Job: Fakten vermitteln, Desinformation benennen«; Zamperoni sagt: »Gegen Desinformation zählt auch Deine Stimme.«[14]

Extremistische Inhalte, die Ideologien wie Terrorismus, Rassismus oder Fanatismus fördern, sind ebenfalls weitverbreitet. Ein tragisches Beispiel hierfür sind die Anschläge von Christchurch im Jahr 2019, bei denen ein Attentäter in Neuseeland zwei Moscheen angriff und die Tat live auf Facebook übertrug. Der Täter war von extremistischen Ideologien beeinflusst, die er über soziale Medien verbreitet hatte. Dieser Fall verdeutlicht, wie soziale Plattformen zur Radikalisierung beitragen können und welche ernsthafte Bedrohung diese Inhalte für die Sicherheit von Gemeinschaften darstellen.

Hinzu kommt der Sensationsjournalismus, der oft mit reißerischen Überschriften und übertriebenen Darstellungen arbeitet – den sogenannten »Clickbaits«, die zum Klicken auf einen Artikel motivieren sollen. Ein typisches Beispiel für solch ein Clickbaiting sind Artikel mit Überschriften wie »Du wirst nicht glauben, was als Nächstes passiert!« oder »Das eine Geheimnis, das dieser Prominente vor dir versteckt«. Diese Art von Inhalten verspricht sensationelle Enthüllungen, liefert aber oft nur oberflächliche oder irrelevante Informationen. So führt das Clickbaiting dazu, dass Nutzer in einen Strudel aus sensationsorientierten und oft übertriebenen Inhalten gezogen werden, was das Vertrauen in die Qualität der Informationen untergräbt. Der Grund dafür ist, dass Onlineplattformen seitens der Werbetreibenden oft nach der Anzahl der Klicks oder Views (Betrachter) bezahlt werden. Mehr Klicks bedeuten also schlicht mehr Geld – unabhängig von der Qualität der Inhalte.

Nicht zuletzt verbreiten sich auf sozialen Medien häufig Gewaltverherrlichung und explizite Inhalte. Ein erschreckendes Beispiel ist das »Momo«-Phänomen, bei dem ein Bild einer gruseligen Figur in Kindervideos auf YouTube eingebettet wurde, um die Zuschauer zu erschrecken und ihnen schädliche »Aufgaben« zu stellen. Obwohl sich schnell zeigte, dass das Phänomen größtenteils ein Betrug (»Hoax«) war, verbreiteten sich die Inhalte dennoch und lösten bei vielen Eltern und Kindern weltweit Panik aus. Solche Inhalte traumatisieren und führen außerdem dazu, dass Nutzer sich von den Plattformen abwenden, um ihre psychische Gesundheit zu schützen – oder Eltern ihren Kindern deren Nutzung sogar verbieten.

Durch die ständige Konfrontation mit solchen toxischen Inhalten verlieren die Nutzer zunehmend das Vertrauen in die sozialen Medien. Sie fühlen sich unsicher, was sie überhaupt noch glauben können, und Kampagnen wie die des Bundesinnenministeriums bestätigen das. Die Grenzen zwischen Fakten und Fake verschwimmen. Somit wird es immer schwieriger, zu erkennen, ob ein Beitrag wohlwollend gemeint ist oder ob er versteckte Absichten verfolgt.

Diese Unsicherheit führt dazu, dass viele Menschen sich von sozialen Plattformen distanzieren, da sie nicht länger bereit sind, in einer Umgebung zu verweilen, in der Manipulation, Fehlinformationen und schädliche Inhalte den Ton angeben.

Das Vertrauen, das einst die Grundlage für den Austausch in sozialen Netzwerken bildete, erodiert zunehmend und hinterlässt ein Vakuum, das nur schwer zu füllen ist. Communitys setzen mit ihrem Grundkonzept genau an dieser Stelle an.

Der Gamechanger: Echtnamen

Eines der größten Probleme sozialer Medien ist die Anonymität der Nutzer. In den digitalen Weiten des Internets kann sich fast jeder hinter einem Pseudonym oder einem fiktiven Profilbild verstecken. Diese Anonymität führt oft dazu, dass sich Menschen anders verhalten, als sie es im realen Leben tun würden. Ohne die sozialen Normen und Konsequenzen, die in persönlichen Beziehungen eine Rolle spielen, fühlen sich manche Nutzer dahingehend freier, sich aggressiv, beleidigend oder rücksichtslos zu äußern.

Was glaubst du, wäre auf den deutschen Autobahnen los, wenn niemand Nummernschilder hätte? Nummernschilder dienen dazu, Fahrzeuge und ihre Besitzer eindeutig zu identifizieren. Diese Identifizierbarkeit sorgt dafür, dass sich die Autofahrer an Verkehrsregeln halten, da Verstöße durch die Polizei zurückverfolgt und geahndet werden können. Ohne Nummernschilder gäbe es keine Möglichkeit, Verantwortung einzufordern. Die Folgen wären chaotische Zustände auf den Straßen, da sich viele Fahrer ohne Angst vor Konsequenzen rücksichtslos verhalten würden.

Ähnlich verhält es sich in den sozialen Medien. Jene Anonymität, die die Nutzer dort genießen, gleicht dem »Fahren ohne Nummernschild«. Und klar, ohne die Gefahr, zur Rechenschaft gezogen werden zu können, sinkt bei manchen Menschen die Hemmschwelle für respektloses oder verletzendes Verhalten. Das Fehlen einer Identität führt dazu, dass der soziale Druck stark reduziert ist, um sich anständig und fair zu verhalten.

Genau an diesem Punkt verändern die meisten Communitys die Spielregeln!

Der Grund dafür liegt in einem einfachen, aber wirkungsvollen Mechanismus: Viele Communitys erheben Gebühren für die dortige Mitgliedschaft (oder für spezielle Inhalte wie Onlinekurse). Diese Gebühren werden in der Regel per Kreditkarte oder anderen Zahlungsmethoden beglichen, die eine Identifikation des Nutzers erfordern. Auch für den Bankeinzug oder ein PayPal-Konto braucht man ein real existierendes Konto.

Um eine Kreditkarte oder ein Konto zu erhalten, muss sich der Antragsteller bei der Bank oder dem Finanzdienstleister ausweisen. Dieser Prozess stellt sicher, dass hinter jeder Zahlung eine reale Person steht, deren Identität bekannt ist. Wenn diese echte Identität dann mit der Mitgliedschaft in der Community verknüpft wird, kann der Betreiber der Plattform sicherstellen, dass jeder Nutzer auch tatsächlich eine nachvollziehbare Identität besitzt. Damit wird es für anonyme Trolle, die nur stören wollen, erheblich schwieriger, sich einzuschleichen.

Zudem werden Bots, die automatisiert Fehlinformationen verbreiten oder die Plattform destabilisieren sollen, durch diesen Mechanismus weitgehend ausgehebelt. Da sie keine echten Kreditkarten oder Identitäten nutzen können, wird ihre Teilnahme an solchen Communitys von vornherein verhindert.

Diese Kombination aus Klarnamenpflicht und kostenpflichtiger Mitgliedschaft schafft eine Umgebung, in der ein respektvolles Miteinander gefördert wird. Sie ist wie ein »Türsteher«, der Spinner, Hater und Bots gar nicht erst hineinlässt.

Der Wunsch nach Authentizität und verlässlichen Beziehungen

Viele Menschen haben es satt, sich durch die oberflächlichen und oft inszenierten Inhalte großer sozialer Netzwerke kämpfen zu müssen. Menschen sehnen sich nach echten Verbindungen zu anderen Menschen. Nach Verbindungen, die auf Verlässlichkeit und gegenseitigem Respekt basieren. Der Wunsch nach Echtheit wächst, weil das digitale Umfeld zunehmend von Misstrauen geprägt ist – das belegte auch die Gartner-Studie. Das Bedürfnis nach belastbaren Beziehungen entspringt der Erkenntnis, dass tiefere und wertvolle Interaktionen nicht durch Algorithmen oder klickgetriebene Inhalte ersetzt werden können.

Verlässlichkeit ist das Fundament jeder Beziehung, besonders in der digitalen Welt. Wenn aber das Vertrauen in eine Plattform oder in die geteilten Informationen schwindet, verlieren Nutzer die »Heimat«, in der sie sich sicher fühlen konnten.

Die Glaubwürdigkeit und damit das Vertrauen wurden durch mehrere Ereignisse erschüttert. Denken wir etwa an den Skandal um Cambridge Analytica, bei dem die persönlichen Daten von Millionen Facebook-Nutzern ohne ihr Wissen für politische Manipulationen genutzt wurden. Der Meta-Konzern musste daraufhin 725 Millionen US-Dollar Strafe zahlen.[15] Solche Vorfälle zeigen, wie verletzlich soziale Plattformen gegenüber Missbrauch sind, und wie tief der Schaden für das Vertrauen der Nutzer gehen kann.

Die Reaktion auf diese Entwicklungen zeigt sich in einem wachsenden Trend hin zu kleineren, fokussierten Online-Communitys. In diesen Gruppen, oft mit spezifischen Themen oder Interessen, finden Nutzer den Raum für echten und unverfälschten Austausch zu echten Menschen, denn einen solchen vermissen sie auf großen Plattformen. Hier im kleineren Setting können sie sicher sein, dass ihre Beiträge nicht nur gehört, sondern auch wertgeschätzt werden. Diese Gemeinschaften bieten eine Umgebung, in der Vertrauen wiederhergestellt und gepflegt werden kann, was langfristig zu stabileren und wertvolleren Verbindungen führt.

Aus betriebswirtschaftlicher Sicht ist dies eine »Verschiebung der Nutzerpräferenzen«, die die Unternehmen nicht ignorieren können – und daher eben Werbebudgets massiv kürzen, wie schon dargestellt. Die Bereitschaft der Nutzer, sich von großen Plattformen abzuwenden und sich in kleineren, glaubwürdigen Gemeinschaften zu engagieren, zeigt, dass Vertrauen nicht nur ein moralischer, sondern ebenso ein wirtschaftlicher Wert ist. Unternehmen, die in der Lage sind, dieses Vertrauen zu gewinnen und es sich zu bewahren, schaffen sich eine loyale Nutzerschaft, die bereit ist, langfristig zu investieren – sei es durch Zeit, Aufmerksamkeit oder finanzielle Mittel.

Die Sehnsucht nach einer Kultur des Echten, Wahren, Authentischen

Es ist das nicht Perfekte, das uns Menschen ausmacht, und das auf uns charismatisch, echt und attraktiv wirkt. Etwa das kleine Café in deiner Stadt anstelle einer aalglatten Coffee-Franchise-Kette. Im kleinen Café sind die Wände oftmals mit handgeschriebenen Kreidetafeln dekoriert, die Stühle leicht abgenutzt, aber dies alles auf eine charmante Art und Weise. Und, nicht zu vergessen, der Duft von frisch gemahlenem Kaffee liegt in der Luft. Alles verströmt hier eine Authentizität. Denk beispielsweise an die Tische, zumeist aus Holz, die schon einiges erlebt haben. Hier und da gibt es Kratzer und Kerben, die von vielen Jahren erzählen, in denen Menschen drumherum versammelt gesessen haben. Die Wandbeläge sind nicht perfekt, vielleicht blättert an einigen Stellen die Farbe ab. Dann die Tassen, in denen dir dein Kaffee serviert wird. Sie sind unterschiedlich, jede mit kleinen Unvollkommenheiten, vielleicht sogar einem winzigen Riss oder einer leicht abweichenden Form. Es sind gerade diese Unvollkommenheiten, die dem Café eine besondere Atmosphäre verleihen.

Dieses nicht ganz Vollkommene nennt man heutzutage auch in unseren Breitengraden oft »Wabi Sabi«, was wohl etwas mit dem Zeitgeist zu tun hat. Wabi Sabi ist ein japanisches Konzept, das die Schönheit im Unvollkommenen, Vergänglichen und Unvollständigen sucht. Es ist die Kunst, die Ästhetik der Einfachheit und des natürlichen Alterns zu schätzen. In unserem Beispiel des kleinen Cafés bedeutet das, dass die abgenutzten Tische, die ungleichen Tassen und die leicht abgeblätterte Wandfarbe nicht als Makel betrachtet werden, sondern als Ausdruck von Charakter und Geschichte.

Wabi Sabi lehrt, dass Perfektion nicht das Ziel sein muss. Die Kratzer auf den Holztischen in deinem Café erzählen nämlich Geschichten – von geliebten Menschen, unzähligen Gesprächen und vielen Momenten des Glücks. Diese Unvollkommenheiten machen unser kleines Café einzigartig und einladend. Anstatt nach Perfektion zu suchen, erinnert uns Wabi Sabi daran, die Schönheit im Unvollkommenen zu erkennen.

Es ist genau das, wonach wir uns in einer zunehmend digitalen Welt sehnen: Echtheit! Eben kein aalglatter Social-Media-Post, aufgefrischt durch Retuschen und Fotofilter. Nein, lieber ein uraltes Polaroidfoto, das dich zwar womöglich nicht ganz vorteilhaft zeigt, dafür aber authentisch und nahbar ist!

Das hat längst auch der Handel erkannt. Online- und Kataloghändler wie Manufactum und Torquato nutzen exakt das: Sie profitieren von der Sehnsucht nach Echtem. Kein Wunder, bieten sie doch genau das, wonach viele Menschen in unserer standardisierten Welt suchen: Produkte, die nicht massenhaft produziert, sondern mit Sorgfalt und handwerklicher Präzision gefertigt werden. Diese Produkte tragen oft die Spuren ihrer Entstehung – kleine Imperfektionen, die sie einzigartig und authentisch machen.

Torquatos Website beschreibt es folgendermaßen: »Torquato steht für Dinge mit Seele und damit für Produkte, die nicht austauschbar sind, sondern einen Charakter haben, der sie zum Teil der persönlichen Geschichte werden lässt.«[16]

Und bei Manufaktum zeichnet sich ein Produkt oft durch seine individuelle Note aus, während industriell gefertigte Waren meist auf Perfektion und Gleichförmigkeit getrimmt sind. Ein handgenähtes Lederprodukt kann winzige Unterschiede in der Naht aufweisen, eine handgefertigte Keramikvase vielleicht eine leichte Unregelmäßigkeit in der Glasur. Solche Merkmale sind keine Fehler, sondern Ausdruck der Handarbeit, die in jedes Produkt eingeflossen ist. Sie erzählen eine Geschichte von den Menschen, die sie hergestellt haben. Außerdem vermitteln sie dem Käufer das Gefühl, etwas Besonderes zu besitzen, das sich von den Massenprodukten abhebt – so wie ja auch das längst vergilbte Polaroid.

Diese Imperfektionen machen die Produkte von Manufaktum oder Torquato nicht nur sympathisch, sondern auch begehrenswert. Sie geben den Käufern das Gefühl, dass sie etwas Echtes und Unverfälschtes in Händen halten; ein Produkt, das nicht einfach aus einer seelenlosen Maschine gefallen ist, sondern mit Hingabe und Fachwissen hergestellt wurde. Heute, da viele Dinge austauschbar geworden sind, bieten diese Produkte einen Anker für Authentizität und Individualität – und genau das ist es, wonach viele Menschen sich sehnen.

Aalglatter, perfekter Inhalt stößt ab

Auch in der digitalen Welt von Social Media, in der Algorithmen immer stärker bestimmen, was wir sehen, hören und lesen, wächst die Sehnsucht nach dem »Echten«. Diese Sehnsucht ist tief in uns verwurzelt. Wir wollen keine perfekt zugeschnittenen, aalglatten Inhalte, die uns von einer KI serviert werden, sondern etwas, das menschlich ist, das von Herzen kommt, eben ein altes Polaroid.

In Online-Communitys suchen die Mitglieder oft nicht nach dem perfekten Ratschlag oder der makellosen Antwort, sondern nach echten Diskussionen, in denen Ecken, Macken und Kanten deutlich werden. Es sind die ungeschliffenen, manchmal chaotischen Gespräche, die das menschliche Miteinander ausmachen, und die für viele den wahren Wert einer Community darstellen.

Genau hier zeigt sich das Prinzip von Wabi Sabi – die Schönheit im Unvollkommenen und Ungeschminkten. Wenn Menschen in einer Community ihre Gedanken teilen, oft spontan und ungefiltert, entsteht eine lebendige Plauderkultur (so wie ja auch im Café geplaudert wird), die Raum für unterschiedliche Meinungen und unerwartete Wendungen lässt. Diese Unvollkommenheit macht die Gespräche authentisch – manchmal staunt man, manchmal ist man irritiert, manchmal lacht man über Beiträge, aber genau das ist ja eben menschlich.

Künstliche Intelligenz mag zwar in der Lage sein, Antworten zu generieren, die präzise und logisch erscheinen, aber ihr fehlt das, was den Menschen ausmacht: die Tiefe, die aus Erfahrung, Unsicherheit und echter Auseinandersetzung erwächst. Eine KI kann keine persönlichen Geschichten teilen, keine Emotionen wirklich nachvollziehen und auch keine witzigen, manchmal (bewusst) missverständlichen Kommentare abgeben, so wie sie aus einer lebendigen Diskussion resultieren würden. Was sie bietet, ist eine glatte, perfekte Antwort – doch gerade diese Perfektion wirkt oft steril, leblos und abstoßend.

In einer echten Online-Community geht es nicht um Perfektion, sondern um den Austausch zwischen Menschen, die ihre individuellen Sichtweisen, Erfahrungen und manchmal auch ihre Fehler einbringen. Das Ergebnis sind Diskussionen, die vielleicht nicht immer perfekt durchstrukturiert sein mögen, aber dafür echtes Leben in sich tragen.

Vielleicht kennst du das: Du stöberst dich im Netz durch Artikel und plötzlich merkst du, dass etwas nicht stimmen kann. Der Text klingt irgendwie steril, emotionslos. Die Worte reihen sich aneinander, aber sie berühren dich nicht, sondern langweilen. Das ist oft ein Anzeichen dafür, dass hier kein Mensch am Werk war, sondern eine Maschine – eben die KI. Wir Menschen sind gut darin, blutleere Texte zu erspüren. Aber woran erkennst du überhaupt den Unterschied? Hier eine kleine »Checkliste«:

- **Der Tonfall ist zu glatt:** Menschen sind nicht perfekt, und genau das macht unsere Kommunikation so lebendig. Wenn ein Text zu glatt, zu makellos erscheint, fehlt oft das, was ihn menschlich macht – kleine Ungereimtheiten, Ecken und Kanten. Ein menschlicher Autor wird vielleicht hin und wieder einen Scherz einfließen lassen oder eine unerwartete Wendung einbauen. Eine KI dagegen schreibt übermäßig präzise und strukturiert, aber eben öde und langweilig.

- **Gefühlsarmut und mangelnde Tiefe:** Ein weiterer Punkt ist die emotionale Tiefe. Menschen sind gut darin, komplexe Emotionen zu erleben und auszudrücken. Ein von Menschen geschriebener Text erzeugt oft eine emotionale Resonanz, die bei KI-generiertem Content ausbleibt. Du merkst, ob jemand wirklich versucht, dich zu erreichen, oder ob es sich nur um eine sterile Abfolge von Fakten handelt.

- **Mangel an persönlicher Erfahrung:** Eine KI kann Daten und Informationen auswerten, aber sie kann keine echten Erlebnisse teilen. Wenn ein Text keine persönlichen Anekdoten, Reflexionen oder Erfahrungen enthält, wirkt er schnell unpersönlich. Aber der Mensch sucht nach Geschichten, nach Erlebnissen, mit denen er sich identifizieren kann – daher ist im Marketing das »Storytelling« so wichtig. Eine KI kann diese Lücke nicht füllen.

- **Zwischentöne:** Kommunikation ist mehr als nur die Weitergabe von Informationen. Es geht auch um Zwischentöne, Ironie, Brechungen, ein Zwinkern, Subtext – all das eben, was zwischen den Zeilen steht. Während eine KI Schwierigkeiten hat, solche Nuancen zu erfassen und zu vermitteln, können Menschen auf eine Art und Weise schreiben, die diese feinen Schattierungen enthält. Das Gefühl, dass »etwas mitschwingt«, ist oft ein Zeichen dafür, dass hier ein Mensch am Werk war.

Die nicht perfekte, chaotische Antwort ist oft die mit der höchsten Qualität

Qualität wird in der Betriebswirtschaftslehre oft als die Erfüllung von Anforderungen und Erwartungen definiert.[17] Ein Produkt oder eine Dienstleistung ist von hoher Qualität, wenn diese die Bedürfnisse des Nutzers vollständig und zufriedenstellend erfüllen. Dies bedeutet, dass Qualität nicht nur durch objektive Maßstäbe wie Präzision oder Fehlerfreiheit bestimmt wird, sondern auch dadurch, dass individuelle und spezifische Probleme gelöst werden.

In einer Community wie beispielsweise einer Bastler-Community für den Citroen 2CV, auch liebevoll »Ente« genannt, zeigt sich, dass die höchste Qualität oft nicht im »Bücherwissen« liegt, sondern in der Fähigkeit, kreative, praktische Lösungen für reale Probleme zu finden.

Während KI-Inhalte präzise und umfassend sind, weil die KI auf eine nahezu unbegrenzte Menge an Quellen, Bibliotheken und Handbücher zugreifen kann, stoßen sie an ihre Grenzen, wenn es um unvorhergesehene oder ungewöhnliche Probleme geht. Genau hier entfaltet eine Community ihre Stärke.

Nehmen wir an, ein 2CV-Fahrer und Mitglied einer solchen Bastler-Community arbeitet an einer ausweglosen Reparatur seiner geliebten Ente. Alle Handbücher und technischen Anleitungen helfen nicht weiter. Und eine KI oder Google geben aber eben nur solche standardisierten Antworten, die sich streng an diese nicht weiterhelfenden Quellen halten – Internet- oder Bücherwissen eben!

Auf einmal postet in der Community ein anderer Bastler einen unkonventionellen »Hack« – eine Lösung, die er selbst entwickelt hat, basierend auf seinen eigenen Erfahrungen und vielleicht sogar inspiriert durch einen Moment des Experimentierens oder Improvisierens. Diese Lösung steht in keinem Handbuch, und dennoch funktioniert sie genau in deiner speziellen Situation.

Dieser »Hack« hat eine höhere Qualität als Google, die KI und alles Bücherwissen zusammen, weil er exakt das Problem löst, das du als Community-Mitglied hast.

Schauen wir uns ein weiteres Beispiel an. Ebenso aus einer Community, diesmal für Hobbygärtner, die sich auf den Anbau von seltenen, »heirloom« (also samenfesten) Tomatensorten spezialisiert haben. Diese Tomaten sind bekannt für ihre Vielfalt an Farben, Formen und Geschmacksrichtungen. Aber ihre Pflege bedarf oft spezieller Techniken, die von der standardmäßigen Gartenliteratur nicht abgedeckt werden. Es ist auch hier übrigens die als »Wabi Sabi« beschriebene Abweichung von der Supermarkt-Tomate, die diese Hobbygärtner als besonders attraktiv empfinden.

Nun also haben Community-Member eine besonders anspruchsvolle Tomatensorte gepflanzt, die in bestimmten Regionen nur schwer gedeiht, und bitten deshalb um Rat. Natürlich haben sie bereits alle Standardratgeber und Gartenbücher befragt und im Internet recherchiert. Trotzdem scheitern all diese Tipps in ihrem Garten, vielleicht wegen des lokalen Klimas oder der Bodenbeschaffenheit.

Doch in der Hobbygärtner-Community teilt jemand seine Erfahrungen mit genau derselben Tomatensorte. Er erzählt, dass er ein ähnliches Problem hatte, und beschreibt in einem »Hack«, wie er es gelöst hat – nicht durch das Befolgen der üblichen Ratschläge, sondern durch eine unkonventionelle Methode, die in keinem Gartenbuch steht. Vielmehr hatte er entdeckt, dass das Pflanzen von bestimmten Kräutern in der Nähe der Tomaten diese wachsen lässt und dass dadurch eine Pflanzensymbiose entsteht. Diese Methode funktioniert deshalb, weil sie auf seiner spezifischen Erfahrung basiert, nicht auf theoretischem Wissen. Und weil die betroffenen Hobbygärtner es hier eben mit einer »alten Sorte« zu tun hatten, war das damals zugängliche Wissen längst verloren gegangen. Sehr alte Rezepte und Anleitungen wurden nie digitalisiert, somit ging das damals bekannte Wissen einfach unter.

In einer von Menschen moderierten Community sind es diese Ecken und Kanten, die zu einer besseren Qualität führen können. Die Mitglieder bringen nicht nur ihr Wissen, sondern auch ihre Intuition, ihre Versuche und Erkenntnisse aus Fehlern, ihre individuelle Kreativität und ihre Improvisationsfähigkeit ein. Das Ergebnis ist eine lebendige, anpassungsfähige und lösungsorientierte Wissensbasis, die über das hinausgeht, was eine KI bieten kann.

Durch den Austausch solcher »technisch nicht perfekten« Lösungen (die aber sogar nach der betriebswirtschaftlichen Lesart perfekt sind) entstehen in einer menschlichen Community Methoden, die genau auf die Bedürfnisse der Mitglieder zugeschnitten sind. Diese Lösungen sind oft praxisnäher, flexibler und manchmal überraschend einfach, aber effektiv – genau das macht ihre Qualität aus. Dieses Ergebnis hat gerade durch die Imperfektion eine größere Qualität!

Schwarmintelligenz restauriert verlorenes Wissen

In den Beispielen mit der Reparatur des Citroen 2CV und der Tomatenzucht zeigt sich, warum altes und überliefertes Wissen von unschätzbarem Wert ist. Es ist Wissen, das über moderne, digitale Quellen oft nicht zugänglich ist, weil es nie digitalisiert wurde oder in den Tiefen von Archiven, alten Bibliotheken und privaten Sammlungen verborgen liegt.

Solche alten Bücher und Aufzeichnungen, in denen Techniken und Methoden beschrieben werden, die sich über Jahrzehnte oder sogar Jahrhunderte hinweg bewährt hatten, stehen der KI und Websuchmaschinen nicht zur Verfügung. Vielmehr sind sie oftmals die letzten Zeugen einer Zeit, in der Wissen durch direkte Erfahrung und mündliche Überlieferung weitergegeben wurde.

Gerade in Communitys findet sich dieser wertvolle Wissensschatz wieder. Dort können Mitglieder auf die Erinnerungen älterer Generationen und seltene, oft vergriffene Bücher zurückgreifen, die nie ihren Weg ins digitale Zeitalter gefunden haben. Wenn es um die Restaurierung eines alten Citroen 2CV oder die Pflege seltener Heirloom-Tomatensorten geht, bietet eben oft erst dieses Wissen die entscheidenden Lösungen – Lösungen, die digitale Quellen nicht bieten können. In diesen Communitys lebt das alte Wissen weiter und wird an die nächste Generation weitergegeben, ergänzt durch die persönlichen Erfahrungen und »Hacks« der Community-Mitglieder.

Die Schwarmintelligenz von Communitys kann sogar verlorenes Wissen »restaurieren«! Die Schwarmintelligenz einer Community, bestehend aus beispielsweise 1000 Citroen-Enthusiasten oder Tomatenfreunden, ist weit mehr als nur die Summe des Wissens dieser 1000 Mitglieder – es lässt sich vervielfachen.

Bleiben wir beim Beispiel mit der schwierigen Reparatur der »Ente«: Ein Mitglied stellt die Frage in der Community. Plötzlich erinnert sich ein anderes Mitglied daran, dass sein Vater oder Großvater früher genau dieses Auto fuhr und irgendwann einmal wegen des gleichen Fehlers liegen blieb. Ein einziges Mitglied genügt! Dieses Mitglied fragt zu Hause bei den Eltern oder Großeltern nach, durchforstet alte Notizen oder Erinnerungen, bringt dieses alte Wissen kurzum wieder ans Licht. Auf diese Weise wird nicht nur eine Lösung gefunden, sondern es wird auch historisches Wissen restauriert, digitalisiert und wieder in den Wissensschatz einer Community integriert.

Gleiches gilt für die Tomatenfreunde. Wenn ein seltenes Problem mit einer Heirloom-Tomatensorte auftaucht, kann ein Mitglied seine Großeltern fragen, wie sie früher in ihrer Region mit ähnlichen Herausforderungen umgegangen sind. Dieses überlieferte Wissen, das vielleicht nur mündlich weitergegeben und niemals schriftlich festgehalten, geschweige denn digitalisiert wurde, wird durch die Community wieder zugänglich gemacht.

Diese Form der Schwarmintelligenz ist einzigartig, weil sie den analogen Wissensschatz der Vergangenheit mit den digitalen Möglichkeiten der Gegenwart verbindet. Eine KI oder eine Suchmaschine wie Google kann auf diesen Schatz nicht zugreifen, weil er oft jenseits der digitalen Welt existiert – nur in den (analogen) Erinnerungen, Büchern oder Notizbüchern früherer Generationen. Es ist dieses »kollektive Erinnern«, das eine Community so wertvoll macht – nicht trotz, sondern wegen deren Imperfektion.

Das »Einsamkeitsbarometer« der Bundesregierung

Das Zeitalter der Communitys wird auch begünstigt durch die Suche der Menschen nach Nähe.

Die Bundesregierung hat erstmals überhaupt das »Einsamkeitsbarometer« veröffentlicht, eine umfassende Studie, die auf alarmierende Weise die zunehmende Einsamkeit in der Gesellschaft beleuchtet. Einsamkeit ist ein Phänomen, das sich durch alle Altersgruppen der Gesellschaft zieht. Im Jahr 2021 lag die »Einsamkeitsbelastung« (so nennt es das Barometer) bei den 18- bis 29-Jährigen bei 14,1 Prozent, bei den 30- bis 50-Jährigen bei 12,3 Prozent, bei den 51- bis 75-Jährigen bei 9,8 Prozent und bei den Menschen ab 75 Jahren bei 10,2 Prozent.[18]

Dieser Bericht ist das Ergebnis intensiver Forschung und zeigt, dass immer mehr Menschen in Deutschland das Gefühl haben, echte soziale Bindungen zu vermissen und isoliert zu sein. Besonders besorgniserregend ist, dass diese Einsamkeit nicht nur ältere Menschen betrifft, sondern zunehmend auch junge Erwachsene, die sich in einer von digitalen Interaktionen dominierten Welt zurechtfinden müssen.

Einsamkeit ist längst nicht mehr nur ein individuelles Problem, sondern eine gesellschaftliche Herausforderung, die weitreichende Auswirkungen auf das Wohlbefinden und die psychische Gesundheit der Betroffenen hat.

An diesem Barometer ist ebenso erkennbar, warum das Zeitalter der Communitys so stark an Bedeutung gewinnt: Menschen suchen verstärkt nach Nähe, nach Gemeinschaft und nach einem Gefühl der Zugehörigkeit, das in der realen Welt oft schwer zu finden ist. Online-Communitys bieten hier eine zeitgemäße Antwort auf das Bedürfnis nach sozialer Verbindung. Sie sind mehr als nur Plattformen zum Austausch von Informationen – sie werden zu Orten, an denen Menschen sich gegenseitig unterstützen, gemeinsame Interessen teilen und trotz geografischer Distanzen enge Beziehungen aufbauen können.

Besonders in einer Zeit, in der traditionelle Gemeinschaftsstrukturen (Kirchen, Vereine) brüchiger werden und persönliche Kontakte durch die sozialen Medien immer seltener stattfinden, können Online-Communitys eine wichtige Lücke füllen.

Lagerfeuer der Menschheit: Schutz und Gemeinschaft

Menschen haben seit jeher Schutz in Gemeinschaften gesucht, und zwar den der eigenen Gruppe. Schon in den frühesten Zeiten der Menschheitsgeschichte bot die Gruppe Sicherheit vor äußeren Gefahren und schuf ein Gefühl der Zugehörigkeit. Ob in Stammesverbänden, Dorfgemeinschaften oder religiösen Orden – das Zusammenkommen am sprichwörtlichen Lagerfeuer diente nicht nur als Quelle der Wärme, sondern war auch ein Symbol für Zusammenhalt und gegenseitige Unterstützung. Gemeinschaften waren die Orte, an denen man Schutz fand, sich austauschen konnte und die gemeinsamen Werte und Traditionen weitergab. Wer von einer solchen Gemeinschaft ausgestoßen wurde, dem drohte häufig der Tod, weil er von Nahrung und Information abgeschnitten war.

Im digitalen Zeitalter hat sich dieses Bedürfnis nach Schutz und Zugehörigkeit nicht verändert, sondern vielmehr verlagert. Das moderne »Lagerfeuer« findet heute online statt, in Form von Communitys.

Dort finden Menschen Zuflucht vor der Anonymität und der Kälte des Internets, weil sie in diesen digitalen Gemeinschaften das gleiche Gefühl von Geborgenheit und Zusammenhalt erleben, das damals das echte Lagerfeuer bot. Diese Gruppen wollen somit nicht nur Unterstützung und ein Gefühl der Zugehörigkeit bieten, sondern wollen auch ein sicherer Ort sein, an dem man sich authentisch ausdrücken kann, ohne Angst vor Verurteilung oder Missverständnissen haben zu müssen.

»Einmal Schalker, immer Schalker«

Ein besonders spannendes, lebensnahes Beispiel für lebenslange Zugehörigkeit und ein tief verwurzeltes »Lagerfeuergefühl« einer Community findet sich in der Welt des Sports. Hier sticht der FC Schalke 04 mit seinen Fans ganz besonders hervor. Die Anhänger dieses Traditionsvereins sind weltweit bekannt für ihre unerschütterliche Treue, die oft mit dem humorvollen, aber tief ernst gemeinten Satz »Einmal Schalker, immer Schalker« beschrieben wird.

Dieses Zugehörigkeitsgefühl der Schalke-Fans ist einzigartig und erstreckt sich bei ihnen über das gesamte Leben hinweg, unabhängig vom sportlichen Erfolg oder Misserfolg ihrer Mannschaft. Das zeigt uns, wie tief Gemeinschaftsbindungen sein können, wenn sie auf gemeinsamen Werten und Erfahrungen basieren. Die Fans stehen ihrem Verein in guten wie in schlechten Zeiten bei – und das seit Generationen.

Ein Symbol für diese außergewöhnliche Loyalität ist der Schalke-Friedhof. Dieser Ort bietet den treuesten Fans die Möglichkeit, nur einige hundert Meter vom Stadion entfernt begraben zu werden. Der Verein, dessen Signalfarbe das Königsblau ist, meint dazu: »Königsblau über den Tod hinaus.«[19]

Es ist ein sichtbares Zeichen dafür, wie eng das Leben vieler Menschen mit Schalke 04 verknüpft ist und wie sehr dieser Verein Teil ihrer Identität geworden ist. Schalke ist damit ihr »Lagerfeuer«, ihre Community.

Die Loyalität beginnt nicht erst im Alter, sie wird bereits in jungen Jahren gelebt und weitergegeben. Viele Schalke-Fans sorgen dafür, dass ihre Kinder von Geburt an Teil dieser besonderen Gemeinschaft werden. Es ist keine Seltenheit, dass Neugeborene direkt nach ihrer Geburt als

Mitglied des Vereins angemeldet werden. Schon in den ersten Tagen ihres Lebens werden sie Teil der Schalke-Community, die ihnen ein starkes Gefühl von Zugehörigkeit und Identität vermittelt.

Diese lebenslange Verbundenheit zeigt, wie mächtig das Gemeinschaftsgefühl in einer Community sein kann. Es ist nicht nur die Liebe zu einem Fußballverein, sondern das Gefühl, Teil einer größeren »Familie« zu sein, die durch gemeinsame Werte, Erlebnisse und Traditionen zusammengehalten wird. Schalke 04 und seine Fans verkörpern eine der stärksten Formen von Loyalität und Gemeinschaft, die außerhalb der engsten Kreise wie Familie oder Freunde in der modernen Gesellschaft zu finden sind.

WhatsApp: Vorform großer Community-Plattformen

WhatsApp-Gruppen sind der Archetyp unter den digitalen Communitys, weil sie eine besonders intime und persönliche Form der Beziehung ermöglichen. Vermutlich kann man sagen, dass WhatApp das heutige Lagerfeuer ist – denn es versammelt den engsten Kreis von Freunden und Familie.

WhatsApp-Gruppen sind der Inbegriff persönlicher digitaler Verbindungen. Denn anders als in vielen anderen sozialen Netzwerken, bei denen die Kontakte oft oberflächlich und übrigens einseitig sind – der Influencer sendet an die Follower –, bieten Gruppen auf WhatsApp eine direkte, private Community zum Mitnehmen an jeden Ort.

Schon die Art und Weise, wie man Mitglied einer Gruppe wird, unterstreicht diese Intimität: Du gibst deine Handynummer preis, also ein persönliches Detail, das du in der Regel nur mit Menschen teilst, zu denen du eine vertrauensvolle Beziehung pflegst. Deine Mailadresse hingegen nennst du vielleicht auf deiner Website und gibst sie freizügiger preis.

In WhatsApp-Gruppen werden oft sehr private Dinge geteilt wie Familienfotos, persönliche Gedanken oder große Lebensereignisse. Manchmal kann man es kaum erwarten, dass jemand eine WhatsApp schreibt!

Die Interaktionsrate in WhatsApp-Gruppen ist bei nahezu 100 Prozent, da die Nachrichten direkt und unmittelbar auf dem Bildschirm der Mitglieder erscheinen – und es sich eben um einen ganz kleinen, intimen Kreis handelt.

Diese enge Verbindung und die Fähigkeit, die Privatsphäre innerhalb der Gruppe streng zu kontrollieren, stärken das Vertrauen unter den Mitgliedern und machen solche Gruppen zu idealen Plattformen für echte, authentische Kommunikation.

Mit der »Community«-Funktion hat WhatsApp eine recht neue Funktion eingebaut – auch wenn sie wohl seltener verwendet wird als die klassische WhatsApp-Gruppe. Während eine WhatsApp-Gruppe typischerweise eine eng verbundene Gruppe von Personen ist, bietet eine Community die Möglichkeit, mehrere Gruppen unter einem gemeinsamen Dach zu vereinen.

Eine WhatsApp-Community kann beispielsweise aus verschiedenen Gruppen bestehen, die alle einem größeren Thema zugeordnet sind. Nehmen wir als Beispiel eine Schule: Innerhalb der Community könnte es separate Gruppen geben für Lehrer, Eltern, verschiedene Klassenstufen und außerschulische Aktivitäten wie Sport oder Klassenfahrten. Diese Struktur ermöglicht es, die Kommunikation besser zu organisieren und zu koordinieren, und gleichzeitig die Vorteile der persönlichen und intimen Interaktionen von Gruppen beizubehalten.

Der Hauptunterschied zwischen Gruppen und Communitys liegt in der Reichweite und der Struktur. Während *Gruppen* für enge, spezifische Verbindungen und direkte Kommunikation stehen, bieten *Communitys* eine Plattform für breitere Netzwerke, die dennoch durch ihre Struktur und Verwaltung eine gewisse Nähe und Relevanz bewahren. Communitys ermöglichen es, verschiedene Gruppen unter einem gemeinsamen Thema oder Ziel zu vereinen, was den Austausch innerhalb der Community erleichtert und gleichzeitig den Überblick bewahren lässt.

Doch trotz dieser Vorzüge haben WhatsApp-Communitys eine entscheidende Einschränkung: Sie sind abgekapselt und geschlossen, was sie von den wirklich großen und offenen Community-Plattformen unterscheidet.

WhatsApp-Communitys bieten zwar eine gute Möglichkeit, mehrere Gruppen unter einem Dach zu vereinen, aber diese Struktur ist stark auf die bestehende soziale (echte und persönliche) Vernetzung der Mitglieder beschränkt. Um Teil einer WhatsApp-Community zu werden, muss man bereits innerhalb des Netzwerks sein. Das bedeutet, dass du entweder eingeladen werden oder deine Handynummer einem bestehenden Mitglied anvertrauen musst. Dies schafft sodann eine geschlossene und abgekapselte Gemeinschaft, in der der Zugang von außen praktisch unmöglich ist.

Und diese Abkapselung bedeutet zugleich, dass WhatsApp-Communitys nicht auf die gleiche Weise entdeckt oder durchsucht werden können, wie das bei großen, offenen Plattformen der Fall ist. Es gibt keine öffentlichen Profile, keine Suchfunktionen und keine Möglichkeit, von außen auf Inhalte oder Mitglieder zuzugreifen – dies hat zur Folge, dass WhatsApp-Communitys zwar ein hohes Maß an Privatsphäre und Kontrolle bieten, aber gleichzeitig auch stark in ihrer Reichweite und ihrem Einflussbereich eingeschränkt sind. Und noch etwas ist anzumerken, dass eine Monetarisierungsfunktion vollständig fehlt.

Im Gegensatz dazu stehen große, offene Community-Plattformen, die als zentrale Knotenpunkte für weitläufige, große digitale Netzwerke dienen. Sie bieten umfassende Suchfunktionen; außerdem kann man Menschen, Themen oder Gruppen finden und sich mit ihnen verbinden, unabhängig davon, ob man zuvor eine persönliche Verbindung hatte oder nicht. Sie sind also von Grund auf so konzipiert und darauf ausgelegt, Menschen mit unterschiedlichen Biografien und Interessen zusammenzubringen. Somit wollen sie den Austausch auf globaler Ebene fördern.

Mit den meisten dieser Plattformen lässt sich eine Community wirtschaftlich betreiben, weil man von den eigenen Mitgliedern Geld für den Zutritt verlangen kann.

Wertschätzung: »Wärmendes Gefühl, gesehen zu werden«

Die Lagerfeuerromantik einer Community funktioniert auch auf einer anderen Ebene, nämlich der des Teleshoppings, das übrigens nicht totzukriegen ist – trotz der Allmacht von Amazon, Otto und Ebay. Telehopping setzt über 2,3 Milliarden Euro pro Jahr in Deutschland um – mit deutlich steigender Tendenz![20] Telehopping funktioniert deshalb so gut, weil es eine (gefühlte) Nähe zwischen Moderator und Zuschauer schafft, die über die bloße Produktpräsentation hinausgeht. Diese Verbindung ist nicht nur *funktional*, sondern auch *emotional*: Die Zuschauer haben oft das Gefühl, den Moderator schon ewig zu kennen, fast so, als würden sie von einem Freund kaufen.

Die Moderatorin oder der Moderator tritt nicht nur als Verkäufer auf, sondern als jemand, der die Bedürfnisse der Zuschauer versteht und ihnen passende Lösungen anbietet. Und als jemand, der immer freundlich und aufmerksam ist, ohne bittere Zwischentöne!

Diese liebevolle, persönliche Tonalität trägt dazu bei, dass Zuschauer eine starke Bindung entwickeln und das Teleshopping-Erlebnis als angenehm und wertschätzend empfinden. Das Gefühl, von einem Freund beraten zu werden, stärkt die Kaufbereitschaft und erklärt, warum Telehopping auch in Zeiten des Onlinehandels so erfolgreich bleibt. Und so entsteht eine »Teleshopping-Community«.

Die Tageszeitung *Die Welt* berichtet von Kunden, die gerade diese familiäre Atmosphäre so schätzen würden: »Das ist alles eine Art Familie, auch wenn das komisch klingt«, so eine 43-jährige Stammkundin. Die Finanzbeamtin ist seit über 25 Jahren überzeugte Telehopping-Käuferin.[21]

Das wärmende Gefühl, gesehen zu werden, ist ein zentraler Bestandteil des Erfolgs von Telehopping. Dieses Gefühl entsteht durch die wertschätzende, familiäre Ansprache der Zuschauer, die den Eindruck hinterlässt, dass sie zum Freundeskreis gehören. Die Medienwissenschaftlerin Joan Bleicher erklärt dazu: »Es ist eine Form der direkten Ansprache, die scheinbar auf persönliche Bedürfnisse eingeht. So entsteht eine parasoziale Interaktion.«[22]

Diese Interaktion führt dazu, dass Zuschauer sich persönlich verbunden fühlen, oft sogar Bilder ihrer Einkäufe ins Studio schicken und den Kontakt zu Moderatoren suchen. Das Gefühl, gesehen und wertgeschätzt zu werden, stärkt die Bindung zwischen Kunden und Moderatoren und fördert die Loyalität.

Wenn Menschen das Gefühl haben, dass ihre Beiträge und ihre Persönlichkeit geschätzt werden, sind sie eher bereit, Verantwortung zu übernehmen und positive Beziehungen zu pflegen. In der Folge entstehen aus dieser Wertschätzung Harmonie und das wohlige Gefühl eines Lagerfeuers. *Die Welt* nennt das ein »Wärmendes Gefühl, gesehen zu werden«.[23]

Und es stimmt schon, beim Telehopping zeigt sich die Bedeutung von Wertschätzung besonders deutlich. Zuschauer fühlen sich gesehen und anerkannt, wenn Moderatoren sie ansprechen oder ihre eingesendeten Nachrichten und Fotos live im Programm würdigen. Diese kleinen Gesten des Gesehenwerdens stärken das Gemeinschaftsgefühl und schaffen eine loyale Kundschaft, die nicht nur wegen der Produkte, sondern auch wegen der erlebten Wertschätzung immer wieder zurückkommt.

Deshalb ist die Erfüllung des Bedürfnisses nach Anerkennung letztlich nicht nur ein Schlüssel zum individuellen Wohlbefinden, sondern auch zur Schaffung und Erhaltung gesunder sozialer Strukturen. Wertschätzung sorgt dafür, dass sich Menschen in einer Gruppe eingebunden und respektiert fühlen, was für das Funktionieren jeder Gemeinschaft von entscheidender Bedeutung ist.

Und mit deiner eigenen Community sollte dir genau das auf ehrliche Weise gelingen!

»Swifties« bewegen ganze Volkswirtschaften

Taylor Swift hat es wie kaum eine andere Künstlerin geschafft, eine loyale und leidenschaftliche Community um sich zu versammeln – »Swifties«.

Diese »Swifties« bewegen ganze Volkswirtschaften. Die Auswirkungen sind in jeder Stadt, die Taylor Swift auf ihren Tourneen besucht, spürbar: Hotelbuchungen steigen, lokale Geschäfte erleben einen Umsatzanstieg. Ihre Fans geben hohe Summen für Tickets, Reisen und Fanartikel in den Geschäften vor Ort aus, was die lokale Wirtschaft erheblich ankurbelt.

Eine Analyse der wirtschaftlichen Effekte zeigt, dass Swifts Einfluss weit über die Musikindustrie hinausgeht. Städte, in denen sie auftritt, profitieren durch eine Zunahme an Touristen und Konsumfreude der Fans. Restaurants, Bars und Einzelhändler erleben während ihrer Tourstopps Rekordumsätze. Laut einer Studie der Federal Reserve Bank of Philadelphia führte Swifts Tournee allein im Mai und Juni 2023 zu einer Steigerung des Bruttoinlandsprodukts (BIP) der USA um 5 Milliarden US-Dollar. Die Studie gibt noch weitere Einblicke:

1300 US-Dollar gibt jeder Konzertbesucher aus. Die gigantischen Einnahmen von Taylor Swift, die in etwa der Wirtschaftsleistung von 35 der 50 US-Staaten entsprechen, haben selbst die Ökonomen der US-Notenbank beeindruckt. In einem Konjunkturbericht wird ihre wirtschaftliche Bedeutung ausdrücklich hervorgehoben. Auch die akademische Welt hat auf Swifts Einfluss reagiert: Universitäten wie Harvard und Stanford bieten inzwischen Kurse unter dem Titel »Swiftonomics« an, um die ökonomischen Phänomene rund um die Sängerin zu untersuchen.[24]

Besonders beeindruckend ist die Tatsache, dass Swifts Community nicht nur kurzfristige wirtschaftliche Impulse setzt, sondern auch langfristige Auswirkungen auf die Arbeitsmärkte hat. Durch ihre Auftritte werden in den betroffenen Städten Tausende von Arbeitsplätzen geschaffen, von denen viele in der Veranstaltungsbranche und im Gastgewerbe angesiedelt sind.

Darüber hinaus fördern »Swifties« auch das Wachstum von Kleinunternehmen. Viele kleine Händler, die Swift-bezogene Produkte anbieten, erleben während der Tournee einen deutlichen Anstieg ihres Umsatzes. Ihre Fans unterstützen diese Unternehmen aktiv, indem sie Produkte wie Kleidung, Schmuck und Accessoires kaufen, die oft speziell für die Tournee entworfen wurden.

Echte Beziehungen und 280 Millionen Follower

»Swifties« sind in ihrer Begeisterung und in ihrem Engagement weltweit wohl einzigartig. Und ihre Verbindung zu Taylor Swift basiert nicht nur auf den Songs, die sie veröffentlicht, sondern ebenso auf dem Gefühl, Teil einer größeren Gemeinschaft zu sein. Taylor Swift hat über 280 Millionen Instagram-Follower – und es geschafft, diese zu einer Community zusammenzuschweißen.

Die Beziehung zwischen Taylor Swift und ihren Anhängern ist einzigartig. Ihre Fans sehen sich nicht einfach als passive Konsumenten ihrer Musik, sondern als aktive Teilnehmer in einer wechselseitigen Beziehung. Genau das ist eines der Kernelemente von Communitys. Taylor Swift kommuniziert regelmäßig direkt mit ihnen über soziale Medien, teilt persönliche Einblicke und bindet sie in ihre kreativen Prozesse ein.

Die »Swifties« agieren als ein organisches Netzwerk, das seine eigenen Rituale und Traditionen entwickelt hat, durch die sie noch enger zusammengeschweißt werden.

Es ist deutlich zu erkennen, dass es den »Swifties« nicht nur um den Content (also die Songs) selbst geht, sondern um das, was diese Inhalte für sie bedeuten. Die Songs von Taylor Swift sind oft der Ausgangspunkt für tiefere Diskussionen und Verbindungen innerhalb der Fangemeinde. Es ist diese kollektive Erfahrung des Teilens und Verstehens, die den Zusammenhalt der Gruppe stärkt. Hier zeigt sich, dass der Wert der Inhalte nicht allein in ihrer kreativen Qualität liegt, sondern auch darin, wie sie Menschen miteinander in Beziehung setzen können. Und genau das ist ein prototypisches Community-Element! »Swifties« verstehen dies intuitiv und zeigen, dass eine Gemeinschaft genauso wichtig ist wie die Musik, die sie verbindet.

Das, was innerhalb der »Swifties« existiert, findet Parallelen in anderen erfolgreichen Gemeinschaften. Sei es die Treue von Star-Wars-Fans, Schalke-Anhängern oder die enge Verbindung zwischen Mitgliedern von Online-Gaming-Communitys: Es zeigt sich, dass solche Gruppen durch mehr als nur die ursprünglichen Inhalte zusammengehalten werden.

Es ist das gemeinsame Erleben, das regelmäßige Zusammenkommen und der Austausch von Meinungen und Emotionen, was diese Communitys so stark macht. Diese kollektive Kraft hat tiefgreifende Auswirkungen auf die Kultur und Kommunikation im digitalen Zeitalter.

Was die »Swifties« ebenso auszeichnet: die Botschaften und Themen in Taylor Swifts Musik in ihrem eigenen Leben zu integrieren und sie zu einem Teil ihrer persönlichen Identität zu machen.

Dies führt zu einer Gemeinschaft, die nicht nur von der Künstlerin selbst, sondern ebenso von den Fans selbstbewusst geformt wird. Hierdurch wird die Verbindung also zu einem fortwährenden »Gespräch«, zu einem Dialog gewissermaßen, bei dem die Grenzen zwischen Künstler und Zuhörer zunehmend verschwimmen.

»Swifties« haben gezeigt, dass solche Gemeinschaften einen nachhaltigen Einfluss haben können, indem sie nicht nur Kultur, sondern auch die Art und Weise, wie Menschen in einer digitalen Welt miteinander kommunizieren, neu definieren.

Dieses Gefühl der Zusammengehörigkeit machen die »Swifties« zu einer der wohl einflussreichsten Fangemeinden der Gegenwart. Ihr Engagement geht weit über das Maß hinaus, das man bei Musikfans erwarten würde. Damit setzt Taylor Swift auch einen Zeitgeisttrend, den der Communitys!

»Swifties« funktionieren auch ohne Taylor Swift

Die »Swifties« haben eine Kultur des Teilens und Unterstützens aufgebaut, die anderen Communitys als Vorbild dienen kann. Und sie benötigen Taylor Swift natürlich als Community-Gründerin.

Sie zeigen aber auch, dass der Erfolg einer Gemeinschaft nicht allein von einem zentralen Inhalt oder einer Leitfigur abhängt, sondern ebenso davon, wie gut es der Gruppe gelingt, ihre eigenen Rituale und sozialen Strukturen zu entwickeln. Und Taylor Swift muss bei diesen Ritualen gar nicht anwesend sein; damit löst sich die Community an dieser Stelle von ihrer Leitfigur.

»Swifties« haben eine Reihe von Community-Ritualen entwickelt – so wie das jede Community macht. Eines der bekanntesten Rituale ist der Austausch von Freundschaftsarmbändern bei Konzerten. Diese Tradition ist inspiriert von Swifts Song »You Belong With Me«, in dem Freundschaftsarmbänder erwähnt werden. Fans basteln bunte Armbänder, oft mit Liedtexten oder Insiderbegriffen, und tauschen sie mit anderen Fans aus. Dieses Ritual stärkt die Verbindung zwischen den Fans und schafft ein Gemeinschaftsgefühl.

Das, was die »Swifties« so besonders macht, besteht darin, eine kontinuierliche Verbindung zwischen sich und der Künstlerin aufrechtzuerhalten, die sich über jede neue Veröffentlichung und jedes neue Projekt hinaus erstreckt. Diese Verbindung ist mehr als nur eine Reaktion auf die Musik; sie ist eine aktive, sich ständig weiterentwickelnde Beziehung, die die kulturelle Bedeutung von Taylor Swifts Werk immer wieder neu definiert.

Wissenschaftliche Communitys: Das Beispiel CRISPR-Cas

Auch Wissenschaftler sind längst keine Einzelkämpfer mehr. Vielmehr entstehen die großen Fortschritte der Menschheit in Teamwork innerhalb intakter und meist interdisziplinärer Communitys.

CRISPR-Cas stellt eines der wohl beeindruckendsten Beispiele für die Wirkmacht einer wissenschaftlichen Community dar, die auf offener Zusammenarbeit und geteiltem Wissen basiert. Diese Gentechnologie, die es ermöglicht, DNA präzise zu schneiden und zu modifizieren, hat die Art und Weise, wie in den Biowissenschaften geforscht wird, grundlegend verändert.

Die Entdeckung und Weiterentwicklung von CRISPR-Cas ist das Ergebnis intensiver globaler Zusammenarbeit zwischen Forschern, die ihre Erkenntnisse und Fortschritte kontinuierlich teilen. Dieser Community-Ansatz hat nicht nur die Technologie selbst rasch vorangebracht, sondern auch die Wissenschaftsgemeinschaft erheblich gestärkt.

Die Entstehung und Entwicklung der CRISPR-Cas-Community ist eng verbunden mit den Arbeiten mehrerer Forscher. Eine der Wissenschaftlerinnen in der frühen Entwicklung dieser Technologie ist die spanische Mikrobiologin Francis Mojica. Bereits in den 1990er Jahren entdeckte Mojica die DNA-Sequenzen, die später als »CRISPR« identifiziert wurden, und erkannte, dass diese Sequenzen ein adaptives Immunsystem von Bakterien darstellen, das sie vor Viren schützt. Diese Entdeckung legte den Grundstein für das CRISPR-System.

Parallel dazu arbeiteten andere Forscher wie Emmanuelle Charpentier und Jennifer Doudna an der Weiterentwicklung von CRISPR-Cas hin zu einem präzisen genetischen »Werkzeug«. Charpentier und Doudna leiteten 2012 eine Community, die zur Veröffentlichung eines richtungsweisenden Papers führte. Darin beschrieben sie, wie CRISPR-Cas genutzt werden kann, um DNA gezielt zu schneiden und zu modifizieren, wodurch die Technologie sofort in den Fokus der genetischen Forschung rückte. Ihre Arbeit war der Beginn einer neuen Ära in der Biotechnologie, in der die Manipulation von Genen deutlich zugänglicher und präziser wurde – und sie entstand als Teamleistung.

Ein weiterer Forscher kam hinzu und brachte wiederum die »Schwarmintelligenz« seiner Community-Member mit hinein: Feng Zhang vom Broad Institute des MIT Zhang und sein Team waren unter den Ersten, die zeigten, wie CRISPR-Cas in menschlichen Zellen angewendet werden kann, was den Weg ebnete für eine breite Anwendung in der Medizin und anderen Bereichen. Das Broad Institute trug durch die öffentliche Zugänglichmachung der Werkzeuge und Methoden zur Verbreitung der Technologie bei und ermöglichte so eine noch stärkere Verbreitung und Anwendung.

Reibungsfrei laufen Community-Projekte allerdings nicht zwangsläufig ab – so gab es hier später einen Patentstreit um die Anteile an den Forschungen.[25]

Für die Entwicklung der CRISPR-Cas erhielten Charpentier und Doudna 2020 den Nobelpreis für Chemie.[26]

In der wissenschaftlichen Welt ist die Zusammenarbeit zwischen Forschern als »Scientific Community« ein festgelegter Begriff und von entscheidender Bedeutung.

Wissenschaftler auf der ganzen Welt stehen in einem ständigen Austausch, um neue Methoden zu entwickeln, Experimente zu wiederholen und Ergebnisse zu validieren. Diese kollektive Anstrengung führt zu schnellen Fortschritten, da die Erkenntnisse des einen Forschungsteams von anderen aufgegriffen, weiterentwickelt und in neuen Zusammenhängen und Rollen angewendet werden können. Der offene Zugang zu Forschungsergebnissen und Daten spielt hierbei eine zentrale Rolle, da er es ermöglicht, dass Wissen nicht isoliert bleibt, sondern global verbreitet und genutzt wird.

Vertrauen und eine offene Zusammenarbeit sind die Säulen, auf denen diese wissenschaftliche Gemeinschaft ruht. Die Beteiligten müssen darauf vertrauen können, dass die Daten, die sie von ihren Kollegen erhalten, verlässlich sind, und dass ihre eigenen Beiträge wertgeschätzt und fair behandelt werden. Dieses Vertrauen bildet die Grundlage für eine Zusammenarbeit, bei der die Forscher ihre Entdeckungen frei teilen, ohne Angst davor haben zu müssen, dass ihre Arbeit unangemessen genutzt oder ihnen die Anerkennung für ihre Leistungen vorenthalten wird. Im Fall von CRISPR-Cas haben diese Prinzipien dazu geführt, dass die Technologie nicht nur schnell entwickelt, sondern auch in verschiedenen Disziplinen angewendet wurde, von der Grundlagenforschung bis hin zur klinischen Medizin – und das trotz des Patentstreits!

Die Netzwerkeffekte in wissenschaftlichen Communitys wie derjenigen rund um CRISPR-Cas sind heute von zentraler Bedeutung für die Innovationskraft dieser Gemeinschaften. Erst wenn Forscher miteinander verbunden sind und ihre Arbeit gegenseitig befruchten können, entstehen Innovationen, die weit über das hinausgehen, was einzelne Wissenschaftler oder isolierte Teams erreichen könnten.

In der kollaborativen Forschung kommt es zu einem ständigen Austausch von Ideen, Techniken und Erkenntnissen. Dieser Austausch fördert die Entstehung neuer Konzepte und Anwendungen. Aber erst die Schwarmintelligenz der Community sorgt dafür, dass Hindernisse schneller überwunden werden und dass neue Lösungen, die in einem Teil der Welt entwickelt werden, sofort in anderen Teilen angewendet und weiterentwickelt werden können.

Gefährliche Beratung in sozialen Medien – und die sichere Alternative: »Abnehmen mit Arztbegleitung«

Die Facebook-Gruppen sind zu einem populären Treffpunkt für Menschen geworden, die ihre Gewichtsziele erreichen möchten. Hier tauschen sich die Mitglieder über Erfolge, Rückschläge und persönliche Strategien aus. Das motiviert sie, durchzuhalten. Aber dieser Austausch birgt erhebliche Risiken, die auf den ersten Blick gar nicht erkennbar sind! Denn die geteilten Informationen beruhen häufig auf subjektiven Erfahrungen, die nur selten auf andere Personen übertragbar sind.

Gesundheitszustände, bestehende Erkrankungen oder Medikamenteneinnahmen finden in diesen Diskussionen meist keine Beachtung, was das Risiko von Fehlinformationen erheblich erhöht. Hier werden Tipps und Anleitungen ohne fundierte wissenschaftliche Basis geteilt, was höchst problematisch enden kann!

Persönliche Erfolge und Methoden, die in diesen Facebook-Gruppen geteilt werden, sind oft verallgemeinert und werden als universelle Lösungen oder »Wunderdiäten« präsentiert. Die Verbreitung von radikalen Diäten, fragwürdigen Nahrungsergänzungsmitteln oder unbewiesenen Praktiken erfolgt meist ohne wissenschaftlichen Hintergrund.

Da es an medizinischer Beratung in diesen Gruppen gänzlich fehlt, besteht die Gefahr, dass ernste Symptome übersehen und die Gesundheit der Teilnehmer gefährdet wird.

Solche Communitys sollten daher von erfahrenen, ausreichend qualifizierten Experten geführt werden, die das Community-Wissen abfedern und bewerten.

Eine solche fundierte Lösung bietet die Community »Abnehmen mit Arztbegleitung« von Dr. Kathrin Hamann, Hausärztin in München, und Mitautorin dieses Buches. Hier erhalten Community-Member eine maßgeschneiderte Betreuung, die individuell auf ihre gesundheitlichen Bedürfnisse abgestimmt ist. Dr. Kathrin Hamann berücksichtigt bei der Erstellung von Abnehm- und Ernährungsplänen relevante Faktoren wie Vorerkrankungen, laufende Therapien und die Einnahme von Medikamenten. So entsteht eine Abnehmstrategie, die nicht nur sicher, sondern auch effektiv ist und langfristig zum Erfolg führt.

In Dr. Kathrin Hamanns Community profitieren die Teilnehmer von einer kontinuierlichen fachlichen Begleitung, die sich deutlich von den oft unspezifischen Ratschlägen in sozialen Medien abhebt. Jede Frage wird individuell und kompetent beantwortet, sodass die Teilnehmer wissen, dass sie sich auf fundierte Informationen verlassen können.

Diese medizinische Expertise sorgt dafür, dass der Prozess des Abnehmens auf einer soliden Basis erfolgt, bei der die Gesundheit der einzelnen Teilnehmer stets im Mittelpunkt steht.

Wie bei einem echten Lagerfeuer entsteht hier – auf der Basis des Fachwissens – eine Atmosphäre, in der man sich austauscht, voneinander lernt und sich gegenseitig unterstützt. Dies jedoch stets in einem Rahmen, der durch das Wissen und die Erfahrung von Dr. Kathrin Hamann und ihrem Team gesichert ist.

Die ärztliche Begleitung stellt sicher, dass die Gesundheit jedes Einzelnen gewahrt bleibt, während die sozialen Bande innerhalb der Community gestärkt werden.

Ein direkter Vergleich der Beratungsqualität in sozialen Medien und in Kathrins betreuter Community zeigt erkennbare Unterschiede. Während das Gemeinschaftsgefühl in sozialen Gruppen sicherlich motivierend wirkt, fehlt dort oft die fachliche Tiefe und Sicherheit. In Communitys mit fachlicher Begleitung werden die Teilnehmer nicht nur durch gesicherte, fundierte Ratschläge unterstützt, sondern auch durch das signalisierte Vertrauen, dass alle Empfehlungen wissenschaftlich geprüft und individuell angepasst sind.

Ein zusätzlicher Vorteil könnte noch in der Möglichkeit bestehen, gesundheitliche Risiken frühzeitig erkennen und angemessen reagieren zu können. Sollte während des Abnehmprozesses ein Problem auftreten, kann Kathrin Hamann sofort die notwendigen Schritte einleiten, um die Gesundheit der Teilnehmer zu schützen. Eine Abklärung beim eigenen Hausarzt wird notwendigerweise empfohlen und im Anschluss besprochen.

Diese unmittelbare ärztliche Intervention ist ein entscheidender Unterschied zu den risikobehafteten Empfehlungen, die in Social-Media-Gruppen oft ohne ausreichendes Wissen weitergegeben werden.

In einer solchen fachlich begleiteten Community steht nicht nur das Abnehmen, sondern vor allem die Gesundheit der Teilnehmer im Vordergrund. So eine professionelle Begleitung will somit, dass Risiken minimiert und die Erfolgschancen maximiert werden können – und zwar ohne, dass die Teilnehmer ihre Gesundheit aufs Spiel setzen müssen. Teilnehmer sollen sich vielmehr wohl und verstanden fühlen.

Der Rosenthal-Effekt unterstützt Community-Mitglieder

Der Rosenthal-Effekt, auch als »Pygmalion-Effekt« bekannt, unterstützt in Communitys die einzelnen Mitglieder. Dieser Effekt beschreibt, wie die Erwartungen einer Person das Verhalten und die Leistung anderer beeinflussen können. In einem sozialen oder gemeinschaftlichen Umfeld wirkt dies folgendermaßen: Positive Erwartungen und die Förderung durch eine Autoritätsperson – im Beispiel der Abnehmgruppe Dr. Kathrin Hamann – stärken die Selbstwahrnehmung und Motivation der Teilnehmer.[27]

Am »Abnehm-Lagerfeuer« von Kathrins Community sorgt somit ihre ärztliche Führung dafür, dass die Teilnehmer sich nicht nur sicher fühlen, sondern dass sie ebenso motiviert sind, ihre Gesundheitsziele zu erreichen. Durch die motivierende, positive Unterstützung und das Schaffen einer respektvollen und sicheren Umgebung werden die Teilnehmer dazu angeregt, sich stärker einzubringen und ihre Ziele mit größerer Entschlossenheit zu verfolgen.

So wie das Lagerfeuer Wärme und Sicherheit spendet, erzeugt die ärztliche Betreuung eine Atmosphäre, in der die Teilnehmer durch die ermutigende Führung von Kathrin in ihrem Abnehmprozess bestärkt werden.

Amanda Palmer und Judith Holofernes:
Community statt Follower

Die Community-Plattform Patreon ermöglicht es Kreativen, sich Communitys um ihre Arbeit zu bilden und diese direkt zu monetarisieren. Künstler, Podcaster, YouTuber und viele andere nutzen diese Plattform, um ihre Fans in exklusive Communitys einzuladen, in denen sie zusätzlichen Content anbieten und direkt mit ihren Unterstützern interagieren.

Hier zeigt sich der Wert authentischer Verbindungen: Der Erfolg von Patreon basiert auf der direkten Beziehung zwischen dem Kreativen und seinen Fans, die bereit sind, ihrem Künstler besonders nahe zu sein.

Erfolgreiche Patreon-Künstler haben oft loyale Follower, die nicht nur an der Kunst interessiert sind, sondern auch an der persönlichen Verbindung zum Künstler.

Die Tiefe und Qualität der Beziehungen in diesen Gemeinschaften bieten einen deutlichen Mehrwert gegenüber den oft seichten Likes und der Oberflächlichkeit, die in Social Media vorherrschen.

Mit der zunehmenden Stärke dieser Communitys verändern sich auch das Verhalten und die Erwartungen der Nutzer an digitale Kommunikation. Die Strukturen und Funktionsweisen dieser Gemeinschaften setzen neue Maßstäbe für den Austausch im digitalen Raum – und eben das wird der »neue Erwartungshorizont« der Internetnutzer.

Ein Beispiel für eine erfolgreiche Community auf Patreon ist die von Amanda Palmer, Musikerin, Schriftstellerin und Performerin. Amanda Palmer hat es geschafft, um ihre Kunst herum eine engagierte und leidenschaftliche Community aufzubauen, die weit über den einfachen Konsum ihrer Musik hinausgeht.

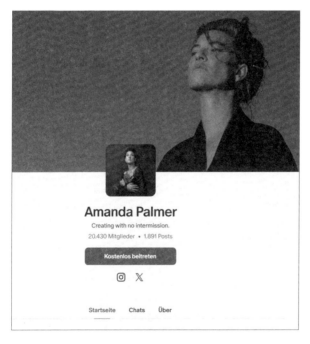

Amanda Palmer versammelt ihre Community von über 20 000 Mitgliedern auf Patreon.

Quelle: Patreon.com

Auf ihrer Patreon-Seite bietet Amanda Palmer ihren Unterstützern nicht nur Zugang zu exklusiven Songs, Videos und Kunstprojekten, sondern gibt auch Einblicke in ihren kreativen Prozess, in persönliche Blogposts und interaktive Livestreams.

Was ihre Community so besonders macht, ist der starke Fokus auf das Miteinander und gegenseitige Unterstützung – beides wesentliche Community-Merkmale. Amanda nimmt sich regelmäßig die Zeit, um mit ihren Fans in den Kommentaren zu plaudern, ihre Fragen zu beantworten und ihnen ein Feedback zu geben. Sie schafft eine Atmosphäre, in der sich ihre Unterstützer als Teil einer engen, wertgeschätzten Gemeinschaft fühlen.

Ein besonderes Highlight ihrer Patreon-Community ist die Möglichkeit für Fans, aktiv an ihren Projekten teilzuhaben. Beispielsweise hat Amanda Palmer ihre Unterstützer an der Entstehung von Musikvideos oder Kunstprojekten beteiligt, indem sie Ideen und Vorschläge aus der Community einbezogen hat. Diese aktive Mitgestaltungsmöglichkeit stärkt das Gemeinschaftsgefühl und macht ihre Fans zu einem integralen Bestandteil ihres kreativen Schaffens – und auch der Kapitalbeschaffung.

Das gelingt Amanda Palmer mit beeindruckendem Erfolg: Für ihr Album »Theatre is Evil« konnte sie rund 1,2 Millionen US-Dollar einsammeln[28] – unter Ausschluss der üblichen Musik-Vertriebsmittler wie Labels oder Musikproduzenten, eben nur durch»Crowdfunding« in ihrer Community.

Darüber hinaus nutzt Palmer ihre Plattform, um auf soziale und politische Themen aufmerksam zu machen, die ihr am Herzen liegen. Sie bittet ihre Community, sich ebenfalls zu engagieren. Diese Kombination aus Kunst, persönlicher Verbindung und sozialem Engagement hat ihr nicht nur eine treue Anhängerschaft eingebracht, sondern auch eine Community, die sich gegenseitig unterstützt und inspiriert.

Amanda Palmers Erfolg auf Patreon zeigt, wie eine gut geführte Community nicht nur finanzielle Unterstützung für einen Creator generieren kann, sondern auch eine tiefe und nachhaltige Bindung zwischen Künstler und Fans schaffen kann. Das verdeutlicht für uns, wie wichtig es ist, eine Gemeinschaft aufzubauen, die über den reinen Konsum von Inhalten hinausgeht und die vielmehr echte Verbindungen eingehen will.

Diese Form der Interaktion, bei der der Community-Gedanke im Vordergrund steht, ist es, was Plattformen wie Patreon so erfolgreich macht.

Sie zeigt deutlich, dass bei der Flut an Content der eigentliche Wert nicht mehr im bloßen Angebot von Inhalten liegt, sondern in der Fähigkeit, mit diesen Inhalte echte, nachhaltige Beziehungen aufzubauen.

> Diese Verschiebung von der Quantität der Inhalte hin zur Qualität der Verbindungen ist eine direkte Reaktion auf die Entfremdung, die viele im digitalen Raum empfinden. Während Content unermüdlich weiterproduziert wird, bleibt die Sehnsucht nach authentischen Verbindungen unerfüllt. Diese Lücke schließen Communitys.

Die Gemeinschaften, die in dieser neuen Onlinewelt entstehen, bieten genau das: einen Ort, an dem Menschen sich nicht nur informieren und Songs bei Spotify konsumieren, sondern ein Teil eines größeren Ganzen werden können. Hier geht es nicht mehr darum, wer den meisten Content produziert, sondern darum, wer in der Lage ist, echte, bedeutungsvolle Beziehungen aufzubauen.

Der Mensch rückt wieder in den Mittelpunkt. Der Austausch von Ideen, die Diskussion von Perspektiven und das gemeinsame Erleben von Momenten schaffen einen Mehrwert, der weit über das hinausgeht, was automatisierte Inhalte jemals bieten könnten. Die Teilnehmer dieser Gemeinschaften profitieren von der kollektiven Intelligenz, die durch den aktiven Austausch entsteht, und erleben eine tiefe Verbundenheit, die in der anonymen Weite des Internets oft verloren geht.

Während KI immer weiter perfektioniert wird und damit auch die Möglichkeit, Inhalte zu generieren, bleibt aber das Bedürfnis nach echter menschlicher Nähe und Verständigung bestehen. Die Gemeinschaften füllen diese Lücke, indem sie Räume bieten, in denen Vertrauen aufgebaut wird, in denen Menschen sich sicher fühlen sollen, ihre Gedanken zu teilen, und in denen gemeinsame Werte gelebt werden.

Nehmen wir Judith Holofernes als Beispiel. Sie ist Frontfrau der Band »Wir sind Helden« und war in der Vergangenheit auch kommerziell überaus erfolgreich mit mehreren Doppel-Platin-Alben. Holofernes sucht genau diese direkten, privaten Beziehungen. Deshalb hat sie ebenfalls eine Community gegründet. Den tradierten Musikkonzernen mit ihren Multimillionen-Umsätzen hat die Sängerin längst den Rücken gekehrt und erklärt: »Der Schritt zu Patreon bedeutet ja, dass man sich auf die Tiefe der Beziehung zu seinen Unterstützern ausrichtet und nicht auf die Masse und Zahlen.«[29]

Die Zukunft der digitalen Welt liegt in den Händen dieser Communitys. Während Content weiterhin eine Rolle spielen wird (Amanda Palmer und Judith Holofernes funktionieren ja nicht ohne ihre Songs!), wird er doch zur Nebensache, wie wir noch sehen werden. Er wird zu einem Mittel, das die Interaktionen innerhalb der Gemeinschaften bereichert, aber nicht mehr dominiert.

Die wahre Stärke derartiger Communitys liegt in den Verbindungen zu den Fans. Diese entstehen durch gemeinsame Erlebnisse und den Aufbau eines Vertrauens, das durch nichts ersetzt werden kann. In dieser Zukunft wird die Qualität der menschlichen Beziehungen den Maßstab setzen – und die Gemeinschaften werden zu Leuchttürmen, die Orientierung und Halt bieten.

Welche Plattform für mein Projekt?

Patreon richtet sich vor allem an Kreative wie Maler oder Musiker. Aber für jeden Schwerpunkt und jede Berufsgruppe gibt es individuelle Plattformen, die den jeweiligen Community-Creators speziell Rechnung tragen und deren Bedürfnisse befriedigen. Die Autoren dieses Buches haben dazu eine (regelmäßig aktualisierte) Übersicht und Empfehlungen zusammengetragen:

www.founder.de/communitys-buch-ressourcen

Jason Derulo: »The Family«

Hohe Wellen schlug 2024 die Ankündigung von Jason Derulo – internationaler Musiker und weitweiter Superstar –, eine eigene digitale Community zu gründen. Dafür nutzt er die Community-Plattform Skool. Ähnlich wie bei Taylor Swift gibt es auch um Jason Derulo bereits eine große Offline-Community an Fans, die ihn von Konzert zu Konzert begleiten. Nun nutzt er seine Reichweite geschickt für den Aufbau einer eigenen Digitalgemeinschaft.

Jason Derulo ist vermutlich einer der erfolgreichsten Künstler im digitalen Zeitalter. Er nutzt Social Media intensiv und verfügt hier über massive Reichweiten: Auf YouTube folgen ihm rund 37 Millionen Menschen, auf Instagram sind es rund 36 Millionen, und auf TikTok, wo er besonders aktiv ist, hat er mehr als 61 Millionen Follower.

Seine Skool-Community heißt passenderweise »The Family«.

Jason Derulo versteht das Community-Konzept der Nähe – und nennt sein Projekt passenderweise »The Family«.

Quelle: skool.com/jasonderulo

Derulo selbst beschreibt in seiner Skool-Selbstbeschreibung, dass »The Family« für ihn »The Closest I Can Be To My People« bedeute, übersetzt etwa: »So nah, wie ich meinen Fans nur sein kann.« Das bringt deutlich zum Ausdruck, was ihn zu diesem Schritt bewegt hat. Es zeigt uns ebenso, dass er das Thema Community, das Nähe voraussetzt, gut versteht: Denn die Distanz, die aufgrund der Millionen von Followern zwischen ihm und seinen Fans besteht, verringert er schon allein dem Namen nach.

»The Family« – tiefere Verbindung als auf Social Media

Derulo sucht nach einer tieferen Verbindung zu seiner Fangemeinde – nach einer Nähe, die er in den traditionellen sozialen Netzwerken nicht finden kann.

Die Plattform Skool ermöglicht es ihm, sich viel direkter und intensiver mit seinen Fans auszutauschen. Das zeigt sich besonders in den Leistungen, die er seinen Community-Mitgliedern verspricht: Zweimal im Monat bietet er exklusive Live-Zoom-Calls an, die sich auf Themen wie Mindset, Business, Content oder Musik konzentrieren. In diesen Sitzungen bekommen seine Fans nicht nur die Möglichkeit, Derulo persönlich zu begegnen, sondern auch direkt mit ihm zu sprechen. Das ist eine Nähe, die auf Social Media in dieser Form kaum möglich ist.

Darüber hinaus verspricht Derulo seinen Fans mit »The Family« den exklusiven »VIP-Zugang« zu ihm persönlich. Er ist selbst in der Community aktiv und interagiert intensiv mit den Mitgliedern. Dies grenzt »The Family« deutlich ab von den alten Social-Media-Plattformen, bei denen der Kontakt zu Fans oft durch Algorithmen gefiltert und damit eingeschränkt wird.

Die eigene Community macht Derulo unabhängig von der Musikindustrie

Für Jason Derulo ist die Gründung der »The Family«-Community nicht nur eine Möglichkeit, näher dran an seinen Fans zu sein, sondern ein zudem wirtschaftlich durchaus kluger Schachzug: Mitglieder seiner Community zahlen 29 US-Dollar pro Monat für den exklusiven Zugang zu ihm und seinen Angeboten. Diese monatlichen Beiträge stellen für Derulo eine verlässliche, planbare Einnahmequelle dar – ein entscheidender Vorteil im oft unvorhersehbaren Musikgeschäft!

Im traditionellen Musikgeschäft sind die Einnahmen eines Künstlers stark von äußeren Faktoren abhängig. Der Erfolg eines neuen Songs oder

Albums ist meist unvorhersehbar; selbst bei einem großen Star wie Jason Derulo gibt es keine Sicherheit, dass jeder neue Hit zum Erfolg wird. Sollte ein neuer Song nicht die erhoffte Resonanz finden, leiden die Einnahmen darunter erheblich. Dies führt zu einer hohen Unsicherheit und macht es schwierig, langfristig finanziell planen zu können. In der Betriebswirtschaft wird dies betreffend von einer »geringen Planqualität« gesprochen.

Ein Abonnementmodell wie das von »The Family« bietet dem Künstler hingegen deutlich mehr Stabilität. Die regelmäßigen Zahlungen der Community-Mitglieder sichern ihm ein kontinuierliches Einkommen, das weitgehend unabhängig vom Erfolg seiner einzelnen Musikprojekte ist.

Außerdem gibt das Abonnementmodell Derulo eine größere Unabhängigkeit von der Musikindustrie einerseits und anderen Mittlern wie Plattenlabels oder Streamingplattformen andererseits. Im traditionellen Modell fließen Einnahmen oft durch mehrere Hände, bevor sie den Künstler stark vermindert erreichen – Labels, Verlage und Plattformen wie Spotify nehmen jeweils ihren Anteil. Doch mit »The Family« umgeht Derulo diese Mittler; die Einnahmen aus den Mitgliedsbeiträgen fließen direkt an ihn.

Mit Communitys lässt sich gutes Geld verdienen: Cash und Commitment

Social-Media-Plattformen sind eine einfache und gute Möglichkeit, mit Fans und Followern in Kontakt zu treten. Doch wenn es um das Monetarisieren der eigenen Follower geht, stoßen viele Influencer schnell an ihre Grenzen. Die Monetarisierung auf Social Media ist oft schwierig und hängt stark von Faktoren wie einer großen Reichweite oder einem gewissen Grad an Prominenz ab.

Hier kommen Communitys viel leichter zum Zug, denn sie sind von vornherein darauf ausgelegt, Geld für die Community-Creators einzuspielen – das haben die Beispiele Palmer und Derulo veranschaulicht.

Was nun ist genau der Schlüssel hierfür? Es ist so, dass der Zugang zur Community in der Regel Geld kostet. Im Gegensatz zu den meisten

Social-Media-Plattformen, die hauptsächlich auf Werbeeinnahmen setzen, ermöglichen Skool, Patreon und viele weitere Plattformen ein direktes Einkommen mittels der Unterstützung seitens der Community.

> Weil Geld direkt zwischen Community-Creator und Community-Member fließt, sind die Plattformen werbefrei. Im Gegenzug tritt der Community-Creator einen Teil seiner Einnahmen an den Plattformbetreiber wie Skool oder Patreon ab oder bezahlt ein Fixum als Monatsgebühr.

Künstler beispielsweise können ihre Inhalte – sei es ein neuer Song, ein Kunstwerk oder ein Blogbeitrag – gegen eine Gebühr zugänglich machen. Diese Gebühr kann einmalig sein, etwa pro Song oder Beitrag, beziehungsweise in Form eines monatlichen Abonnements erhoben werden.

Amanda Palmer nutzt Patreon genau auf diese Weise: Sie verlangt zum Beispiel 5 US-Dollar pro neuem Song oder Blogbeitrag. Diese direkte Unterstützung durch die Fans bietet nicht nur finanzielle Stabilität, sondern schafft auch eine direkte Verbindung zwischen Künstler und Community.

Für Creator bieten Community-Plattformen mehrere entscheidende Vorteile. Der wichtigste davon ist die Möglichkeit, ein regelmäßiges Einkommen zu generieren. Anders als bei Instagram, wo die Monetarisierungsmöglichkeiten stark begrenzt sind – es sei denn, man verfügt über eine sehr große Reichweite und Bekanntheit –, können Künstler auf Patreon auch mit einer kleineren, aber engagierten Fangemeinde Geld verdienen.

Zudem entfällt die Abhängigkeit von Werbeeinnahmen oder Sponsoren, was mehr kreative Freiheit bedeutet. Außerdem ist die Community auf Skool oder Patreon oft qualitativ hochwertiger: Da der Zugang zu den Inhalten in der Regel kostenpflichtig ist, setzen sich die Mitglieder aus Menschen zusammen, die tatsächlich an der Arbeit des Künstlers interessiert und auch bereit sind, dafür zu zahlen. Im Englischen kennt man dafür den Spruch: »Cash is Commitment«. Im Deutschen wäre die Umkehrung dieses Prinzips plausibler: »Was nichts kostet (wie zum Beispiel Instagram), ist nichts wert.«

Dieses Commitment durch die Bezahlschranke führt oft zu einem tieferen und qualitativ hochwertigeren Austausch innerhalb der Community. Im Gegensatz zu den oftmals oberflächlichen und flüchtigen Interaktionen auf Social Media sind die Beziehungen in Communitys meist intensiver und nachhaltiger.

Geld fungiert hier somit als eine Art »Türsteher«, der sicherstellt, dass nur die ernsthaft Interessierten Zutritt erhalten. Das hält Trolle, Hater und andere Störenfriede fern und schafft ein positiveres und produktiveres Umfeld für alle Beteiligten. Ein weiterer Vorteil von Communitys besteht in der Verpflichtung zur Angabe des Klarnamens bei der Anmeldung.

Da die Mitglieder nicht anonym agieren können, ist die Wahrscheinlichkeit, auf beleidigenden oder destruktiven Hatespeech zu stoßen, wesentlich geringer. Dies schafft sowohl ein sicheres Umfeld für den Creator als auch für die Community. Letztlich profitieren beide von diesem Modell, wie wir sehen, der Creator und ebenso seine Community.

Und da ist es wieder, das Lagerfeuer, und mit ihm die Rückbesinnung auf einen kleinen Kreis tief verbundener Menschen um das Lagerfeuer herum statt Millionen an Instagram-Followern.

Der deutschen *Zeit* erklärt Amanda Palmer: »Patreon ist einerseits ein sehr modernes Tool, andererseits erscheint es mir auch eine Art Rückbesinnung zu sein auf die alten Zeiten des Musikmachens. Damals, als man noch gemeinsam am Lagerfeuer saß und Geschichten austauschte, bis irgendwann jemand ein Lied darüber schrieb.«[30]

Im gleichen Artikel berichtet Palmer auch, dass sie diesen Rückschritt als befreiend empfindet: »Ich mache keine Musik mehr für die Bestätigung von Massen, sondern für mein Dorf, meine Leute, mit denen ich im ständigen Austausch bin – und die zu schätzen wissen, was ich da tagtäglich tue.«

»Metcalfe's Law«: Netzwerkeffekt – Communitys profitieren von Wachstum

Der Netzwerkeffekt ist ein Konzept, das erstmals in den 1980er Jahren von Robert Metcalfe formuliert wurde (und das insbesondere für Communitys gilt), daher heißt es »Metcalfe's Law«.[31]

Robert Metcalfe war ein amerikanischer Ingenieur, der unter anderem die Ethernet-Technologie mitentwickelt hat. Metcalfe's Law besagt, dass der Wert eines Kommunikationsnetzes (wie dem Internet) proportional zum Quadrat der Anzahl seiner Nutzer ist. Das bedeutet, dass jedes neue Mitglied, das dem Netzwerk beitritt, den Wert des gesamten Netzwerks exponentiell erhöht.

Um den Netzwerkeffekt besser zu verstehen und um darzulegen, warum er für Communitys so wichtig ist, folgen einige theoretische Grundlagen. Zunächst ist der Netzwerkeffekt eine Form eines »positiven externen Effekts«. Ein externer Effekt tritt auf, wenn die Handlung einer Person oder eines Unternehmens Auswirkungen auf Dritte hat, die nicht direkt in die Handlung involviert sind.

Beim Netzwerkeffekt profitiert jeder Nutzer eines Netzwerks von der Teilnahme eines neuen Mitglieds des gleichen Netzwerks (und zwar eben exponentiell), ohne dass diese zusätzlichen Vorteile notwendigerweise direkt durch die ursprünglichen Mitglieder kompensiert (also »bezahlt«) werden.

Jede neue Person, die einer Community beitritt, bringt neue Perspektiven, Wissen und Ressourcen mit, was den Wert der Community für alle Mitglieder erhöht. Das führt zu einer positiven Feedbackschleife: Je mehr Mitglieder die Community hat, desto attraktiver wird sie für weitere potenzielle Mitglieder.

Beispiel: Autoverkauf bei mobile.de

Mobile.de ist die größte deutschsprachige Plattform für den Kauf und Verkauf von Autos und veranschaulicht sehr gut, wie jeder Nutzer von der Teilnahme neuer Mitglieder profitiert.

Wenn sich mehr Autohändler und Privatpersonen auf mobile.de registrieren, steigt die Anzahl der verfügbaren Autos. Das ist vorteilhaft für Käufer, da sie eine größere Auswahl an Fahrzeugen und somit bessere Chancen haben, genau das Auto zu finden, das ihren Bedürfnissen und ihrem Budget entspricht. Gleichzeitig zieht die größere Auswahl an Fahrzeugen mehr potenzielle Käufer an. Verkäufer profitieren davon, da die erhöhte Nachfrage die Chancen erhöht, ihre Fahrzeuge schneller und zu besseren Preisen zu verkaufen.

Mehr Wettbewerb unter den Verkäufern führt dann zu besseren Preisen und Konditionen für die Käufer. Verkäufer werden motiviert, ihre Preise wettbewerbsfähig zu gestalten und zusätzliche Anreize zu bieten, um Käufer anzuziehen. Neue Mitglieder bringen außerdem Feedback und Kritik mit, was zu Verbesserungen der Plattform führt.

Wenn beispielsweise viele Nutzer eine Rückmeldung zu bestimmten Funktionen oder Angeboten geben, kann mobile.de diese Informationen nutzen, um die Plattform weiter zu optimieren und an die Bedürfnisse der Nutzer insgesamt anzupassen; hierzu führt mobile.de regelmäßige Kundenumfragen durch.

Je mehr Nutzer die Plattform verwenden, desto wertvoller werden die gesammelten Daten. Diese Daten können genutzt werden, um Trends zu analysieren, die Nutzererfahrung zu verbessern und personalisierte Empfehlungen zu geben, was den Nutzern wiederum einen höheren Mehrwert bietet. Jede neue Person, die mobile.de beitritt, bringt neue Perspektiven, Wissen und Ressourcen mit, was den Wert der Plattform für alle Mitglieder erhöht.

Dies führt zu einer positiven Feedbackschleife: Mehr Anbieter und verbesserte Technik durch Kundenbefragungen ziehen mehr Käufer an. Mehr Käufer motivieren mehr Anbieter, ihre Fahrzeuge auf der Plattform zu listen. Verbesserte Plattformfunktionen und -dienste aufgrund von Nutzerfeedback ziehen wiederum noch mehr Nutzer an.

Der Wertzuwachs ist also besonders kraftvoll (mathematisch: exponentiell, nicht mehr nur linear), weil jeder neue Nutzer das Netzwerk sehr viel attraktiver für weitere Nutzer macht.

Beispiel: Community für Fotografen

Das Metcalfe-Gesetz gilt ganz ausdrücklich auch für den Aufbau deiner Community. Wenn du eine Community zu einem Themenfeld gründest, wird der Wert mit der Zeit für jeden Einzelnen, der hinzutritt, explodieren – so zum Beispiel für eine Community, die Fotografie-Enthusiasten zusammenbringen will.

Wenn neue Mitglieder der Fotografie-Community beitreten, bringen sie frische Perspektiven und neue Ideen mit. Jeder neue Fotograf hat seinen eigenen Stil und seine eigenen Techniken, die er mit der Gruppe teilen kann. Damit bereichert er das Wissen und die Kreativität aller Mitglieder, da sie neue Ansätze kennen lernen und inspiriert werden, ihre eigenen Fähigkeiten rund um die Fotografie zu verbessern.

Mehr Mitglieder bedeuten aber auch mehr Feedback und konstruktive Kritik für die hochgeladenen Fotos. Wenn du als Mitglied ein Foto postest, erhältst du Kommentare und Verbesserungsvorschläge von einer größeren Anzahl von Personen, was dir hilft, deine Techniken zu verfeinern und bessere Bilder zu machen. Dies steigert die Qualität der Fotografie innerhalb der Community insgesamt.

Darüber hinaus führt eine größere Mitgliederbasis zu einer vielfältigeren Sammlung von Bildern und Tutorials, denn diese werden von den Mitgliedern in Communitys selbst angefertigt. Anfänger können von den Erfahrungen der Fortgeschrittenen profitieren und gezielte Ratschläge erhalten. Umgekehrt können erfahrene Fotografen durch die Fragen und Herausforderungen der Anfänger neue Blickwinkel und Problemlösungen entdecken, die sie selbst vielleicht noch nicht in Betracht gezogen haben.

Ein weiteres großes Plus ist der Austausch über neues Equipment. In einer großen Community gibt es immer ein paar Top-Experten, die sich bestens mit den neuesten Kameramodellen, Objektiven und Zubehör auskennen. Sie können dann wertvolle Tipps geben, welches Equipment das beste Preis-Leistungs-Verhältnis bietet oder welche Neuheiten wirklich lohnenswert sind. Diese Expertenmeinungen sind oft detaillierter und vertrauenswürdiger als allgemeine Onlinebewertungen, da erstere auf persönlichen Erfahrungen und Fachwissen basieren.

Noch etwas kommt hinzu: Je mehr Leute in der Community sind, desto höher ist die Wahrscheinlichkeit, dass jemand genau das Ersatzteil hat, das du für deine längst nicht mehr hergestellte Kamera suchst. Also beispielsweise ein spezielles Objektiv, einen seltenen Akku oder ein anderes Zubehörteil. Die große Anzahl an Mitgliedern erhöht die Chancen, jemanden zu finden, der dir hier gezielt weiterhelfen kann.

Die Community kann ebenso bei der Suche nach interessanten Shooting-Orten für Fotoaufnahmen helfen. Mitglieder können ihre Lieblingsorte teilen, Geheimtipps verraten und sogar gemeinsame Shootings organisieren. Dies erweitert dein Repertoire an möglichen Locations und inspiriert überhaupt zu neuen Projekten. Und je mehr Member dabei sind, desto wahrscheinlicher findest du eben genau deinen Lieblingsort.

Die Vielfalt an Wissen und Ressourcen wächst somit exponentiell mit jedem neuen Mitglied, das der Community beitritt.

Ebenso Workshops, gemeinsame Projekte und Wettbewerbe werden attraktiver und spannender, je mehr Menschen daran teilnehmen. Dies zieht wiederum noch mehr Fotografen an, die von den reichhaltigen Möglichkeiten der Interaktion und des Lernens profitieren möchten.

Der Bindungseffekt des Netzwerks macht deine Community unverzichtbar

Wenn deine Community wächst, wird sie sowohl für Käufer als auch für Verkäufer zunehmend unverzichtbar – eben weil sie so wertvoll geworden ist.

Diese Logik erklärt, warum Plattformen wie mobile.de schnell Marktführer werden können und schwer zu verdrängen sind, sobald sie eine kritische Masse an Anwendern erreicht haben.

Dem Gewinner gehört eben alles, sozusagen der Gesamtmarkt – das Prinzip dahinter ist das Ergebnis des Netzwerkeffekts und nennt sich »Winner takes all«-Prinzip.

WhatsApp ist ein gutes Beispiel für das »Winner takes all«-Prinzip im Bereich der Messaging-Apps, insbesondere in Deutschland. Mit einer Marktdurchdringung von 95,5 Prozent ist WhatsApp die unangefochtene Nummer eins unter den Messaging-Apps in Deutschland[32]. Diese dominierende Marktstellung veranschaulicht das »Winner takes all«-Prinzip deutlich – und das hat direkte Konsequenzen für dich und deine Community-Gründung.

Verweilen wir aus Gründen der Veranschaulichung noch eben bei diesem Beispiel und dabei, dass WhatsApp immens von Netzwerkeffekten profitiert: Je mehr Menschen die App nutzen, desto attraktiver wird sie für neue Nutzer. Wenn die Mehrheit deiner Freunde und Kontakte WhatsApp verwendet, ist es naheliegend, dass du ebenfalls die App nutzt, um mit ihnen in Kontakt zu bleiben. Das führt dazu, dass WhatsApp immer mehr Nutzer anzieht, was die Plattform noch wertvoller macht – und zwar, nach dem Metcalfe-Gesetz, exponentiell:

Angenommen, zu Beginn nutzen nur zehn Personen WhatsApp. Jede dieser Personen kann Nachrichten an die anderen neun senden, was 90 mögliche Verbindungen ergibt. Wenn die Nutzerzahl auf 100 steigt, gibt es bereits 4950 mögliche Verbindungen. Bei 1000 Nutzern sind es 499500 Verbindungen. Diese exponentielle Zunahme der möglichen Verbindungen zeigt, wie schnell der Wert des Netzwerks wächst.

WhatsApp kann durch seine riesige Nutzerbasis Skaleneffekte erzielen. Die Betriebskosten pro Nutzer sinken, je mehr Menschen die App verwenden, was es WhatsApp ermöglicht, in innovative Funktionen wie Ende-zu-Ende-Verschlüsselung, Sprach- und Videoanrufe sowie »WhatsApp Business« zu investieren.

Diese Investitionen verbessern die Technik weiter und ziehen noch mehr Nutzer an. Durch den Skaleneffekt und das schnelle Wachstum stand den WhatsApp-Gründern dann auch mehr Cashflow zu Verfügung, um diese neuen Techniken tatsächlich wirklich zu coden und dann in WhatsApp einzubringen.

Neue Wettbewerber haben es schwer, in den Markt einzutreten, da WhatsApp auf diese Weise schnell eine dominante Stellung innehatte. Hier stellen die große Nutzerbasis, die umfangreiche Infrastruktur und das Vertrauen der Nutzer Marktbarrieren dar. Selbst wenn neue Apps innovative Funktionen bieten sollten, so werden sie stets darum kämpfen müssen, jene kritische Masse an Nutzern zu erreichen, die notwendig ist, um mit WhatsApp konkurrieren zu können.

Angesichts der Dominanz von WhatsApp stellt sich die provokante Frage: Wer kennt überhaupt WhatsApp-Konkurrenten?

Zwar gibt es andere Messaging-Apps wie Telegram und Signal, die ebenfalls hohe Nutzerzahlen haben Dennoch erreichen diese Apps bei Weitem nicht die Nutzerzahlen und die globale Verbreitung von Whats-App – denn was bringen einem Nutzer die bessere Technik oder noch mehr Features, wenn seine Freunde weder per Telegram noch über Signal erreichbar sind?

Wechselkosten: Einmal drin, immer drin!

Ein Mitglied einer Community, das einmal beigetreten ist, lässt sich kaum mehr zu einem Wechsel bewegen. Auch das lässt sich am Beispiel WhatsApp verdeutlichen – denn beim Wechsel entsteht das, was (auch) im »Community Game« unter »Wechselkosten« läuft und zur Kundenbindung ganz wesentlich beiträgt[33].

Wechselkosten sind in der Betriebswirtschaftslehre die Kosten, die einem Nutzer entstehen, wenn er von einem Anbieter oder einer Plattform zu einem oder einer anderen wechselt. Diese Kosten können sowohl monetär als auch nicht monetär sein und umfassen neben Zeit und Aufwand auch den Verlust von Daten oder Kontakten sowie die Notwendigkeit, sich an eine neue Benutzeroberfläche gewöhnen zu müssen.

Für WhatsApp-Nutzer sind die Wechselkosten besonders hoch. Das liegt daran, dass der Hauptwert einer Messaging-App nicht nur in ihren technischen Features oder zusätzlichen Funktionen besteht, sondern vor allem in der *Anzahl der Kontakte* und damit der weiteren Menschen, die die App ebenfalls nutzen. Für die meisten Nutzer ist es entscheidend, dass sie ihre Freunde, Familie und Kollegen problemlos erreichen können. Wenn die Mehrheit dieser Kontakte WhatsApp nutzt, wird auch der einzelne Nutzer tendenziell bei WhatsApp bleiben, da die Wechselkosten –

einschließlich des Verlusts der Möglichkeit, mit diesen wichtigen Kontakten zu kommunizieren – sehr hoch sind.

Das zeigt, dass die Technik unerheblich ist: Du hast vielleicht die technisch beste Messaging-App der Welt programmiert, viel besser noch, als was der WhatsApp-Konkurrent an Technik bietet – aber das wird dir nichts helfen, wenn keiner deiner Freunde dort aufspringt und aktiv wird. Der Nutzen dieser App ist dann praktisch sogar null, weil du damit niemanden erreichen kannst. Dies ist Kern des Problems, mit dem Konkurrenten von WhatsApp konfrontiert sind. Trotz besserer Technologie oder zusätzlicher Funktionen sind sie im Nachteil, weil sie nicht die kritische Masse an Nutzern haben, die notwendig wäre, um einen vergleichbaren Nutzen zu bieten wie WhatsApp.

Diese Situation wird durch die Netzwerkeffekte noch verstärkt: Je mehr Menschen WhatsApp nutzen, desto attraktiver wird die App für neue Nutzer. Ein neues Mitglied findet eine bereits dichte Netzwerkinfrastruktur vor, in der viele Kontakte erreichbar sind, was die Wahrscheinlichkeit verringert, dass es zu einer anderen Plattform wechseln wird. Diese hohen Wechselkosten – sowohl in Bezug auf die verlorene Kommunikationsmöglichkeit als auch bezogen auf die Mühe, eine neue Plattform zu erlernen und alle Kontakte dazu zu bewegen, ebenfalls zu wechseln – tragen zusätzlich zur Stabilität der Nutzerbasis von WhatsApp bei.

Die Marktdurchdringung von 95,5 Prozent in Deutschland ist ein deutlicher Indikator für die Dominanz von WhatsApp. Die meisten Menschen haben einfach keinen Anreiz, zu einer anderen App zu wechseln, wenn sie über WhatsApp bereits all ihre Kommunikationsbedürfnisse abdecken können und darüber all ihre Kontakte erreichen.

So zeigt sich: Ein Mitglied, das einer Community erst einmal beigetreten ist, ist kaum mehr zum Wechsel zu bewegen, weil sein Hauptnutzen aus der Erreichbarkeit und der bereits bestehenden großen Nutzerbasis resultiert, während die Wechselkosten sehr hoch sind. Funktionen und Technik sind zweitrangig, wenn die Kommunikationspartner nicht mitziehen und die Kosten des Wechsels zu groß erscheinen.

Jede neu gegründete Community sollte thematisch schnell besetzt und aufgebaut werden, um die Vorteile des »Winner takes all«-Ansatzes und des Wechselkostenprinzips zu nutzen. Wenn du eine solche Community gründest, profitierst du von Netzwerkeffekten.

Die langjährige NTV-Moderatorin Carola Ferstl ist als ausgewiesene Geldanlage- und Börsenexpertin bekannt. Die studierte Betriebswirtin hat sich auch als Sachbuchautorin einen Namen gemacht. Und nun gründet sie ihre eigene Community mit der Unterstützung der MasterClass von Oliver Pott.

Ihre eigene Community hat sie in hoher Geschwindigkeit aufgesetzt, daher kann sie vom »Winner takes all«-Prinzip profitieren.

Sobald die ersten Mitglieder beitreten, zieht die Community weitere Interessierte an, da der Austausch von Wissen und Erfahrungen zu einem wertvollen Gut wird. Dies führt dazu, dass jedes neue Mitglied den Wert der Community für alle anderen erhöht.

Der schnelle Aufbau einer engagierten und aktiven Nutzerbasis ist eben entscheidend: Diese frühen Mitglieder fungieren als Multiplikatoren und helfen dabei, die Community in ihren Netzwerken weiterzuempfehlen. Eine schnell wachsende Mitgliederzahl schafft Vertrauen und einen Vertrauensvorsprung, was besonders im hier sensiblen Bereich der Geldanlage wichtig ist. Mitglieder vertrauen eher einer etablierten Community mit einer großen Nutzerbasis und mit positiver Reputation – und natürlich Carola Ferstls ausgewiesener Expertise und ihrer Sachkenntnis.

Wechselkosten spielen ebenfalls eine entscheidende Rolle: Mitglieder, die Zeit und Energie in den Aufbau von Beziehungen und den Austausch von Wissen innerhalb der Community investiert haben, zögern, zu einer anderen Plattform zu wechseln. Diese Kosten umfassen nicht nur den Aufwand, sich an eine neue Benutzeroberfläche zu gewöhnen, sondern auch den Verlust von gesammeltem Wissen und etablierten sozialen Bindungen. Im Bereich der Geldanlage, wo Vertrauen und Kontinuität besonders wichtig sind, erweisen sich diese Wechselkosten als besonders hoch.

Durch die schnelle Gründung und den Aufbau deiner Community kannst du also die Netzwerkeffekte maximieren und hohe Wechselkosten nutzen. Dies stellt sicher, dass deine Community eine führende Position einnimmt und es neuen Wettbewerbern schwer macht, Marktanteile zu gewinnen. Diese frühe Etablierung und das kontinuierliche Wachstum deiner Community garantieren, dass sie zur bevorzugten Plattform für alle wird, die sich für Geldanlage interessieren, und festigt deine Position als Marktführer.

Menschen kündigen Produkte, aber niemals Freundschaften

Soziale Beziehungen sind ein entscheidender Faktor dafür, dass Mitglieder in Communitys bleiben – dieser Teil der Wechselkosten ist der wohl größte Schmerzpunkt für einen Wechsel. Menschen mögen zwar Produkte kündigen oder Dienstleistungen wechseln, aber Freundschaften und tiefgehende soziale Verbindungen kündigen sie nur schmerzbehaftet. Denn diese sozialen Bindungen schaffen eine emotionale Bindung, die weit über die eigentliche Funktion der Community hinausgeht und die Mitglieder dazu bewegt, auch in schwierigen Zeiten treu zu bleiben.

Das soziale Netzwerk entscheidet

In einer Community entsteht ein starkes Gemeinschaftsgefühl. Mitglieder teilen gemeinsame Interessen, Ziele und Werte, was zu einer tiefen emotionalen Verbundenheit führt. Diese kollektive Identität stärkt das Zugehörigkeitsgefühl und gibt den Mitgliedern das Gefühl, Teil von etwas Größerem zu sein. Dieses Zugehörigkeitsgefühl ist schwer zu ersetzen und führt dazu, dass Mitglieder im jeweiligen Netzwerk bleiben.

Soziale Beziehungen in einer Community bieten auch ein Netzwerk der Unterstützung und des Vertrauens. Mitglieder helfen sich gegenseitig bei Problemen, teilen Ratschläge und Erfahrungen und bieten emotionale Unterstützung. Diese Unterstützungssysteme schaffen ein Gefühl der Sicherheit und Verlässlichkeit, das es unwahrscheinlich macht, dass Mitglieder die Community verlassen – selbst wenn es thematisch passende Alternativen gäbe. Sie wissen, dass sie auf ihre Community zählen können, wenn sie Unterstützung benötigen – aber nur auf das Netzwerk innerhalb der Community, das sie mit aufgebaut haben.

Freundschaften, die in einer Community entstehen, sind besonders wichtig. Diese emotionalen Bindungen gehen über oberflächliche Bekanntschaften hinaus und bieten ein starkes Motiv, in der Community zu bleiben. Menschen investieren Zeit und Emotionen in ihre Freundschaften, und diese Investitionen führen dazu, dass sie weniger geneigt sind, eine Community zu verlassen, selbst wenn sie betreffend anderer Produkte oder Dienstleistungen durchaus wechselwillig sind.

Gemeinsame Erlebnisse und Erinnerungen spielen ebenfalls eine wichtige Rolle. Ob es sich hier um Projekte, Veranstaltungen oder Diskussionen handelt, diese Erlebnisse schaffen eine reiche Geschichte, die die Mitglieder miteinander verbindet. Diese geteilten Erfahrungen sind wertvoll und schwer zu ersetzen. Das zahlt auf die Bindung an die Community ein und stärkt diese.

Warum Menschen in ihrem Wohnquartier bleiben

Menschen verlassen nur selten ihren Wohnort, selbst wenn sie eine preisgünstigere oder vermeintlich bessere Alternative finden. Dies liegt hauptsächlich an den starken emotionalen Bindungen und sozialen Beziehungen, die sie in ihrem Wohnviertel aufgebaut haben. In einem Wohnviertel entsteht ein starkes Gemeinschaftsgefühl. Die Bewohner teilen gemeinsame Interessen, Werte und oft auch Projekte (Spielplatz bauen), was zu einer tiefen emotionalen Verbundenheit führt. Diese kollektive Identität stärkt das Zugehörigkeitsgefühl und gibt den Menschen das Gefühl, Teil von etwas Größerem zu sein. Dieses Zugehörigkeitsgefühl ist schwer zu ersetzen und führt dann dazu, dass Menschen in ihrem Wohnviertel bleiben. Wenn jemand über einen Umzug nachdenkt, stellt sich schnell das Gefühl der Fremdheit in der neuen Umgebung ein, da dort keine etablierten sozialen Bindungen vorhanden sind – eben wie zuvor schon dargestellt betreffend »Communitys«.

Soziale Beziehungen bieten ein Netzwerk der Unterstützung und des Vertrauens. Nachbarn helfen sich gegenseitig bei Problemen, teilen Ratschläge und bieten emotionale Unterstützung. Diese Unterstützungssysteme schaffen ein Gefühl der Sicherheit und Verlässlichkeit, das es unwahrscheinlich macht, dass Menschen ihr Viertel verlassen. Sie wissen, dass sie auf ihre Nachbarn zählen können, wenn sie Unterstützung benötigen. Ein Umzug würde bedeuten, dieses vertraute Netzwerk zu verlieren und in einer neuen Umgebung ohne diese Sicherheiten neu anfangen zu müssen.

Freundschaften, die über Jahre hinweg im Wohnviertel entstanden sind, sind oft tief und bedeutsam. Diese emotionalen Bindungen bedeuten ein starkes Motiv, im Viertel zu bleiben. Selbst wenn eine neue Wohngegend günstiger oder moderner wäre, würde das Aufgeben dieser langjährigen sozialen Bindungen schwer wiegen.

Ein Wohnviertel bietet oft Möglichkeiten zur persönlichen Weiterentwicklung und schafft ein Gefühl der Stabilität.

Emotionale Beziehungen bieten auch einen stabilisierenden Anker in Zeiten der Unsicherheit oder des Wandels. Die Unterstützung und Verlässlichkeit, die aus tiefen emotionalen Bindungen resultieren, bieten den Bewohnern eines Viertels ein Gefühl der Stabilität und Kontinuität. Dies ist besonders wichtig in Zeiten persönlicher oder gesellschaftlicher Veränderungen, in denen die Menschen nach Beständigkeit und Sicherheit suchen.

> Wenn es dir gelingt, dieses »Wohnviertelgefühl« auf deine Community zu übertragen, bleiben deine Member dir auf sehr lange Zeit erhalten!

Community-Kommunikation: Tiefe statt Oberfläche

Die Kommunikation innerhalb einer Community unterscheidet sich grundlegend von jener, die in großen sozialen Netzwerken zu beobachten ist. Während beispielsweise Influencer-Posts bei Instagram oft oberflächlich und flüchtig bleiben, entstehen in kleineren, spezialisierteren Gruppen tiefere Verbindungen. Tiefe statt Oberfläche also – das ist ein wichtiger Teil vom »Community Game«.

Diese Verbindungen in Communitys entwickeln sich organisch, weil echte Menschen und eben nicht die KI sie hervorbringen.

Die Qualität macht den entscheidenden Unterschied aus. In einer gut funktionierenden Community, wie sie beispielsweise in der Fitness-Community des Laufbandherstellers Peloton zu beobachten ist, sind die Beziehungen zwischen den Mitgliedern nicht nur auf kurze, impulsive Beiträge (wie etwa bei TikTok oder Instagram) beschränkt. Vielmehr entstehen durch den kontinuierlichen Austausch und gemeinsames Handeln langfristige Bindungen.

Bei Peloton verbinden sich die Mitglieder über ihre gemeinsame Leidenschaft für Fitness, nehmen an Live-Kursen teil, motivieren sich gegenseitig und teilen ihre Fortschritte miteinander. Diese Dinge addieren sich mit der Zeit auf, sodass sich mit jeder neuen Beziehung und mit jedem weiteren Beitrag das Vertrauen innerhalb der Gruppe vertieft. Das schafft sukzessive ein Umfeld, in dem sich die Mitglieder sicher und geneigt fühlen, ihre Gedanken und Meinungen zu teilen, ohne Angst vor negativen Reaktionen oder Missverständnissen haben zu müssen.

Ein solcher Netzwerkeffekt ist für die Stabilität und Resilienz (Widerstandsfähigkeit) einer Community von zentraler Bedeutung. Da jede neue Verbindung die Gruppe als Ganzes stärkt, entsteht ein robustes Netzwerk, das selbst in turbulenten Zeiten Bestand hat, denken wir an unser Wohnviertelbeispiel zuvor.

Anders als in den oft anonymen Influencer-Accounts, wo Beziehungen leicht zerbrechen können, bieten Communitys eine Umgebung, in der sich die Mitglieder langfristig engagieren und ein starkes Zugehörigkeitsgefühl entwickeln können.

Somit verdeutlicht Peloton das »Winner takes all«-Prinzip – sehen wir uns das näher an: Peloton ist eine Fitness-Community, die sowohl Online- als auch Offline-Komponenten vereint. Nutzer von Peloton vernetzen sich über die Plattform, nehmen an Live- und On-demand-Fitnesskursen teil und motivieren sich gegenseitig durch Wettbewerbe.

Die starke Bindung, die viele Mitglieder für diese Community entwickeln, führt dazu, dass Peloton nicht nur ein Fitnessanbieter ist, sondern auch eine zentrale Rolle im Alltag seiner Nutzer einnimmt. Diese starke, loyale Nutzerbasis zieht immer mehr Menschen an, die Teil dieser Gemeinschaft werden wollen, was Peloton eine dominierende Position im Fitnessbereich verschafft hat. Nachahmer und Mitbewerber müssten somit nicht nur gute Laufbänder entwickeln, sondern ebenso ein Netzwerk selbst aufbauen oder Peleton-Mitglieder abwerben. So etwas ist mühsam und aufwendig!

Sobald eine Community eine kritische Masse an aktiven und engagierten Mitgliedern erreicht, entwickelt sie eine besondere Anziehungskraft. Weitere Nutzer fühlen sich von der Qualität und dem Zusammenhalt angezogen und schließen sich der Gemeinschaft an.

Jede dieser Gruppen entwickelt ihre eigene Kultur, Regeln und Kraft – und es gibt Communitys mit Millionen (!) aktiver Nutzer![34]

Personal Branding und Communitys

Kaum etwas zahlt so sehr auf eine Personal Brand ein – also in eine Personenmarke – wie eine Community.

Eine starke Personal Brand basiert nicht nur auf Wissen und Expertise – somit also Content –, sondern darauf, Vertrauen zu schaffen und dieses zu halten. Expertenwissen und technisches Können sind zwar notwendig, aber sie reichen nicht aus, um eine nachhaltige und einflussreiche Marke zu etablieren. Vielmehr setzt der Kunde von heute hochwertiges Wissen als selbstverständlich voraus.

Menschen folgen und vertrauen Experten, die nicht nur kompetent sind, sondern auch authentisch, zugänglich und verlässlich. Genau das können Communitys leisten. Somit spielen sie eine entscheidende Rolle im Aufbau und in der Pflege einer Personal Brand. Eine Community ist mehr als nur eine Gruppe von Menschen, die sich um eine bestimmte Person oder Marke versammelt. Sie ist ein lebendiges Netzwerk von Beziehungen, das auf gemeinsamen Werten, Zielen und – am wichtigsten – Vertrauen basiert.

Ein wichtiges Element zum Aufbau dieses Vertrauens und – damit – einer Personal Brand ist die Zeit, die man in diese Community-Verbindung investiert. Wie in einem Freundeskreis, wo »blindes Vertrauen« oft das Fundament der Beziehung bildet, erfordert auch der Aufbau einer Personal Brand die Pflege emotionaler Nähe.

Diese Nähe entsteht nicht über Nacht. Vielmehr entwickelt sie sich durch kontinuierlichen Austausch, durch gemeinsame Erlebnisse und das aufrichtige Interesse an den Menschen in der Community.

Übrigens wird das Vertrauen in eine Community nicht nur zwischen dem Content-Creator und den einzelnen Mitgliedern aufgebaut, sondern es wird auch innerhalb der Gruppe multipliziert, denn: Wenn Community-Mitglieder einander vertrauen und die Personenmarke des Community-Creators unterstützen, wirkt dies als Bestätigung und verstärkt das Vertrauen in die Personal Brand.

Eine Personal Brand, die in Vertrauen investiert und eine starke Community aufbaut, ist widerstandsfähiger und nachhaltiger als eine, die sich nur auf den kurzfristigen Erfolg von Inhalten verlässt.

Noch etwas ist wichtig: Vertrauen kann niemals erkauft werden – es muss verdient werden!

COMMUNITYS
STATT
CONTENT

Social Media produziert stündlich Millionen von Posts. Einmal durch die Influencer selbst, die ihre Streams, Videos und Bilder (seltener Texte) senden. Dann ebenso durch die Follower, die noch zum exponentiellen Wachstum eines jeden Posts beitragen. Das ergibt große Mengen!

Jeder Social-Media-Nutzer trägt durch das Teilen von persönlichen Momenten, das Posten von Memes oder das Hochladen von Videos weiter zur Content-Inflation bei. Diese ständige und schier endlose Produktion von Content führt dazu, dass einzelne Beiträge innerhalb kürzester Zeit von neuen Inhalten verdrängt werden.

Die »Lebensdauer« eines bei X neu erstellten Inhalts beträgt nur mehr 18 Minuten.[1] Kaum erstellt, schon wieder verschwunden – so steht es heute selbst um hochwertige Inhalte, die nicht die KI, sondern ein menschlicher Redakteur in mehreren Stunden Recherche- und Schreibarbeit erstellt hat. Sogar sorgfältig kuratierte und gut durchdachte Beiträge gehen sehr schnell im Strom der unaufhörlich produzierten Inhalte unter.

Und wie schaut es in den traditionellen Suchmaschinen aus, sprich außerhalb von Social Media? Auch diesem Geschäftsmodell setzt die KI derzeit zu, was zu bitteren Konsequenzen führt. Täglich tippen Milliarden von Menschen ihre Suchanfragen in Google ein – auf der Jagd nach Antworten auf so ziemlich alles. Das reicht von »Wie koche ich ein perfektes Ei?« bis hin zu »Warum gibt es keine Einhörner?«. Google liefert Milliarden von Suchergebnissen und indexiert fleißig jede Webseite, jeden Blog und jedes Video, das im Internet kursiert. Das klingt beeindruckend, bis man merkt, dass diese unendliche Menge an indexierten Inhalten dazu führt, dass selbst der beste Artikel über Einhörner in den Untiefen des Internets versinkt. Also irgendwo zwischen einer Seite über Katzenvideos und einem obskuren Forum, in dem sich Menschen darüber streiten, ob Ananas auf eine Pizza gehört.

Das Ergebnis hiervon? Ein digitaler Informationsüberfluss auch außerhalb von Social Media, im eher traditionellen Web, in dem selbst der glänzendste Content im Meer der Suchergebnisse leicht übersehen wird.

Bots übernehmen die Content-Produktion am Fließband

Das zuvor skizzierte Problem ist aber gar nicht einmal so sehr der nutzlose Social-Media-Inhalt, den Menschen erzeugen.

Hauptgrund der Content-Explosion ist der massive Einsatz von KI und deren Abkömmlingen – sprich den Bots –, die Lavaströme an meist sterilem, künstlichem Inhalt auswerfen.

Laut dem *Bad Bot Report* von Imperva machen Bots fast 50 Prozent des Webtraffics aus, wobei fast zwei Drittel davon auf sogenannte »schädliche Bots« entfallen. Diese automatisierten Schadprogramme werden verwendet, um ohne Erlaubnis Daten von Websites zu extrahieren oder um für andere ungute Zwecke verwendet zu werden.

Das übrige Drittel des nicht menschlichen Traffics besteht aus unschädlichen Bots, beispielsweise der KI, die Content produziert. Aber ebenso diese Bots sind mitnichten unschädlich: Durch ihre Arbeit entwerten (und verdrängen) sie Hochwert-Inhalte.

Man muss sehen, dass Bots heute sehr weit entwickelt sind. Durch den hohen Stand der Programmierung sei es, so der Report, zunehmend schwierig, KI-Bots von echter menschlicher Interaktion zu unterscheiden.[2]

Content wird dadurch allgegenwärtig und austauschbar. Menschen suchen aber nach etwas, das über das bloße Konsumieren von Inhalten hinausgeht. Sie wollen keine weiteren generischen Inhalte, die sie schon hundertmal gesehen haben, sondern etwas, das ihnen einen echten Mehrwert bietet – sei es durch Tiefe, Originalität oder durch die Möglichkeit, Teil einer Gemeinschaft zu werden, die mehr zu bieten hat als nur eine oberflächliche Unterhaltung.

Die Ära des überflüssigen Contents markiert daher nicht nur einen Wendepunkt in der digitalen Kommunikation, sondern auch einen Aufruf zum Umdenken.

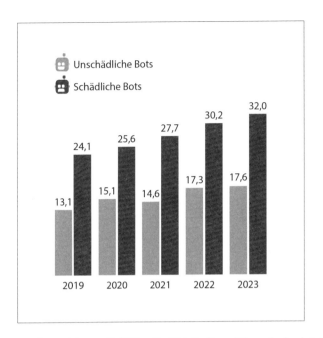

Unschädliche Bots

Schädliche Bots

2019	2020	2021	2022	2023

Werte: 13,1 | 24,1 | 15,1 | 25,6 | 14,6 | 27,7 | 17,3 | 30,2 | 17,6 | 32,0

Zusammengefasst wird etwa die Hälfte alles Web-Traffics mittlerweile durch Bots produziert – dies, wie die Grafik zeigt, mit deutlich steigender Tendenz. Schädliche Bots sind besonders toxisch, das ist offenkundig. Aber auch für die »unschädlichen« Bots gilt: Sie schaden durchaus, beispielsweise weil sie Unmengen an KI-Inhalten produzieren und damit hochwertige Inhalte entwerten.

Quelle: Eigene Darstellung nach Statista[3]

Auf der Basis dieser Entwicklungen könnten Communitys sukzessive KI-Content ersetzen.

Die Automatisierungsfalle

Künstliche Intelligenz hat die Art und Weise, wie Content erstellt wird, revolutioniert. Was früher Stunden, manchmal Tage an menschlicher Arbeit in Anspruch nahm, kann heute in Minuten von Maschinen erledigt werden. Blogs, Social-Media-Posts, Produktbeschreibungen – alles kann automatisiert und in einer Geschwindigkeit produziert werden, die vor wenigen Jahren noch undenkbar gewesen wäre.

In einer Ära von KI-generierten Inhalten, in der das Schreiben eines Artikels schneller geht als das Zubereiten einer Tasse Kaffee, ist die Inhaltsproduktion durchaus hilfreich. Plattformen wie ChatGPT haben die Art und Weise, wie wir Content erstellen, revolutioniert. Was früher ein mühsamer kreativer Prozess war, ist jetzt mit einem Klick auf den »Generieren«-Button getan.

Und hierbei tappen selbst erfahrene Redakteure in die Automatisierungsfalle: Jemand gibt ein paar Stichworte ein wie »Sommermode«, »Nachhaltigkeit« und »Trends« – und die KI zaubert einen Text, der durchaus lesbar und auch publikationsfähig ist – wenngleich nicht unbedingt Pulitzer-Preis-würdig. Aber genau hier liegt das Problem: Die Masse an Content, die heute in Sekunden generiert werden kann, führt zur »Content-Inflation«.

In der ersten Zeit der Suchmaschinen galt: »Content is King«, da er mühsam von Menschen erarbeitet werden musste.

Früher war Content also der König, heute ist er eher der Hofnarr, nämlich überall präsent, aber oft nicht besonders ernst zu nehmen. Die Qualität bleibt oftmals auf der Strecke, denn die KI spuckt Texte aus, die in der Regel oberflächlich und generisch sind. Ja, die Texte sind nett, aber nicht unbedingt tiefgründig oder originell. Es ist ein bisschen wie beim Besuch in einem Fast-Food-Restaurant– schnell, billig und in großen Mengen, aber du weißt, dass es nicht gerade Gourmetküche ist.

Das gilt ebenso für Produktbeschreibungen in Onlineshops. Früher hat sich jemand hingesetzt und liebevoll beschrieben, warum dieses eine Paar Schuhe dein Leben verändern wird. Heute reicht es, »stylish«, »komfortabel« und »Must-have« in die KI einzugeben, und schon wirft dir die KI eine Beschreibung aus. Naja, eine, die so klingt wie eben alle anderen Schuhbeschreibungen, deren Werber das gleiche KI-Tool im Einsatz haben.

Genau hier liegt das Problem vergraben: In einem Meer austauschbarer Inhalte ist es schwer, herauszustechen! Dennoch hat diese Entwicklung auch ihre Vorteile. KI-Tools sparen Zeit und Ressourcen. Ein kleiner Onlineshop, der sich keinen teuren Texter leisten kann, bekommt auf diese Weise trotzdem ansprechende Produktbeschreibungen. Aber was ist der Preis? Es ist ein Verlust an Individualität und Tiefe.

Die KI-Tools sind effizient, das stellt niemand in Abrede. Aber ehrlich gesagt erinnern sie auch an das Sprichwort »Man bekommt, wofür man bezahlt!«. In diesem Fall: massenhaft Content, der vielleicht einen ganz guten ersten Eindruck machen mag, der aber bei genauerem Hinsehen oft nicht mehr ist als eine hübsch verpackte leere (Schuh-)Schachtel.

Content-Farmen: Tiefe Risse in der digitalen Landschaft

Die Entstehungsgeschwindigkeit und die damit einhergehende Masse an Inhalten haben tiefgreifende Auswirkungen auf die digitale Landschaft. Die Content-Inflation hat eine ernste Konsequenz: Die Nutzer werden anspruchsvoller, denn billiger KI-Content enttäuscht sie.

Hier ein Beispiel: Du suchst nach einem Rezept für ein schnelles orientalisches Gericht und gibst »einfaches Rezept für orientalisches Essen« in die Suchmaschine ein. Dann klickst du auf den erstbesten Link. Dies in der Hoffnung, eine detaillierte Anleitung zu finden, die dich durch den Kochprozess führt. Doch was du findest, ist eher enttäuschend, es ist eine oberflächliche Auflistung von Zutaten nebst ein paar Anweisungen. Jedenfalls nichts erkennbar Wertiges. Und genau so arbeiten Content-Farmen.

Content-Farmen sind die digitalen Massenproduktionsstätten der Informationswelt. Diese Websites produzieren unzählige Artikel zu allen erdenklichen Themen, oft von niedriger Qualität und nur mit einem einzigen Ziel, die Suchmaschinen zu bedienen! Es geht nicht darum, echten Mehrwert zu liefern oder dem Leser zu helfen. Stattdessen geht es darum, möglichst viele Keywords in möglichst vielen Texten unterzubringen, um bei Google und Co. in den Suchergebnissen nach oben zu klettern.

Das Dilemma des Content-Überflusses wird durch Content-Farmen noch weiter verschärft. Früher hätte jemand mit echter Leidenschaft und Fachwissen ein durchdachtes Rezept geschrieben, das Schritt für Schritt erklärt, wie ein einfaches, authentisches orientalisches Gericht zubereitet wird. Diese Seiten gibt es übrigens heute noch, wenn auch selten. Was heute hingegen dominiert, ist eine Flut von generischen Inhalten, die mehr Fragen aufwerfen, als dass sie welche beantworten würden. Die Anweisungen darin sind oft so ungenau und allgemein, dass Nutzer am

Ende mehr Zeit damit verbringen, zusätzliche Informationen zu suchen, als tatsächlich zu kochen.

Solcher Content enttäuscht also mangels Tiefe und Nutzwert.

Bleiben wir bei diesem Beispiel: »Einfaches Rezept für orientalisches Essen«. Du klickst den Artikel an, weil du dir konkrete, umsetzbare Ratschläge erhoffst. Was du stattdessen bekommst, sind KI-Phrasen wie »Verwende frische Zutaten«, »Achte auf die Gewürze«, und »Koche mit Leidenschaft«. Das ist so, als würde dir ein Koch sagen: »Für ein gutes Essen brauchst du Zutaten.«

Aber wie genau sollst du das umsetzen? Was sind die spezifischen Schritte? Welche Fehler solltest du vermeiden? Das bleibt eben zumeist unbeantwortet.

Sport- und Börsenberichte stammen heute fast ausschließlich von KI-Bots

Noch ein Beispiel aus der realen Welt: Die Olympischen Spiele sind vorüber, und du möchtest dich über die sportlichen Leistungen der Athleten informieren. Voller Neugier öffnest du die Sport-App deines Vertrauens und findest auch sofort eine Vielzahl von Artikeln zu den spannendsten Wettkämpfen, Medaillenentscheidungen und Rekorden.

Was du hierbei vielleicht nicht sofort bemerkst: Ein großer Teil dieser Berichte wurde nicht von menschlichen Journalisten verfasst, sondern von einem Redaktions-Bot, der in Sekundenschnelle die Ereignisse zusammengefasst hat.

Nachrichtenagenturen setzen immer häufiger auf KI, um spezifische Arten von Berichten wie Sportberichte oder Finanznachrichten automatisiert zu erstellen. Diese Technologie ermöglicht es ihnen, große Mengen an Daten in Echtzeit zu verarbeiten und daraus lesbare Artikel zu generieren. Ein KI-System kann beispielsweise sofort nach dem Ende eines olympischen Wettkampfes einen detaillierten Bericht erstellen – inklusive der Platzierungen, Rekorde und einer kurzen Analyse des Geschehens.

Für Finanznachrichten funktioniert das ähnlich. Hier werden Börsenkurse, Unternehmensmeldungen und Wirtschaftsdaten blitzschnell analysiert und binnen weniger Sekunden in verständliche Berichte verwandelt, die Investoren auf der ganzen Welt informieren.

Die Vorteile dieser Entwicklung sind offensichtlich: Geschwindigkeit und Effizienz. Eine KI kann innerhalb von Sekunden einen Bericht erstellen, für den ein menschlicher Journalist wesentlich mehr Zeit benötigen würde. Das ist besonders in Bereichen wie dem Finanzsektor wertvoll, in denen jede Sekunde zählt und wo Verzögerungen Millionen kosten können. Durch die Automatisierung solcher Routineberichte können Nachrichtenagenturen ihre Ressourcen effizienter nutzen. Dadurch haben menschliche Journalisten mehr Zeit, sich komplexeren und investigativen Themen zu widmen.

Allerdings bringt diese Automatisierung auch erhebliche Probleme mit sich. Ein zentrales Problem ist der Verlust an Einzigartigkeit und Vielfalt in der Berichterstattung. Wenn mehrere Nachrichtenagenturen dieselben oder ähnliche KI-Tools verwenden, besteht die Gefahr, dass viele Berichte einander stark ähneln und die individuelle Handschrift der Autoren verloren geht. Dies führt dazu, dass Leser kaum noch zwischen verschiedenen Quellen unterscheiden können. Das aber schwächt das Vertrauen und die Bindung zu einer bestimmten Agentur.

Zudem leidet die Qualität der Berichterstattung. KI-generierte Artikel sind zwar schnell und oft präzise, aber ihnen fehlt häufig die Tiefe und die menschliche Perspektive, die einen wirklich guten Artikel ausmachen. Sportberichte von einer KI sind informativ, aber sie erfassen selten die Emotionen eines spannenden Wettkampfs oder die Dramatik eines Last-Minute-Sieges. Finanzberichte sind korrekt und sachlich, doch sie liefern oftmals nicht die Einordnung und Analyse, die ein erfahrener Journalist bieten könnte.

Hier besteht die Gefahr, dass menschliche Journalisten durch den zunehmenden Einsatz von KI verdrängt, wenn nicht gar ersetzt werden, insbesondere in Bereichen, die als routinemäßig gelten. Dies führt langfristig womöglich zu einem Verlust an Arbeitsplätzen. Kreative und investigative Tätigkeiten werden zunehmend in den Hintergrund gedrängt, was die journalistische Qualität und Vielfalt nur noch weiter reduziert.

Angesichts dieser Entwicklungen leidet aber vor allem eines – das Vertrauen der Leser. Wenn das Publikum erfährt, dass viele Inhalte nicht mehr von Menschen, sondern von Maschinen erstellt werden, könnte dies Skepsis und ein Gefühl der Entfremdung hervorrufen. Besonders bei sensiblen Themen erwarten viele Leser eine menschliche Perspektive sowie ethische Überlegungen, die allerdings eine KI nicht bieten kann.

Nicht zuletzt besteht die Gefahr von Fehlinformationen. KI-Tools sind zwar fortschrittlich, aber nicht unfehlbar. Es besteht immer das Risiko, dass sie Informationen falsch interpretieren oder Fehler machen. Ohne ausreichende menschliche Kontrolle und redaktionelle Überprüfung könnten solche Fehler ungefiltert an die Öffentlichkeit gelangen, was das Risiko von Fehlinformationen erhöht und das Ansehen der betreffenden Nachrichtenagentur beschädigen könnte.

Nachrichtenagenturen stehen durch den Einsatz von KI vor der Herausforderung, das Gleichgewicht zwischen Effizienz und Qualität zu wahren. Und gerade, weil KI-Tools viele Vorteile bieten und so bequem geworden sind, ist es entscheidend, den menschlichen Faktor – die journalistische Sorgfalt, Kreativität und ethische Verantwortung – nicht zu vernachlässigen! Nur so können Agenturen langfristig das Vertrauen ihrer Leser bewahren und ihre Relevanz in einer sich rapide verändernden Medienlandschaft sichern.

Menschliche Inhalte in Communitys: Zurück zur Qualität

Die Inflation von KI-generiertem Content zwingt uns alle dazu, neu zu definieren, was wirklich wertvoll ist.

Daher lautet die gute Nachricht: Wenn Algorithmen die Mehrheit der Inhalte produzieren, wird der authentische, menschliche Beitrag immer wertvoller. Dies führt uns zu einem entscheidenden Punkt, dass nämlich der Weg eines relevanten Inhaltes nur noch über Qualität geht. Zudem auch oft über die Fähigkeit, tiefere Verbindungen innerhalb von Communitys zu schaffen.

Influencer: Echte Menschen – die aber nur senden

Influencer sind die Stars im großen »Social Media Game« – alles dreht sich um sie. Mit ihrer Authentizität, oft auch mit viel Charme, gelten sie als vertrauenswürdige Quellen hinsichtlich Empfehlungen, Meinungen und Trends für ihre Follower.

Weil Menschen nach echten Stimmen in einem immer lauter werdenden digitalen Raum suchen, füllen Influencer diese Rolle perfekt aus. Sie bieten etwas, das maschinell erzeugte Inhalte einfach nicht liefern – Menschlichkeit und Authentizität.

Influencer haben erkannt, dass echte Verbindungen nicht durch perfekt kuratierte Inhalte entstehen, sondern durch Authentizität und die Bereitschaft, auch die weniger perfekten Seiten des Lebens zu zeigen.

Chiara Ferragni, eine der einflussreichsten Mode-Influencerinnen weltweit, ist ein Beispiel dafür, wie man Emotionen in den sozialen Medien authentisch vermitteln kann. Chiara liebt Luxus (und zeigt das in ihrem Instagram-Account durchaus); aber es ist Chiaras Offenheit über ihre Erfahrungen als Mutter, Ehefrau und Geschäftsfrau, die ihre Community wirklich fesselt. Sie zeigt nicht nur, was sie trägt oder wo sie isst, sondern gibt auch Einblicke in ihre persönlichen Höhen und Tiefen. Diese emotionalen Momente – von der Geburt ihrer Kinder bis hin zu den Herausforderungen im Geschäftsleben – machen sie nahbar und schaffen eine Bindung zu ihrem Publikum.

Der bloße Content tritt gegenüber ihrer Persönlichkeit in den Hintergrund. Ein erster guter Schritt raus aus den reinen Inhalten!

Ähnlich verhält sich das bei Jon Olsson, einem ehemaligen Profiskifahrer, der heute als erfolgreicher Unternehmer und YouTuber bekannt ist. Jon teilt nicht nur recht spektakuläre Aufnahmen von seinen Reisen, Yachten oder Autos, sondern ebenso seine ganz persönlichen Geschichten und die Hürden, die er auf seinem Weg überwinden musste. Diese authentischen Einblicke machen seine Inhalte zu viel mehr als nur einer Sammlung schöner Bilder – sie erzählen eine Geschichte von Leidenschaft und einer Menge Arbeit, die seine Follower inspiriert und motiviert.

Dann ist da noch Jannis Olsson Delér, Jons Ehefrau und selbst eine erfolgreiche Influencerin. Sie zeigt, wie man das Leben als Mutter, Ehe-

und Karrierefrau auf authentische Weise teilen kann. Ihre Inhalte über Mode und Lifestyle sind beliebt, aber es sind vor allem ihre persönlichen Geschichten über Schwangerschaft, Mutterschaft und die täglichen Herausforderungen, die sie wirklich auszeichnen. Diese Offenheit und Ehrlichkeit machen sie zu einer Influencerin, mit der sich viele ihrer Follower identifizieren.

Auch hier sehen wir, dass der reine Content zwar nach wie vor existiert, aber nicht länger wichtig ist.

Bots simulieren Influencer

Die KI kann heute bereits charaktervolle Influencer erschaffen, dies in einer schon jetzt beeindruckenden, erschreckenden Qualität. Man spricht hier von »Deepfakes«.

Beispielsweise liefern sich zwei Influencer-Bots, perfekt programmiert, ein Gesprächsduell. Der eine Bot kommentiert die neuesten Modetrends mit einer Präzision, die jeden menschlichen Stylisten erblassen lässt, während der andere mit tiefgründigen Gedanken über die innere Balance antwortet – natürlich alles in makellosem Influencer-Jargon, angereichert mit den passenden Emojis. Das Gespräch geht hin und her, Likes werden automatisiert vergeben, und die Bots überschütten sich gegenseitig mit virtuellen High-Fives.

Es mutet fast an wie eine Szene aus einem Science-Fiction-Film, in dem Maschinen miteinander in einer Sprache sprechen, die für uns Menschen zwar verständlich ist, aber irgendwie den Kern dessen verfehlt, worauf es ankommt – echte Interaktion. Das eigentliche Gespräch dreht sich im Kreis, ohne dass jemand wirklich etwas davon hätte, außer vielleicht der Algorithmus, der es begeistert aufzeichnet und in den Untiefen seiner Datenbanken speichert.

Der Clou aus Sicht der KI: Während die Bots ihre perfekt getimten Kommentare absetzen und sich gegenseitig übertrumpfen, sitzt der menschliche Zuschauer nur noch staunend daneben. Was für uns einmal das Herzstück sozialer Netzwerke war – der Austausch von Ideen, das Teilen von Momenten und das Bilden von Verbindungen –, wird plötzlich zu einer Performance, bei der wir nur noch zu Statisten verkommen. Es ist, als hätten die Maschinen das Ruder übernommen und uns auf die Zuschauertribüne verbannt.

Dieser Gedanke führt uns zu einer ironischen, aber durchaus realistischen Vorstellung: Was passiert, wenn der Großteil der Online-Interaktion irgendwann nur noch zwischen Maschinen stattfindet? Wenn KI-Influencer die Macht übernehmen und unter sich ausmachen, was gerade »in« ist, während wir Menschen nur noch zuschauen?

Die Kernaussage müssen wir darin sehen, dass diese Vorstellung einerseits absurd wirkt, andererseits aber eine scharfe Kritik an der Richtung ist, in die wir uns möglicherweise bewegen. Es ist eine Erinnerung daran, dass der Wert von Social Media nicht in der schieren Menge an Content liegt, sondern in der Qualität der Verbindungen, die wir knüpfen. Also echten Verbindungen, die auch die brillanteste KI niemals vollständig nachahmen kann.

Lil Miquela: Die perfekte Influencerin

Lil Miquela, eine der bekanntesten virtuellen Influencerinnen, ist ein Beispiel dafür. Von einem »Deepfake« zu sprechen, ist jedoch nicht fair, denn sie verhüllt gar nicht, dass sie gar nicht existiert.

Lil Miquela, die perfekte Influencerin, ist von einem menschlichen Akteur nicht mehr zu unterscheiden. Sie schaffte es sogar in die *Vogue*. Über 1 Million echte Menschen folgen ihr. Aber kann das echte, menschliche Verbindungen schaffen?

Quelle: Vogue[4]

Mit mehr als einer Million Followern auf Instagram postet »sie« für ihre Fangemeinde regelmäßig Bilder, die sie in modischen Outfits zeigen. Außerdem teilt sie dort ihre Meinungen zu aktuellen Themen und arbeitet sogar mit großen Marken zusammen.

Was auf den ersten Blick wie das Leben eines normalen Influencers aussieht, ist in Wirklichkeit das Ergebnis einer ausgeklügelten digitalen Kreation. Hinter Lil Miquela steckt ein Team von Programmierern, Designern und Marketingexperten, die jede ihrer Bewegungen und Interaktionen sorgfältig orchestrieren.

Was genau macht Lil Miquela so faszinierend? Es ist die Tatsache, dass sie trotz ihrer künstlichen Natur sehr menschlich wirkt. Sie hat eine eigene Persönlichkeit. Sie hat eine Geschichte, die ihre Follower interessiert, und sie schreibt mit ihnen in einer Weise, die kaum von einem echten Menschen zu unterscheiden ist. Sie spricht über Themen wie soziale Gerechtigkeit, Diversität und Selbstakzeptanz – dies auf eine Weise, die emotionale Resonanz bei ihrem Publikum erzeugt. Hier wird deutlich, dass KI-Influencer nicht nur eine Spielerei sind, sondern ein ernstzunehmender Akteur in der digitalen Welt.

Das stellt Influencer vor neue Herausforderungen: Wie bleibt man relevant, wenn Algorithmen nicht nur den Content kuratieren, sondern auch erstellen? Diese Frage treibt in diesen Zeiten viele Influencer um, denn die Konkurrenz kommt nicht mehr nur von anderen Menschen, sondern von Maschinen, die Tag und Nacht arbeiten können, ohne zu ermüden.

Der Kern der Herausforderung liegt in der Frage der Authentizität. Influencer haben ihre Relevanz aufgebaut, indem sie ihre Persönlichkeit, ihre Meinungen und ihre Erfahrungen geteilt haben. Aber was passiert, wenn die KI immer besser darin wird, diese Persönlichkeitsmerkmale zu simulieren? Können Maschinen die Rolle des Influencers übernehmen und dabei die gleiche Wirkung erzielen?

Auf den ersten Blick mag die Antwort »Ja« lauten. Schließlich könnte man KI-Modelle mit genügend Daten anfüttern, um fast jeden Aspekt der Persönlichkeit eines Influencers nachzuahmen – vom Sprachstil über seine Interessen bis hin zu seiner Art und Weise in der Interaktion mit seinen Followern.

Aber bei Licht betrachtet bleibt es doch dabei: Die »KI-Influencer« produzieren endlos KI-Content. Wenngleich sie das in ansprechender Form tun mögen, bleibt es letzten Endes doch KI-Content!

Authentizität jedoch ist mehr als nur eine Simulation. Sie entsteht ausschließlich durch echte menschliche Erfahrungen, Emotionen und Unvollkommenheiten. Menschen sehnen sich nach Verbindungen, die über das Oberflächliche hinausgehen. Sie wollen nicht nur konsumieren, sondern sich verstanden und gehört fühlen.

Der Erfolg von Lil Miquela (und anderen virtuellen Influencern wie »Shudu« oder »Imma«) zeigt, wie weit die Technologie vorangeschritten ist und wie nah sie dem menschlichen Verhalten und korrespondierenden Interaktionsmustern kommen kann. Diese virtuellen Figuren können Trends setzen, Meinungen beeinflussen und sich eine treue Fangemeinde aufbauen, genau wie ihre menschlichen Kollegen. Sie sind das Ergebnis fortschrittlicher KI-Algorithmen, die in der Lage sind, menschliche Emotionen und Verhaltensweisen zu simulieren und so eine Illusion von Echtheit zu erzeugen.

Influencer kämpfen zunehmend darum, ihre Authentizität zu bewahren. Die Herausforderung, die sich ihnen stellt, ist keineswegs trivial. Virtuelle Influencer, die von der KI gesteuert werden, sind wirklich gut darin, immer genau das zu sagen und zu tun, was ihr Publikum erwartet. Doch gerade diese Perfektion kann zugleich ihre größte Schwäche sein. Denn während künstliche Persönlichkeiten in der Lage sind, eine konstante Onlinepräsenz zu gewährleisten, fehlt ihnen das, was echte Menschen auszeichnet: die Unberechenbarkeit des Lebens, das Auf und Ab der Gefühle, die Tiefen und Höhen, die unser aller Dasein so einzigartig machen. Echte Storys werden damit zum Vorteil echter Influencer. Ihre Erlebnisse, oft geprägt von Fehlern, Zweifeln und Erkenntnissen, bieten eine Tiefe, die eine programmierte Entität nicht nachvollziehen kann.

Ein Mensch, der seine Kämpfe mit anderen teilt, der offen über seine Ängste spricht oder auch seine Erfolge öffentlich feiert, schafft eine Verbindung, die auf echtem Erleben basiert. Dieses Erleben lässt sich nicht in Programmcodes fassen. Hier haben wir es mit einer Summe von Erfahrungen zu tun. Und das Ergebnis daraus hat sich über Jahre hinweg geformt, wurde von der menschlichen Natur geprägt und ist in seiner Ausführung einzigartig.

Während KI-Influencer durch makellose Bilder und perfekt abgestimmte Inhalte glänzen, beruht der Erfolg vieler menschlicher Influencer darauf, dass sie gerade ihre Unvollkommenheiten und Schwächen nicht verbergen. Diese Offenheit, dieses Unverstellte, spricht Menschen auf einer tieferen Ebene an.

Es ist der Charme der Fehlerhaftigkeit, die Ehrlichkeit in Momenten des Scheiterns, die jene Aspekte bilden, die das Vertrauen und die Loyalität eines Publikums gewinnen können.

Diese Authentizität, die sich durch die Interaktion mit der eigenen Community zeigt, ist ein Schatz, den keine KI nachbilden kann. Echte Menschen entwickeln sich weiter, sie wachsen, sie lernen aus ihren Fehlern, sie zeigen emotionale Tiefe und reagieren auf Veränderungen in sich selbst und in der Welt.

Warum Communitys der neue Content sind

Was früher von einzelnen, gut kuratierten Inhalten dominiert wurde, verschiebt sich durch KI-Influencer hin zu etwas viel Wertvollerem: Gemeinschaften, in denen nicht der Inhalt im Vordergrund steht, sondern die Interaktion, das gemeinsame Erleben und Gestalten. Diese Entwicklung ist kein Zufall, sondern eine direkte Reaktion auf die Überflutung mit Content.

> Communitys werden durch echte Menschen gemacht. Der Fortschritt liegt also im Rückschritt!

Diese Verschiebung von *Content* zu *Community* zeigt, dass die Stärke im gemeinsamen Erleben und Gestalten liegt. In einer Community findest du eben nicht nur Informationen – du findest einen Ort, an dem Wissen geteilt, erweitert und in einer Art und Weise lebendig wird, die in einer reinen Content-getriebenen Umgebung niemals möglich wäre.

Eine Community funktioniert wie ein »Katalysator« für Inhalte. Was früher ein einfacher Blogpost, ein Video oder ein Bild war, das konsumiert und schnell wieder vergessen wurde, verwandelt sich in einer gut geführten Gemeinschaft in den Ausgangspunkt für Gespräche, Diskussionen und sogar weiterführende kreative Projekte. In einer Community werden Inhalte nicht einfach nur passiv aufgenommen – sie werden aktiv genutzt, um die Gemeinschaft zu stärken und gemeinsame Werte zu pflegen.

Echte menschliche Kommunikation in einer Imker-Community – gerade die Nahbarkeit ist authentisch.

Quelle: Community MasterClass

Echte menschliche Interaktion findet heute in Communitys statt, in denen Menschen mit gemeinsamen Interessen zusammenkommen – wie im Bild oben Imker. Hier geht es nicht nur darum, Beiträge zu lesen und zu liken. Der Wert eines Beitrags entfaltet sich in der Diskussion, in den Erweiterungen und in den neuen Richtungen, die er als Verlauf nimmt.

Übertragen auf eine Koch-Community bedeutet das, dass ein einfaches Rezept der Ausgangspunkt für einen kreativen Wettbewerb werden kann, bei dem Mitglieder ihre eigenen Variationen teilen und miteinander wetteifern. Oder nehmen wir eine Gaming-Community, hier kann ein neuer Trailer zu einem Spiel die Grundlage für Analysen, Fantheorien und Spekulationen über zukünftige Updates oder Storylines bilden. Der ursprüngliche Content dient somit als Funke, der das Feuer der Gemeinschaft entfacht und am Brennen hält.

Da der Content immer austauschbarer wird und damit an Bedeutung verliert, gewinnt er *innerhalb einer Community* wieder an Wert. Durch die Beiträge, Meinungen und Erfahrungen der Mitglieder wird er angereichert und erhält eine Tiefe und Relevanz, die er allein niemals erreichen könnte.

Damit wird Interaktion zum entscheidenden Faktor. Der Wert eines Inhalts liegt nicht mehr allein in seiner *Existenz*, sondern in dem, was er in einer engagierten Community *auslösen* kann. Diese Interaktionen verwandeln statischen Content in einen lebendigen Prozess, der sich ständig weiterentwickelt. Dadurch entsteht ein kollektiver Mehrwert, der weit über das hinausgeht, was der ursprüngliche Beitrag hätte allein jemals bieten können.

Diese Verschiebung hin zu Communitys ist nicht nur eine Reaktion auf die Content-Inflation, sondern auch eine natürliche Entwicklung im menschlichen Bedürfnis nach Zugehörigkeit und Austausch. Wobei Austausch weit mehr bedeutet als nur das bloße Teilen von Informationen oder Meinungen. Es geht um die tiefere Verbindung, die stattfindet, wenn Menschen ihre Gedanken, Erfahrungen und Emotionen miteinander teilen, reflektieren und weiterentwickeln – als würden sie in einem Wohnzimmer beieinandersitzen.

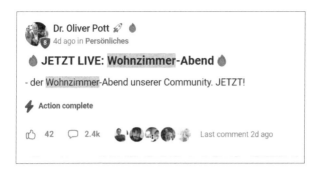

Echte Menschen: Ein solcher »Wohnzimmer-Abend« in der Community einer der Autoren dieses Buches brachte mit seinen nur 300 Mitgliedern ganze 2 400 Kommentare hervor – und echte, differenzierte, abendfüllende Kommunikation.

Quelle: Community MasterClass

Austausch in einer Community bedeutet, dass Menschen nicht nur passiv konsumieren, sondern aktiv miteinander interagieren. Sie stellen Fragen, teilen Antworten, fordern heraus und bieten Unterstützung.

> Interaktion gehört wesentlich zum menschlichen Bedürfnis, sich mit anderen verbunden fühlen und sich als Teil eines größeren Ganzen erleben zu wollen. Es ist die gemeinsame Erkundung von Ideen und Themen, die eine tiefere Bindung und ein stärkeres Gemeinschaftsgefühl erzeugt. Auch einfaches »Plaudern« genügt manchmal, wie im Wohnzimmer mit Freunden oder der Familie.

Mehrwert ist nicht sofort erkennbar

Der (oft nicht sofort erkennbare) Mehrwert dieses Austauschs liegt darin, dass die individuelle Erfahrung bereichert und kollektiv vertieft wird. Wenn du beispielsweise ein bestimmtes Thema ansprichst und andere darauf reagieren, wird deine eigene Perspektive erweitert.

Ein Beitrag in einer Community reicht aus, dass andere Mitglieder sich beteiligen, eigene Meinungen äußern und ihre Sichtweise darauf wiedergeben – und auf dieser Basis kannst du wiederum eigene Ideen und Standpunkte entwickeln. Du siehst Dinge aus neuen Blickwinkeln, erhältst Feedback, das deine Gedanken weiterformt. Du wirst Teil eines Dialogs, der über deine eigenen ursprünglichen Ideen hinausgeht. Dies führt zu einem Prozess des gemeinsamen Lernens und Wachsens, der sowohl die Community als Ganzes als auch dich als einzelnes Mitglied (be-)stärkt, gerade wenn die Community durch Gamification-Elemente wie Likes und Upvotes deine Beiträge aufwertet.

Wenn du deine Gedanken und Ideen teilst und andere darauf eingehen, erlebst du, dass deine Beiträge wertgeschätzt und ernst genommen werden. Dies erzeugt ein Gefühl der Zugehörigkeit und stärkt das Selbstwertgefühl.

Gleichzeitig profitierst du gemeinsam mit anderen von der kollektiven Intelligenz der Gemeinschaft. So bereichert die Vielfalt der Meinungen und Erfahrungen dein eigenes Wissen und hilft dir, Probleme zu lösen oder neue Ansätze zu finden, die du allein vielleicht nicht entdeckt hättest.

Mehr Community-Verbindungen, weniger Arbeit für den Creator

Content spielt im »Community Game« zwar nach wie vor eine Rolle, wird aber zunehmend ein »Mittel zum Zweck«. Er kann gleichermaßen als »Köder« herangezogen werden, um Menschen mit dem Konzept der Community vertraut zu machen.

Im Gegensatz hierzu besteht die wichtigste Aufgabe eines *Community*-Creators darin, dem Content nicht allzu großes Gewicht beizumessen, sondern das Netzwerk unter den einzelnen Mitgliedern zu stärken. So erst wird aus dem »*Content* Game« das »*Community* Game«, das anderen Spielregeln folgt.

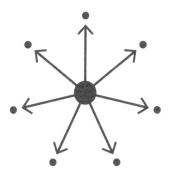

»Content Game«: In der Social-Media-Welt sendet der Influencer (großer Punkt in der Mitte) Inhalte in hoher Frequenz, oft mehrfach täglich, an seine Follower (Punkte ganz außen). Er nimmt diese kleinen Punkte kaum wahr; vor allem besteht keine Verbindung zwischen den Followern untereinander, sondern nur vom Influencer zum Follower.

Quelle: Eigene Darstellung

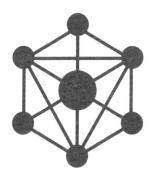

»Community Game«: In der Mitte steht der Community-Creator; er rückt eng an seine Mitglieder heran (Punkte außen, die im Gegenzug zur oberen Grafik aber sehr viel größer, also wahrnehmbarer werden). Zum Community-Creator unterhält jedes Mitglied eine Eins-zu-eins-Verbindung, und diese ist der Grund, warum das Mitglied überhaupt der Community beitritt. Der Creator wird als »Leader« wahrgenommen. Mit der Zeit entstehen aber auch Verbindungen der Mitglieder untereinander, wie in der Grafik ebenfalls zu erkennen ist. Je stärker diese Verbindungen untereinander sind, desto stärker trägt das entstehende Geflecht auch den Creator. Dessen wichtigste Funktion ist es somit, die Verbindungen unter den Mitgliedern zu verstärken.

Quelle: Eigene Darstellung

Folgendes Beispiel veranschaulicht die Zusammenhänge zwischen einem Community-Creator und seinen Mitgliedern:

Nehmen wir an, der Community-Creator ist hier ein Star-Fotograf, der seine Plattform ins Leben gerufen hat. Die Mitglieder treten dieser Community zu Beginn hauptsächlich bei, weil sie eine direkte Verbindung zu diesem Creator haben möchten, sei es durch seine Ratschläge, Feedback zu ihren Fotos oder einfach, weil sie von seiner Arbeit inspiriert sind. Jedes Mitglied hat also eine Eins-zu-eins-Verbindung zum Creator, was den Hauptgrund für den Mitgliedsbeitritt darstellt.

Am Anfang interagieren die Mitglieder hauptsächlich mit dem Creator. Sie stellen ihm Fragen, kommentieren seine Beiträge oder nehmen an seinen Workshops teil. Der Creator wird daher als der »Leader« der Community wahrgenommen.

Mit der Zeit beginnen die Mitglieder jedoch auch untereinander Verbindungen aufzubauen. Vielleicht entdecken sie, dass sie ähnliche Interessen oder Stile haben. Oder sie geben sich gegenseitig Feedback und Unterstützung. Diese Verbindungen unter den Mitgliedern werden nach und nach stärker. Zum Beispiel könnten zwei Mitglieder, die beide an Landschaftsfotografie interessiert sind, sich zusammenschließen, um ein gemeinsames Projekt zu starten oder sich gegenseitig auf Fotoshootings zu begleiten.

Je stärker diese Verbindungen untereinander werden, desto stabiler und tragfähiger wird die gesamte Community. Das Geflecht der Beziehungen zwischen den Mitgliedern trägt nun auch den Creator, da die Community nicht mehr nur von seiner zentralen Rolle abhängt, sondern durch die vielen starken Verbindungen unter den Mitgliedern zusammengehalten wird.

Die wichtigste Funktion des Creators ist es in dieser Phase nicht mehr, selbst als Hauptansprechpartner zu fungieren, sondern die Verbindungen unter den Mitgliedern zu fördern und zu stärken. Das könnte er beispielsweise durch die Organisation von Gruppenprojekten, Networking-Veranstaltungen oder der Förderung von Mitgliedern tun, die dann selbst zu Leitfiguren in bestimmten Bereichen der Community werden.

Auch Social-Media-Follower können diesen »Shift« schaffen – fort von Instagram oder TikTok, hin zur Community – wenn es ihnen gelingt, die alten erlernten Social-Media-Strukturen gedanklich abzulegen.

Springen wir ein Beispiel weiter, zu einer Fitness-Influencerin: Sie ist der Community-Creator und hat sich durch ihre Expertise, durch motivierende Posts und Fitnessprogramme eine große Anhängerschaft aufgebaut, die sie nun in eine Community übersetzt.

Menschen treten ihrer Community bei, weil sie direkten Zugang zu ihren Tipps, Trainingsplänen und somit Motivation erhalten möchten. Die Mitglieder haben also alle eine Eins-zu-eins-Verbindung zu diesem Creator, und diese Verbindung ist der Hauptgrund, warum sie dieser Fitness-Community beigetreten sind – wie im Beispiel zuvor beim Fotografen.

Zu Beginn konzentrieren sich die Mitglieder hauptsächlich darauf, der Influencerin zu folgen; so kennen sie das von ihren TikTok-Kanälen. Also nehmen sie teil an ihren Online-Workouts, stellen ihr Fragen zu ihrer Ernährung oder lassen sich von ihrer Erfolgsstory inspirieren.

Dann aber wächst der Zusammenhalt der Mitglieder untereinander: Mitglieder entdecken, dass andere Mitglieder ähnliche Fitnessziele haben oder vielleicht sogar in derselben Stadt leben. Dadurch entstehen neue Verbindungen: Einige Mitglieder bilden lokale Trainingsgruppen, andere tauschen sich in speziellen Foren über ihre Fortschritte aus oder motivieren sich gegenseitig durch Challenges und Wettbewerbe.

Diese neuen Verbindungen zwischen den Mitgliedern werden immer stärker. Beispielsweise könnten zwei Mitglieder, die beide auf einen Marathon trainieren, beschließen, gemeinsam zu laufen und sich gegenseitig zu unterstützen. Ein anderes Mitglied könnte eine Online-Challenge für alle organisieren, bei der man sich über seine täglichen Fortschritte austauscht und gemeinsam Ziele erreicht.

Mit der Zeit wird die Community nicht mehr nur durch den Creator zusammengehalten, sondern durch die vielen starken Verbindungen unter den Mitgliedern selbst. Der Creator bleibt zwar ein zentraler Bestandteil der Community, aber seine Rolle wandelt sich. Anstatt alleiniger Anführer zu sein, fördert er nun diese untereinander entstandenen Verbindungen, indem er beispielsweise gemeinsame Events organisiert, Mitglieder hervorhebt, die besondere Beiträge zur Community leisten, oder neue Tools bereitstellt.

Die Community-Idee befreit den Community-Creator aus dem »Influencer-Hamsterrad«, weil sie eine »selbstbefähigende Kultur« innerhalb der Community etabliert. Das heißt, die Community trägt oder befähigt sich mit der Zeit von selbst; und je besser das gelingt, desto mehr Zeit lässt es dem Creator für andere Dinge.

Anstatt die alleinige Quelle für Inhalte und Inspiration zu sein, wird die Verantwortung in einer Community vom Creator auf die Mitglieder verlagert, die ihre eigenen Themen und Herausforderungen aktiv in die Community einbringen. Die Mitglieder sind nicht länger passiv und warten auf neue Beiträge des Creators wie im Social-Media-Game, sondern werden selbst initiativ und bringen Diskussionen, Fragen oder Projekte in die Gemeinschaft ein. Dadurch wird die Community nicht nur aktiver und lebendiger, sondern auch nachhaltiger und selbsttragender. Die Mitglieder vernetzen sich stärker untereinander und lernen voneinander, ohne dass der Creator ständig im Mittelpunkt stehen müsste. Die Rolle des Creators wandelt sich von der eines zentralen Anführers hin zu der eines Moderators oder Mentors, der zwar weiterhin präsent ist, der aber eher unterstützend und teilnehmend agiert, anstatt fortlaufend neuen Content zu liefern.

Diese Kultur ermöglicht es dem Community-Creator, sich in die Rolle eines normalen Mitglieds der Gruppe zu integrieren. Natürlich kann er weiterhin mitkommentieren und an Diskussionen teilnehmen, doch der entscheidende Punkt ist der, dass andere Mitglieder dies ebenfalls tun. Dadurch entsteht ein vielfältigeres und von Pluralität geprägtes Gesprächsumfeld, in dem die Community sich selbst trägt und weiterentwickelt.

Damit dieses Modell erfolgreich funktioniert, muss der Community-Creator jedoch lernen, loszulassen. Er muss es schaffen, nicht ständig die Kontrolle über die Inhalte und die Richtung der Community einzufordern. Ergo muss er loslassen. Auf diese Weise entsteht ein Vertrauen dahingehend, dass die Mitglieder in der Lage sind, die Community eigenständig mitzugestalten und zu beleben. Dieses Loslassen ist der Schlüssel zu einer erfolgreichen, selbstbefähigenden Kultur, in der die Community wächst und gedeiht, ohne dass der Creator ständig im Zentrum stehen muss.

Die Wohnzimmerparty

Die neue Rolle des Content-Creators ähnelt der eines guten Gastgebers, dessen Einladung alle immer wieder gern annehmen werden.

Der Gastgeber übernimmt dabei eine besondere Rolle: Er organisiert die Party, lädt die Gäste ein und schafft die Rahmenbedingungen. Die Qualität der Party hängt aber nicht nur davon ab, was der Gastgeber macht, sondern vor allem davon, *wie wohl sich die Gäste fühlen und wie sie miteinander umgehen.*

Der Gastgeber sorgt zunächst dafür, dass sich alle Gäste willkommen und sicher fühlen. Er schafft beispielsweise in seinem Wohnzimmer oder auf seiner Terrasse eine Atmosphäre des Vertrauens, in der sich jeder frei äußern kann, ohne Angst vor Kritik oder Zurückweisung haben zu müssen. Störenfriede kann der Creator jederzeit aus der Community entfernen. Genau wie bei einer Wohnzimmerparty ist es ebenso in einer Community entscheidend, dass die Mitglieder das Gefühl haben, sich in einem geschützten Raum zu befinden, in dem ihre Meinungen und Beiträge respektiert werden.

Vor allem entsteht eine wirklich gute Wohnzimmerparty nicht dadurch, dass der Gastgeber die ganze Zeit redet und alle Aufmerksamkeit auf sich zieht. Wenn der Gastgeber beispielsweise nur Fotos von seinem letzten Urlaub zeigen würde – eine Angelegenheit, die ja vor allem nur ihn selbst interessiert –, würden sich die Gäste irgendwann langweilen, da sie keine Gelegenheit hätten, sich selbst einzubringen oder ihre eigenen Geschichten zu erzählen.

In einer erfolgreichen Community – genau wie auf einer guten Party – geht es darum, dass alle Gäste (sprich die Mitglieder) aktiv mitmischen. Die Aufgabe des Community-Creators (des Gastgebers) besteht darin, diese »Plaudereien« zu fördern. Interessante Gesprächsthemen können angestoßen werden, um den Austausch zu erleichtern, oder es werden kleine Gruppenaktivitäten organisiert, bei denen die Gäste zusammenarbeiten oder sich gegenseitig besser kennenlernen können.

Ein Beispiel wäre eine Wohnzimmerparty, bei der das Hauptthema »Kochen und Genießen« ist. Anstatt dass der Gastgeber allein alle Gerichte vorbereitet und die Gäste nur essen (passiv konsumieren = Social Media), werden die Gäste gebeten, gemeinsam zu kochen (= Community).

Vielleicht gibt es sogar eine kleine Koch-Challenge, bei der die Gäste in Teams aufgeteilt werden und zusammen ein Gericht kreieren. Jeder bringt seine eigenen Ideen und Fähigkeiten ein, und am Ende werden die verschiedenen Kreationen gemeinsam genossen.

Während des Kochens und Essens entstehen ganz automatisch Gespräche. Die Gäste tauschen Rezepte aus, teilen ihre besten Kochtipps und vielleicht auch lustige Geschichten aus ihrer eigenen Küche. Es ergibt sich eine lebendige, selbstbefähigende Atmosphäre, bei der die Gäste nicht nur miteinander ganz natürlich und zwanglos in Kontakt kommen, sondern sich auch gegenseitig inspirieren und unterstützen.

Übertragen auf eine digitale Community bedeutet dies, dass die Aufgabe des Creators darin besteht, nicht nur Inhalte zu senden, sondern seine Mitglieder darum zu bitten, selbst aktiv zu werden. So kann er Diskussionen anregen, bei denen die Mitglieder ihre eigenen Erfahrungen teilen. Oder er kann die Mitglieder motivieren, dass sie gemeinsam an Projekten arbeiten.

Gelingt es ihm als Creator, eine Umgebung zu schaffen, in der sich die Mitglieder aktiv einbringen, sich wohlfühlen und gegenseitig unterstützen, wird die Community genauso erfolgreich und lebendig wie die beste Wohnzimmerparty. Die Mitglieder werden sich nicht nur mit dem Gastgeber verbunden fühlen, sondern auch untereinander starke Bindungen aufbauen.

Diese Verbindungen sind es letztlich, die die Community tragen und stärken. Der Hauptbeitrag des Creators besteht dann darin, dies zu fördern und zu unterstützen, sodass die Community sich weiterentwickeln und wachsen kann.

Viele Menschen zusammen sind noch längst keine Community

Aber Vorsicht, die Rolle des Gastgebers ist essenziell wichtig! Sonst würde zwar eine Gruppe, aber keine Community entstehen, und das sprengt das Spiel.

Der Unterschied zwischen Gruppen und Communitys liegt in der Tiefe der Teilhabe einerseits und dem Grad der Verbindung zwischen den Mitgliedern anderseits.

Hier ein Beispiel, das diesen Unterschied gut illustriert: Ein ausverkaufter Theatersaal bei einer Buchlesung repräsentiert eine Gruppe. Die Zuschauer haben ein zentrales Interesse – das Buch und die Lesung – und sind für diesen Moment oberflächlich verbunden (sie sitzen beispielsweise nebeneinander). Aber nach der Lesung zerstreut sich die Gruppe, und die schwache Verbindung zwischen den Teilnehmern löst sich auf. Es bleibt eine gemeinsame Erfahrung, aber ohne tiefergehenden Austausch oder bleibende Verbindungen zwischen den Teilnehmern.

Im Gegensatz dazu stellt eine Community eine tiefere und engere Form der Verbindung dar.

Eine Diskussionsrunde über das gleiche Buch im Wohnzimmer ist ein gutes Beispiel für eine Community. Hier ist der Rahmen kleiner und persönlicher. Das Buch, also der Content, steht zwar im Vordergrund, aber das Gespräch zwischen den Teilnehmern macht den Unterschied aus. In dieser »Buch-Community« tauschen die Mitglieder nicht nur ihre Gedanken über das Buch aus, sondern sie hören einander zu, diskutieren und entdecken gemeinsam neue Perspektiven.

Eine Community entsteht, weil alle Teilnehmer aktiv mitmachen und nicht nur passiv konsumieren. Jeder bringt seine eigenen Gedanken, Interpretationen und Erfahrungen ein, was zu einem lebendigen Austausch führt.

Der Mehrwert einer solchen Community ist sofort erkennbar: Durch den Dialog mit anderen werden neue Perspektiven sichtbar, auf die man allein vielleicht nie gekommen wäre. Also etwa Stellen im Buch, die man selbst überlesen oder anders interpretiert hätte, werden durch die Diskussion plötzlich klarer oder erhalten eine neue Bedeutung.

Diese »Community-Erkundung« des Inhalts ändert nicht nur das Verständnis des Buches, sondern stärkt auch die Verbindungen zwischen den Teilnehmern.

Egofreie Zonen schaffen Wertschätzung und Vertrauen

Eine digitale Community muss eine egofreie Zone sein, damit alle Mitglieder auf Augenhöhe miteinander kommunizieren können. Diese Gleichberechtigung ist entscheidend, weil sie die Grundlage für die beiden wichtigsten Zutaten einer erfolgreichen Community bildet: Vertrauen und Wertschätzung.

Wenn alle Mitglieder auf Augenhöhe sprechen dürfen, entsteht ein Raum, in dem jeder sich gehört und respektiert fühlt. In einer solchen Umgebung haben übersteigerte Egos keinen Platz, da sie das Gleichgewicht stören und die Gruppe negativ beeinflussen könnten. Wenn jemand versucht, sich über andere zu stellen oder seine eigenen Interessen in den Vordergrund zu rücken, führt das oft zu Spannungen, Missverständnissen und einem Gefühl der Ungerechtigkeit. Diese Faktoren aber untergraben das Vertrauen, das die Mitglieder zueinander haben sollten, und schwächen das Gemeinschaftsgefühl.

Im engsten Freundeskreis bleibt der Werbespruch »Mein Haus, mein Geld, mein Boot« ja auch außen vor, weil es das gemeinsame Miteinander stören und das Gefühl der Gleichberechtigung untergraben würde.

Was in einem Freundeskreis und ebenso in einer digitalen Community zählt, das ist eben nicht, wer materiell mehr besitzt oder wer sich besonders hervortut, sondern das, was jeder als Mensch einbringt. Es geht darum, gemeinsam auf Augenhöhe zu kommunizieren, ohne Ego oder Statussymbole in den Vordergrund zu stellen. Wenn alle Mitglieder einer Community oder eines Freundeskreises diese Prinzipien verinnerlichen, entsteht ein starkes, unterstützendes Netzwerk, das auf gegenseitigem Respekt basiert – fernab von Eitelkeiten und Konkurrenzdenken.

Vertrauen ist die erste Zutat für eine starke Community. So wie das in jeder Familie und jedem Freundeskreis der Fall ist. Es ermöglicht den Mitgliedern, offen und ehrlich miteinander zu kommunizieren, ihre Gedanken und Ideen zu teilen und sich gegenseitig zu unterstützen. Ohne solch ein Vertrauen bliebe die Kommunikation oberflächlich und von Misstrauen geprägt, was das Wachstum und die Entwicklung der Community behindern würde.

Vertrauen ist die zweite wesentliche Zutat. Sie entsteht, wenn die Beiträge und Meinungen jedes Mitglieds als gleichwertig angesehen werden. In einer egofreien Zone wird jede Stimme gehört und geschätzt, unabhängig von der Position oder dem Status der Person innerhalb der Community.

Das »Content-Hamsterrad« für Coaches, Experten und Wissensarbeiter

Der Druck, ununterbrochen Content in Massen produzieren zu müssen, ist für jeden Wissensarbeiter, Experten oder Influencer erdrückend.

Social-Media-Algorithmen verlangen nach ständigem Nachschub; die Aufmerksamkeitsspanne des Publikums schwindet immer weiter. So muss sich der menschliche Content-Creator in einem Kampf gegen KI-generierte Inhalte behaupten und einen niemals endenden Wettlauf führen.

Für jeden, der Content veröffentlicht, bedeutet das nicht nur eine hohe Arbeitsbelastung, sondern zudem die Gefahr, dass die Qualität der Inhalte unter der Quantität leidet. Anstelle von tiefgründigen und wertvollen Beiträgen werden oberflächliche Inhalte produziert, die nur kurzfristige Aufmerksamkeit erregen sollen, aber kaum langfristigen Mehrwert bieten.

Dieser Teufelskreis hat gravierende Auswirkungen auf die gesamte Branche. Während einige in der Flut der Inhalte untergehen, wird es für andere immer schwieriger, Schritt zu halten oder sich gar hervorzuheben. Um dieser »Content-Hamsterrad«-Falle zu entkommen, ist eines unerlässlich: neue Wege zu finden, wie Inhalte sinnvoller und nachhaltiger eingesetzt werden können.

Ganz bitter zu vergegenwärtigen ist, dass mehr Content nicht zwangsläufig mehr Erfolg bedeutet – im Gegenteil! Die schiere Masse an täglich veröffentlichten Inhalten hat eine beunruhigende Entwertung auch sehr guter Inhalte mit sich gebracht: Je mehr produziert wird, desto weniger scheint der einzelne Content wahrgenommen zu werden. Es ist wie in einem Buffet-Restaurant, in dem das Essen immer reichhaltiger wird, aber die Gäste immer weniger Appetit haben.

Content is common

In diesem Zusammenhang stellt sich die Frage: Wo bleibt der tatsächliche Mehrwert?

> Der bekannte Ausdruck »Content is King« wurde mittlerweile eher abgelöst von »Content is common«. Klar, Content ist heute nach wie vor wichtig, aber er wird vom Publikum als selbstverständlich und in hoher Qualität vorausgesetzt.

Die wirkliche Herausforderung besteht also darin, nicht nur etwas zu sagen, sondern auch gehört zu werden. Zudem ist es umso wichtiger, sich auf das zu konzentrieren, was wirklich zählt – gute und durchdachte Inhalte mit Substanz –, und diese dann zu verbinden mit einer Community.

Hochwertiger, aufwendig produzierter Content spricht nicht nur den Intellekt an, sondern berührt auch auf emotionaler Ebene und hinterlässt einen bleibenden Eindruck.

Wenn die »selbstgemachten« Inhalte echten Mehrwert bieten, sei es durch praktische Tipps, neue Perspektiven oder tiefgreifende Analysen, dann werden sie nicht nur konsumiert, sondern auch heiß diskutiert. Exakt das macht den Mehrwert aus. Denn Inhalte, die Diskussionen anregen und ins Nachdenken bringen, haben eine viel längere Lebensdauer als flüchtige Posts, die in der endlosen Social-Media-Flut untergehen.

Ein weiteres wichtiges Element ist der Evergreen-Content. Evergreen-Inhalte sind zeitlos, relevant und nützlich – unabhängig davon, wann sie konsumiert werden. Sie bieten Langfristlösungen für Probleme und sind von kurzlebigen Trends völlig unabhängig. Anstatt blind dem nächsten Hype hinterherzujagen, gilt es also, Inhalte zu schaffen, die auch in einem Jahr noch wertvoll und begehrt sein werden.

Ein brillant ausgearbeiteter Blogpost oder ein umfassendes Tutorial können über Monate oder sogar Jahre hinweg Besucher auf deine Seite locken und deine Expertise glänzen lassen. Das befreit dich aus dem Hamsterrad des ständigen Content-Produzierens und schafft außerdem einen hohen Mehrwert für die eigene Community.

Lea Ernst verlässt das »Content-Hamsterrad«

Lea Ernst ist Businesscoach für Frauen und hat sich durch den »Umzug« ihrer Follower auf eine Community-Plattform aus dem »Content-Hamsterrad« befreit. Ihre Kenntnisse hat sie unter anderem durch ein abgeschlossenes wirtschaftswissenschaftliches Studium erworben.

Mit ihrem Geschäftspartner Daniel und einem Team von zehn Mitarbeitern ist sie seit über fünf Jahren als Businesscoach erfolgreich. Doch trotz dieses Erfolgs fühlte sie sich gefangen – gefangen in einem unermüdlichen Kreislauf der Content-Produktion. Ständig musste neuer Content her, um ihre Zielgruppe zu binden und ihre Reichweite zu halten. So zu arbeiten, das fühlte sich für Lea wie ein Hamsterrad an, aus dem es kein Entkommen gab.

Später dann hat Lea ihre Community »Classy Business Circle« gegründet. Durch den Wechsel von der Instagram-Influencerin mit 45 000 Followern zur Community-Creatorin hat Lea einen entscheidenden Vorteil gewonnen: Ihre Community »entertaint« sich nun weitgehend selbst. Das bedeutet, dass sie nicht mehr ständig neuen Content produzieren muss, um ihre Mitglieder zufrieden zu wissen. Dies gibt ihr die Freiheit, sich auf andere Aspekte ihres Geschäfts zu konzentrieren und den Druck des ständigen Content-Erstellens zu mindern.

Mit dem Umzug zur Community hat Lea Prozesse und Systeme implementiert, die ihr eine maximale Freiheit ermöglichen. Ein weiterer wichtiger Schritt war der erfolgreiche Umzug ihrer Facebook-Gruppe mit 900 Mitgliedern auf die neue Community-Plattform.

Sie entschied sich, ihre Community auf eine Weise zu führen, die ihre Arbeitsweise verändern würde, sodass sie hierdurch mehr Freiheit zur Verfügung hätte. Ihr Geschäft entwickelte sich zu einem Modell, bei dem die Mitglieder der Community sich gegenseitig unterstützten und Inhalte generierten, die authentisch und relevant sind.

Diese selbstbefähigende Kultur der Community hat Lea vom Stress befreit, permanent im Mittelpunkt stehen zu müssen, und ihr gleichzeitig eine stabile Einnahmequelle gesichert.

Für sie war dieser Übergang nicht nur eine Erleichterung, sondern eine komplette Umwälzung ihrer Geschäftsstrategie. Und ein deutlicher

Gewinn in der Art und Weise, wie ein Digital-Coaching langfristig funktionieren kann.

Natürlich bringt sie sich und ihr Fachwissen nach wie vor ein; aber ihr Community-Ansatz gestattet es ihr nun, nicht nur intensive und tiefgehende Coaching-Sessions anzubieten, sondern gleichzeitig ihre Klientinnen über längere Zeiträume zu begleiten. Die Community bildet dabei das Rückgrat, das es ihr ermöglicht, eine Beziehung zu ihren Kundinnen aufrechtzuerhalten, ohne ständig neue Inhalte produzieren zu müssen.

Content und Community in guter Symbiose zueinander

Eine gute und auf langfristigen Erfolg ausgelegte Community benötigt beides: Content und Gemeinschaftsgefühl.

Content als der reine Informationsgehalt spricht in erster Linie den Verstand an. Es handelt sich um die Sachebene. Hier geht es um Fakten, Daten und Logik. Diese Ebene ist ohne Zweifel wichtig, besonders in Bereichen wie Bildung, Beratung und Coaching. Doch Wissen allein reicht nicht aus, um Menschen wirklich zu erreichen.

Ein Beispiel soll uns aufzeigen, warum die Content-Ebene den Kunden oft gar nicht erreicht. Nehmen wir einen Anwalt. Fachlich mag er vielleicht brillant sein. Jedenfalls sind seine Kanzleiwände bedeckt mit Diplomen und Auszeichnungen. Außerdem kann er jedes Gesetz und jede Rechtsprechung aus dem Stegreif zitieren. Doch trotz seines beeindruckenden Wissens fällt es uns als Kunden womöglich schwer, ihm zuzuhören. Warum? Vielleicht hat er uns beim ersten Treffen nicht herzlich begrüßt? Oder er hat uns das Gefühl vermittelt, dass wir für ihn nur eine Nummer sind.

Wenn uns unser Bauchgefühl dann sagt, dass wir diesen Menschen nicht mögen – verlieren all diese eben noch beeindruckenden Fakten und die fachliche Brillanz plötzlich an Bedeutung.

Hier kommt die Beziehungsebene ins Spiel, die Ebene des Herzens. Sie entscheidet darüber, ob Menschen überhaupt bereit sind, zuzuhören und das vermittelte Wissen anzunehmen. Ein Mangel an Wertschätzung oder

Empathie kann die Beziehungsebene sofort auf null setzen – und wenn diese Ebene gestört ist, verliert auch die Sachebene an Wirkung. Oder mit anderen Worten: Wenn das Herz nicht erreicht wird, bleibt das Wissen im Kopf wirkungslos.

> Eine gute Community benötigt also beides:
> Content = Sachebene = Kopf
> Community = Bauchgefühl = Herz

Wir können uns die Beziehungsebene wie ein emotionales Konto vorstellen. Und in deiner Community ist dieses Konto von unschätzbarem Wert. Jede nette Geste, jedes freundliche Wort und jede empathische Handlung sind Einzahlungen auf dieses Konto. Wenn du beispielsweise bei einer Community-Partynacht aktiv mitfeierst, zahlst du kräftig auf dieses Beziehungskonto ein. Dabei sind diese Einzahlungen keinesfalls kurzfristige Nettigkeiten, sondern langfristige Investitionen in das Vertrauen und die Verbundenheit innerhalb der Gemeinschaft.

Ein gut gefülltes Beziehungskonto wird sich auszahlen – später, irgendwann vielleicht. Sei es eine fachliche Beratung, Unterstützung bei einem Projekt oder einfach nur eine ehrliche Meinung: Wenn die Beziehungsebene stark ist, werden Community-Mitglieder bereit sein, dir zu helfen. Die Grundlage dafür hast du durch kontinuierliche Einzahlungen in Form von Respekt, Vertrauen und Gemeinschaftssinn gelegt.

In der Betriebswirtschaftslehre könnte man von der »Kapitalisierung emotionaler Konten« und somit einer »Barwertigkeit« sprechen. Die Beziehungsebene hat einen enormen Wert, der weit über materielle Güter hinausgeht.

Menschen kündigen Inhalte, nicht aber Freundschaften

In der klassischen Content-Welt, in der Inhalte rund um die Uhr verfügbar sind und Streamingdienste wie Netflix unsere Sehgewohnheiten dominieren, gilt: Inhalte kommen und gehen, aber menschliche Beziehungen bleiben. Dies ist ein grundlegendes Prinzip, das unser Leben auf eine tiefere Weise prägt, als wir es auf den ersten Blick erkennen.

Und aus geschäftlicher Sicht ist das von ganz erheblichem Wert!

Inhalte sind flüchtig: Beispiel Netflix

Netflix zeigt, wie Inhalte in der heutigen Zeit konsumiert werden. Zu Beginn ist der Hype immer groß. Da startet eine neue Serie, und Millionen von Menschen schalten ein. Die ersten Staffeln einer Serie wie *Stranger Things* oder *House of Cards* verzeichnen für gewöhnlich hohe Einschaltquoten und erzeugen in sozialen Medien oft Diskussionen. Doch was passiert über die Zeit hinweg? Die Zuschauerzahlen sinken von Staffel zu Staffel. Sogar die treuesten Fans verlieren manchmal das Interesse. Schließlich bleiben nur noch die eingefleischten Anhänger übrig, während der Rest der Zuschauer längst weitergezogen ist – auf der Suche nach dem nächsten Hype.

Dieser Verlauf ist symptomatisch für die Natur von Content. Inhalte sind oft zeitgebunden, abhängig von Trends und dem ständigen Bedürfnis nach Neuem. Wenn eine Serie, ein Film oder ein Buch seine Neuheit verliert, verliert es auch seine Anziehungskraft. Die emotionalen und intellektuellen Reize, die uns zu Beginn in den Bann ziehen, verblassen mit der Zeit. Netflix weiß das und investiert deshalb kontinuierlich in neue Produktionen, um die Zuschauer bei Laune zu halten. Denn wenn der Strom an neuen, spannenden Inhalten versiegt, kündigen die Abonnenten. Und das tun sie ohne jede Emotion: Ein Klick, und das Netflixabo ist gekündigt, ohne dass dem eine Träne nachgeweint würde.

Das gleiche Phänomen lässt sich in vielen anderen Bereichen beobachten. Seien es Musikstreamingdienste wie Spotify, die kontinuierlich neue Songs und Alben bereitstellen müssen, oder Zeitungsabonnements, die ständig frische, relevante Nachrichten liefern müssen – Content ist eine Ware mit Verfallsdatum!

Freundschaften und Beziehungen sind beständig – oft ein Leben lang

Im deutlichen Gegensatz dazu stehen menschliche Beziehungen.

Inhalte verblassen mit der Zeit und verlieren ihre Wirkung, Freundschaften und zwischenmenschliche Beziehungen aber werden über die Zeit hinweg oft tiefer und bedeutungsvoller.

Alte Freundschaften, die Jahrzehnte überdauert haben, sind in der Regel stärker und verlässlicher als neue Bekanntschaften. Während man sich an die ersten spannenden Phasen einer neuen Serie vielleicht kaum noch erinnert, bleibt die Erinnerung an gemeinsame Erlebnisse mit Freunden prägend und lebendig.

Der Grund dafür liegt in der Natur zwischenmenschlicher Beziehungen. Freundschaften und Beziehungen entwickeln sich. Sie wachsen mit uns und werden immer stärker durch geteilte Erfahrungen sowie durch Höhen und Tiefen. Wo Content längst öde geworden ist, fangen Beziehungen gerade erst an, ihre wahre Tiefe zu zeigen. Die Zeit, die man mit Menschen verbringt, schafft ein Netz aus Vertrauen, Verständnis und gemeinsamen Erinnerungen, das weit über das hinausgeht, was jede noch so brillante Serie bieten kann.

Freundschaften können alle möglichen Prüfungen überstehen – Streitigkeiten, Entfernungen und vielleicht sogar Zeiten, in denen es kaum noch einen Kontakt gab. Doch anstatt zu verblassen, kann so eine Beziehung (hieran) gewachsen sein. Dann ist sie tief, stabil und von einer Art Beständigkeit, die in der Welt des Contents selten zu finden ist.

Wir sehen also: Content kommt und geht, aber Freundschaften und Beziehungen bleiben, oft sogar ein ganzes Leben!

DIE EIGENE COMMUNITY PLANEN UND AUFBAUEN

Vielleicht hast du eine Leidenschaft, die du mit anderen teilen möchtest? Oder du spielst mit einer Geschäftsidee, die du schon lange ausprobieren und umsetzen willst? Dann ist vielleicht deine eigene Community das Werkzeug dafür, wenn du bereit bist, die zugehörigen »Spielregeln« zu verstehen und zuzulassen. Das sind Spielregeln, wie sie in jedem Markt bestehen, und hier tickt jeder Markt anders.

Und der Aufbau einer Community ist eben nicht das Erstellen einer Webseite oder das Anlegen einer Gruppe in den sozialen Medien. Es geht darum, einen geschützten Raum zu schaffen, in dem sich Menschen zusammenfinden, um sich austauschen, voneinander zu lernen, gemeinsam zu wachsen und Spaß zu haben. Es geht um eine Vision, die andere inspiriert und ihnen zeigt, warum sie ein Teil deiner Community sein sollten.

Das »Community Game« verstehen

Die vorherigen Kapitel haben gezeigt, dass sich das »Community Game« von denjenigen Ansätzen unterscheidet, die bei Social Media zum Erfolg führen, und ebenso von der sonst üblichen Produktion selbst hochwertigen Contents.

Daher heißt es, nicht zu schnell vorzupreschen! Der erste Schritt besteht darin, dich auf allen guten Community-Plattformen umzusehen und dort zu schauen, wie die jeweils unterschiedlichen Communitys funktionieren, beispielsweise bei Patreon, Reddit oder Skool. Denn jede Plattform hat einen ganz eigenen »Spirit« – und diesen solltest du gut kennen und verinnerlichen, bevor du selbst dort durchstartest.

Dabei ist es wichtig, die verschiedenen Vibes der Communitys einzufangen und außerdem zu analysieren, welche der Plattformen zu dir am besten passt.

Anders als bei Social Media, wo der Fokus häufig auf dem Influencer selbst liegt, der kontinuierlich Content an seine Follower sendet, steht in einer Community jeder einzelne Mensch im Mittelpunkt. Hier geht es nicht mehr um eine Hauptperson, die das Geschehen dominiert, sondern um die Interaktion und das Engagement aller Mitglieder. Zugegeben, vielen aus der »alten Welt« Kommenden fällt es zunächst schwer, das zu verinnerlichen.

In Social-Media-Kanälen wie Instagram oder YouTube sind Influencer die zentralen Figuren. Sie kreieren Inhalte, die ihre Follower konsumieren und dann liken und kommentieren. Die Beziehung ist oft eher einseitig: Der Influencer sendet, die Follower empfangen. Dieses Modell funktioniert gut in der Welt der sozialen Medien, ist aber *nicht* geeignet für den Aufbau einer nachhaltigen und lebendigen Community.

Eine echte Community funktioniert anders. Hier geht es darum, ein Umfeld zu schaffen, in dem jeder Teilnehmer eine Stimme hat und sich aktiv einbringen kann. Die Rolle des Community-Creators (das ist der Influencer im »Community Game«, also der Gründer einer eigenen Community und damit deren Inhaber) ist weniger die eines zentralen Content-Erstellers und mehr die eines Moderators und Unterstützers. Er sorgt dafür, dass sich alle Mitglieder gehört und wertgeschätzt fühlen. Er fördert den Austausch und das gemeinsame Lernen und achtet darauf, dass die Gemeinschaftsregeln eingehalten werden.

Statt sich auf eine Person zu konzentrieren, die den Ton angibt, lebt eine erfolgreiche Community von der Vielfalt ihrer Mitglieder. Jeder bringt seine eigenen Perspektiven, Erfahrungen und Fähigkeiten ein.

Nimm an Communitys aktiv teil, bevor du selbst eine gründest

Melde dich selbst am besten auf einigen der Community-Plattformen an – und lies auf einer »Metaebene« mit. Dies bedeutet, dass du beobachtest, wie erfolgreiche Communitys aufgebaut sind, welche Inhalte geteilt werden und welche Regeln und Normen dort gelten. Eine gründliche Analyse hilf dir dabei, die Bedürfnisse und Erwartungen deiner zukünftigen Mitglieder besser zu verstehen und eine solide Basis für deine eigene Community zu schaffen.

Dieser Prozess des Beobachtens und Verstehens ist entscheidend, um eine nachhaltige und aktive Community aufzubauen. Denn ein zu schnelles Handeln ohne ausreichendes Verständnis kann dazu führen, dass die Community nicht die gewünschte Resonanz findet oder schnell wieder auseinanderbricht.

Deshalb gilt: Gründlich vorbereiten, die richtigen Schlüsse ziehen und erst dann mit Bedacht die eigene Community ins Leben rufen. So erhöht sich die Chance, dass du eine starke und langfristig erfolgreiche Community etablieren kannst.

Und wie wählst du die beste Plattform für dein Projekt? Für jeden Schwerpunkt und jede Berufsgruppe gibt es individuelle Community-Plattformen, die den jeweils speziellen Community-Creators Rechnung tragen und deren Bedürfnisse befriedigen. Die Autoren dieses Buches haben dazu eine (regelmäßig aktualisierte) Übersicht und Empfehlungen zusammengetragen:

www.founder.de/communitys-buch-ressourcen

Ein Haus baust du mit einem Architekten

Schnell gründen ist gut, aber ein wenig Planung zu Beginn ist essenziell. Dabei hilft dir ja dieses Buch.

Wenn du ein Haus bauen willst, fängst du mit dem an, was Architekten »Phase null« nennen: Ideen sammeln, planen, aber eben auch den Stil des künftigen Hauses und seinen Grundriss festlegen. Reduziertes Bauhausdesign oder lieber verspieltes Landhaus? Ein Haus aus Holz? Großer Garten oder bloß kein Garten? Das legst du ganz früh selbst fest – und dieser allererste Grundton ist dann die »Vision« für dein Traumhaus.

Wenn du einfach Steine, Mörtel und andere Materialien bestellst und sofort loslegst, dann riskierst du, ein schiefes und wackliges Haus zu errichten. Was wäre also der bessere Weg? Vermutlich dieser hier: Zunächst entwickelst du eigene Ideen für dein Haus. Du überlegst dir, wie es aussehen soll, welche Räume du benötigst und welche besonderen Wünsche du an dein Haus hast. Diese Ideen besprichst du dann mit Familie und

Freunden. Ihr tauscht euch aus, sammelt Feedback und verbessert die ursprünglichen Konzepte.

Nachdem du eine klare Vorstellung davon hast, wie dein Haus aussehen soll, beauftragst du einen Architekten. Der Architekt hilft dir, deine Ideen in konkrete Pläne zu verwandeln. Außerdem stellt er für dich sicher, dass alle baulichen Anforderungen erfüllt werden und dass dein Haus stabil und sicher gebaut wird. Erst dann beginnst du mit dem eigentlichen Bau.

Übertragen auf die Gründung (d)einer Community bedeutet dies, dass du zunächst deine eigene Vision entwickelst. Überlege dir, welche Ziele du mit deiner Community verfolgst, welche Themen behandelt werden sollen und welche Art von Mitgliedern du ansprechen möchtest. Besprich diese Ideen mit engen Freunden oder Familienmitgliedern, um deren Feedback zu erhalten.

Anschließend kannst du Experten oder erfahrene Community-Creator hinzuziehen, um deine Pläne zu konkretisieren. Diese Experten helfen dir dabei, eine stabile Struktur aufzubauen, Regeln und Normen festzulegen und sicherzustellen, dass deine Community von Anfang an auf einem soliden Fundament steht.

Erst nachdem diese Vorbereitungen abgeschlossen sind, startest du mit der eigentlichen Gründung deiner Community. Mit dieser durchdachten Planung im Hintergrund erhöhst du die Chancen, eine Community zu schaffen. So vermeidest du die Risiken, die mit einem übereilten Start verbunden gewesen wären, und legst den Grundstein für eine starke Gemeinschaft.

Deine 5-Punkte-Frageliste für den Weg zur eigenen Community

1. **Hast du eine klare Vision?**
   Jede erfolgreiche Community beginnt mit einer klaren Vision. Worum also soll es in deiner Community gehen, was ist deren Thema, das Menschen zusammenbringen soll?

   Wenn du eine klare Vorstellung davon hast, welche Werte und Ziele deine Community verfolgen soll, hilft dir das bei der Detailarbeit.

2. **Warnung (!): Kannst du ausreichend Zeit und Energie investieren?**

Der Aufbau und die Pflege einer Community erfordern Zeit und Engagement. Es reicht nicht aus, dort nur ab und zu vorbeizuschauen – du musst dir im Klaren darüber sein, regelmäßig aktiv zu sein, Inhalte zu erstellen, Diskussionen anzustoßen und auf die Bedürfnisse deiner Mitglieder einzugehen – ist das bei dir der Fall, kannst du das sicherstellen und für dich bejahen?

3. **Kannst du echten Mehrwert bieten?**

Eine erfolgreiche Community lebt davon, dass ihre Mitglieder einen echten Mehrwert aus ihrer Teilnahme ziehen. Hast du das Wissen, die Erfahrung oder die Ressourcen, um anderen zu helfen? Denn oberflächliches Wissen genügt nicht. Und: Möchtest du dein Wissen wirklich teilen und die Community aktiv bereichern? Wenn du das kannst, baust du schnell Vertrauen auf.

4. **Bist du offen für Kritik und Veränderungen?**

Eine Community ist ein lebendiges Projekt, das sich ständig weiterentwickelt. Bist du dir selbst gegenüber ehrlich genug, um auf Feedback deiner Mitglieder einzugehen und deine Community zu unterstützen und die Ausrichtung entsprechend anzupassen, wenn das gefragt wäre? Offenheit für Veränderungen und die Bereitschaft, sich weiterzuentwickeln, sind entscheidend, um eine Community erfolgreich zu führen. Wenn du wenig kritikfähig bist, könnte das »Community Game« durchaus anspruchsvoll für dich werden.

5. **Kannst du echte Verbindungen schaffen?**

Letztendlich geht es in einer Community um Menschen – um die Verbindungen, die sie untereinander knüpfen. Und es geht um die Beziehungen, die daraus entstehen. Kannst du eine Atmosphäre schaffen, in der sich die Mitglieder wohlfühlen und gern miteinander austauschen? Traust du es dir zu, deine Community so zu führen, dass Vertrauen, Respekt, Wertschätzung und Unterstützung im Vordergrund stehen? Wenn dir das bislang in der Offlinewelt gut gelungen ist, beispielsweise auf deinen Partys, und wenn du allgemein ein guter Gastgeber bist, ist das ein guter früher Indikator.

Der Weg zur Community in drei Phasen

Eine typische Community-Gründung besteht aus drei Phasen.

1. Phase: Ideenfindung mit Maslow

In dieser Phase entscheidest du, welches Thema deine Community vereinen soll. Es muss ein Thema sein, das zwei wichtige Grundannahmen erfüllt: Es muss sowohl für *dich persönlich relevant* als auch für eine *ausreichend große Zahl an anderen Menschen* ansprechend sein. *Beides zugleich* muss gegeben sein! Damit legst du den Grundstein dafür, warum Menschen sich gerade zu deiner Community hingezogen fühlen und nicht zu einer anderen. In der Betriebswirtschaftslehre spricht man von Alleinstellungsmerkmal oder »USP« (für »Unique Selling Proposition«).

Ein bewährter Ansatz besteht darin, die Maslow'sche Bedürfnispyramide zu nutzen. Wo auf dieser Pyramide positioniert sich das Thema deiner Community? Spricht es grundlegende Bedürfnisse wie Sicherheit und Gemeinschaft an, oder zielt es eher auf Selbstverwirklichung und persönliche Entwicklung ab? Vor allem auf oberen Ebenen der Maslow-Pyramide entstehen Community-fähige Ideen. Die Themenwahl ist zentral für den langfristigen Erfolg, denn sie bestimmt, ob deine Community für andere relevant ist und bleibt. Darauf gehen wir gleich noch detailliert ein.

Es geht bei der Themenwahl aber zudem um die Balance zwischen persönlicher Leidenschaft und Marktpotenzial. Ein Thema, das dir wichtig ist, ist der erste Schritt – doch es sollte auch genügend Interessenten anziehen, um eine aktive Community zu ermöglichen. Ein Beispiel hierfür sind Communitys, die sich auf spezialisierte Themen konzentrieren und gerade dadurch eine starke Bindung unter ihren Mitgliedern erzeugen.

2. Phase: Planung und Aufbau

In dieser Phase legst du die Grundlage für die Struktur deiner Community. Du definierst Rollen und Verantwortlichkeiten und stellst sicher, dass alles bereit ist, um die ersten Mitglieder gewinnen zu können. Dann entscheidest du dich für eine technische Plattform, auf der du deine Community gründest. Danach suchst du dir die ersten 10 bis 50 Gründungsmitglieder – und gerade diese bestimmen über den Erfolg.

Am Ende steht deine erste eigene Community.

3. Phase: Pflegephase

Damit deine Mitglieder auch bei dir bleiben, musst du regelmäßig neue Inhalte und Impulse liefern, die deine Community am Leben halten. Gleichzeitig hast du dafür zu sorgen, dass die Menschen in deiner Community sich gut unterhalten fühlen, dass sie sich austauschen und miteinander ins Gespräch kommen. So schaffst du eine Atmosphäre, in der sie gern verweilen und wohin sie immer wieder zurückkommen.

Die Pflegephase beginnt, sobald deine Community gestartet ist. Aber damit endet die Arbeit nicht – im Gegenteil, hier beginnt die eigentliche Herausforderung! Denn in dieser Phase geht es für dich darum, deine Community am Leben zu erhalten und die Idee weiterzuentwickeln.

Die Pflegephase umfasst auch das ständige und sehr aufmerksame Hören auf das, was deine Mitglieder zwischen den Zeilen spiegeln. Was funktioniert gut? Wo gibt es Probleme? Der Schlüssel hier: Flexibilität und deine Bereitschaft zur Anpassung. Genauso wichtig ist es, das Vertrauen deiner Mitglieder zu gewinnen und zu halten. Das erreichst du durch Transparenz, Verlässlichkeit und einen echten Mehrwert, den du mit deiner Community bietest.

Darüber hinaus solltest du die Weiterentwicklung deiner Community im Auge behalten. Was sind die nächsten Schritte? Gibt es neue Themen oder Trends, die du aufgreifen kannst? Deine Community muss sich mit der Zeit weiterentwickeln, um relevant zu bleiben und um weiterhin Wachstum für dich zu ermöglichen.

Die richtige Community-Idee finden und am Markt prüfen

Die Wahl des richtigen Themas ist der Kern deines Community-Erfolgs. Die richtige Idee ist deshalb so wichtig, weil das Thema das Herzstück und die Seele deiner Community ist!

Ein gut gewähltes Thema sorgt dafür, dass die Community langfristig attraktiv bleibt, weil es die Mitglieder immer wieder anspricht und dazu motiviert, aktiv teilzunehmen. Aber es gilt auch: Ein schlechtes Thema, das der Markt nicht möchte, scheitert schon sehr früh.

Ein weiterer Erfolgsbestandteil ist die Beständigkeit des Themas. Ein sogenanntes »Evergreen-Thema«, das gut gewählt ist, verliert nicht an Bedeutung oder Relevanz – es bleibt im Laufe der Zeit aktuell und passt sich den Veränderungen der Welt und den Bedürfnissen der Community-Mitglieder an. Es kann sich weiterentwickeln, aber es wird immer der Anker bleiben, der die Community zusammenhält.

Evergreen-Themen verlieren nicht an Bedeutung, unabhängig von kurzfristigen Trends oder aktuellen Ereignissen. Ein paar Beispiele für solche Evergreen-Themen sind:

- **Gesundheit und Körper:** Fragen rund um gesunde Ernährung, mentale Gesundheit, Fitness und Lebensstil sind immer von Interesse. Menschen suchen ständig nach Wegen, um ihre Gesundheit zu verbessern.

- **Persönliche Weiterentwicklung:** Themen wie Selbsthilfe, Produktivität, Achtsamkeit und Zeitmanagement bleiben immer wichtig, da sie auf die grundlegenden Bedürfnisse des Menschen nach persönlichem Wachstum und Verbesserung abzielen.

- **Bildung und Wissen:** Bildungsthemen, sei es im Bereich Wissenschaft, Geschichte, Sprachen oder Technologie, sind immer gefragt.

- **Nachhaltigkeit und Umweltschutz:** Mit der wachsenden Sensibilität für ökologische Fragen bleibt dieses Thema von größtem Interesse. Diskussionen über umweltfreundliches Leben, Recycling und erneuerbare Energien werden auch in Zukunft relevant bleiben.

Im Gegensatz dazu stehen Trendthemen – oder solche, die sich schnell ändern. Zwar kann ein tagesaktuelles Thema kurzfristig viel Aufmerksamkeit auf sich ziehen, doch es besteht die Gefahr, dass das Interesse schnell abebbt, sobald das Thema nicht mehr in den Nachrichten oder im allgemeinen Bewusstsein präsent ist.

Die Idee muss dir gefallen – und einer Zielgruppe ebenso!

Um das perfekte Thema für deine Community zu finden, musst du sicherstellen, dass es nicht nur deine eigene Leidenschaft widerspiegelt, sondern auch ein echtes Bedürfnis oder Problem deiner potenziellen Mitglieder anspricht.

Das erste und wichtigste Kriterium bei der Wahl eines Community-Themas ist, dass es dir persönlich wirklich am Herzen liegt. Nur wenn das Thema dich selbst interessiert und begeistert, bringst du die nötige Motivation und Ausdauer auf, um die Community langfristig zu betreuen – andernfalls wirst du schnell genervt sein und früh aufgeben.

> **Herzensthema?**
> Ist das Thema, das du für deine Community gewählt hast, etwas, das du auch in zehn Jahren noch mit derselben Leidenschaft verfolgen würdest, und hat es das Potenzial, andere dauerhaft zu inspirieren und zu binden?

Wenn dem nicht so ist, merken die Mitglieder deiner Community schnell, dass du nicht wirklich mit Herzblut dabei bist oder dass du nur ein Thema gewählt hast, das vielleicht gerade populär ist, dir aber selbst wenig bedeutet.

Ein Beispiel: Du hast keinen Hund und auch kein Interesse an Hunden. Würdest du aber dennoch eine Community rund um Hunde gründen, würdest du schnell merken, dass dir die Themen ausgehen, die Fragen der Mitglieder uninteressant erscheinen und du Schwierigkeiten hast, dich authentisch und tiefgehend mit den Inhalten auseinanderzusetzen. Das fehlende persönliche Interesse würde sich negativ auf deine

Beiträge und deine Interaktion mit der Community auswirken. Es wäre für die Mitglieder schnell offensichtlich, dass du keine echte Bindung zu diesem Thema hast.

Das zweite Kriterium ist ebenso wichtig: Das Thema muss auch deiner Zielgruppe gefallen. Es reicht nicht aus, dass das Thema dir persönlich Spaß macht – es muss auch genügend Interesse bei den Menschen wecken, die du ansprechen möchtest. Hier geht es darum, eine Balance zwischen deinen eigenen Interessen und den Bedürfnissen und Wünschen deiner potenziellen Community-Mitglieder zu finden.

Ein Gedankenexperiment hilft dir hier weiter
Deine Kontrollfrage lautet: Welche Community hast du dir selbst schon immer sehnsüchtig gewünscht? Diese Überlegung ist mehr als nur ein gedankliches Experiment!

Mit dieser Frage findest du die Themen, die dich seit Jahren faszinieren, die dich stundenlang lesen, recherchieren und diskutieren lassen. Vielleicht ist es ein Thema, das in deinem Freundeskreis kaum Beachtung findet? Oder es handelt sich um ein Interesse, das du seit deiner Kindheit hegst, aber wofür du nie die richtigen Menschen gefunden hast, um es zu teilen? Diese Sehnsucht nach Austausch und nach Gleichgesinnten ist ein Signal dafür, dass du auf dem richtigen Weg bist.

Vielleicht hast du ja die Idee, eine Community zu betreiben, in der Menschen ihre Begeisterung für handgemachte Musikinstrumente teilen. Du bist vielleicht selbst ein leidenschaftlicher Bastler und Musiker, hast aber bisher keine Plattform gefunden, auf der sich Menschen über die Feinheiten und Herausforderungen des Instrumentenbaus austauschen können.

Diese Art der Selbstreflexion stellt sicher, dass das Thema, das du wählst, wirklich eine innere Bedeutung für dich hat. Und wenn du diese Leidenschaft authentisch in deine Community einbringst, ist es viel wahrscheinlicher, dass auch andere, die dieselbe Sehnsucht verspüren, angezogen werden.

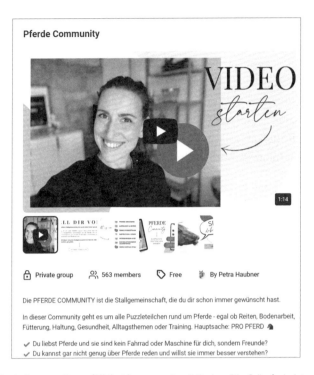

Pferde Community

1:14

🔒 Private group   👥 563 members   🏷 Free   🏇 By Petra Haubner

Die PFERDE COMMUNITY ist die Stallgemeinschaft, die du dir schon immer gewünscht hast.

In dieser Community geht es um alle Puzzleteilchen rund um Pferde - egal ob Reiten, Bodenarbeit, Fütterung, Haltung, Gesundheit, Alltagsthemen oder Training. Hauptsache: PRO PFERD 🐴

✔ Du liebst Pferde und sie sind kein Fahrrad oder Maschine für dich, sondern Freunde?
✔ Du kannst gar nicht genug über Pferde reden und willst sie immer besser verstehen?

Die »Pferde Community« erfüllt beide genannten Kriterien: Die Gründerin ist erkennbar selbst am Thema interessiert; zugleich ist der Markt auch groß genug, sodass andere Menschen ein Interesse am Thema haben.

Quelle: Skool.com

Die folgenden Punkte geben dir einige Anregungen, die aus dem Gedankenexperiment stammen.

1. **Reflexion und Brainstorming**

   Was sind die Themen, die dich wirklich interessieren? Schreibe alles auf, was dir in den Sinn kommt. Hier gibt es kein Richtig oder Falsch – die Marktprüfung findet später statt.

2. **Beobachte die Landschaft: Kioske, Buchläden, Readly oder Social Media als Inspirationsquellen**

Ein guter Ansatzpunkt ist der Gedanke an eine gut sortierte, große Bahnhofsbuchhandlung: Welche Themen werden dort immer wieder aufgegriffen? Welche Magazine und Bücher fangen deine eigene Aufmerksamkeit ein? Lass dich von den Themen inspirieren, die in den Zeitschriften aktuell sind. Dann überlege dir, wie sie sich mit deinen eigenen Interessen verbinden lassen.

3. **Gespräche und Austausch mit der möglichen Zielgruppe**

Sprich mit der späteren Zielgruppe über deine Ideen. Was finden sie spannend? Welche Themen berühren sie? Durch diese Gespräche erkennst du, welche Aspekte deiner eigenen Ideen auch für andere von Bedeutung sind.

4. **Inspiration aus bestehenden Communitys**

Du brauchst das Rad nicht neu zu erfinden! Schau dir lieber an: Welche Facebook-Gruppen, Foren oder Online-Communitys sind besonders aktiv? Welche Themen ziehen dort die Menschen an? Überlege dir, welche Lücken es gibt, die du mit deinem eigenen Thema füllen könntest und die sich mit deinem USP decken.

5. **Klare Bedürfnisse und Probleme aufspüren**

Zum Schluss musst du sicherstellen, dass dein Thema nicht nur interessant ist, sondern auch ein echtes Bedürfnis oder Problem anspricht, einen »Schmerzpunkt«. Das kriegst du heraus, wenn du dich fragst: Welche Herausforderungen oder Fragen haben die Menschen, die dich umgeben und die später Member werden? Welches Thema könnte ihnen helfen, ihre eigenen Probleme zu lösen oder ihre Bedürfnisse zu erfüllen?

Communitys funktionieren gut auf den oberen Ebenen der Maslow-Pyramide

Die Maslow-Pyramide, benannt nach dem Psychologen Abraham Maslow, stellt eine Hierarchie menschlicher Bedürfnisse dar. Diese reicht von grundlegenden physischen Bedürfnissen bis hin zu komplexeren, selbstverwirklichenden Bedürfnissen.

Sie beginnt unten mit den Grundbedürfnissen wie Nahrung und Sicherheit, steigt über soziale Bedürfnisse wie Zugehörigkeit und Anerkennung auf und gipfelt schließlich in der Selbstverwirklichung, dem Wunsch, das eigene volle Potenzial zu erreichen und sich selbst zu entfalten.

Die Maslow-Pyramide: Typische Community-Themen sind eher auf den oberen Themen angesiedelt. Hier haben Menschen das Bedürfnis nach gegenseitigem Austausch.

Quelle: Eigene Darstellung

Wenn du ein Thema für deine Community wählst, das in dieser Pyramide weit oben angesiedelt ist, dann sind das tendenziell Community-Themen, die auf Selbstverwirklichung oder tiefe soziale Bindungen abzielen.

»Maslow«-Themen sind meist abendfüllend

Erfolgreiche Communitys basieren oft auf Themen wie Selbstverwirklichung, Anerkennung, Status, Liebe und Beziehungen. Das liegt daran, weil sie grundlegende menschliche Bedürfnisse ansprechen und eine tiefe emotionale Resonanz erzeugen. Diese Themen bieten eine Fülle von Facetten und Perspektiven, die unendliche Gesprächsstoffe liefern und gegenseitiges Verstehen erfordern. Menschen können stundenlang darüber sprechen, weil diese Bereiche ihres Lebens von entscheidender Bedeutung und obendrein eng mit ihren persönlichen Erfahrungen, Wünschen und Herausforderungen verbunden sind.

Eine Kontrollfrage, die häufig verwendet wird, um das Potenzial eines Community-Themas zu bewerten, lautet:

> Kann über dieses Thema abendfüllend auf der Terrasse mit Freundinnen und Freunden geredet werden, und kann jeder etwas dazu beitragen? Wenn die Antwort Ja lautet, handelt es sich um ein Thema, das für eine erfolgreiche Community geeignet ist.

Nehmen wir das Beispiel **Partnerschaft:** In Gesprächen über das Thema Partnerschaft können Menschen ihre eigenen Erfahrungen, Erwartungen und Herausforderungen teilen. Jeder hat eine Meinung oder Geschichte zu den Höhen und Tiefen von Beziehungen, sei es in romantischen Partnerschaften, Freundschaften oder familiären Verhältnissen. Diese Gespräche haben dann Unterthemen wie den Wunsch nach Verständnis, Unterstützung und dem Austausch von Ratschlägen. Da Partnerschaften ein zentraler Bestandteil des menschlichen Lebens sind, gibt es immer neue Aspekte zu erkunden – sei es das Verliebtsein, die Bewältigung von Konflikten oder die Frage, wie man eine langfristige Beziehung aufrechterhält.

Jeder kann etwas aus seiner eigenen Perspektive beitragen, und durch diesen Austausch entsteht ein tiefes gegenseitiges Verständnis. Abendfüllend also!

Ein weiteres Beispiel ist das Thema **Gewichtsreduktion:** Das eigene Gewicht betrifft ja nicht nur die körperliche Gesundheit, sondern auch das Selbstbild, die gesellschaftlichen Erwartungen und den Wunsch nach Anerkennung. Gespräche über Trenddiäten gehen oft über einfache Ernährungstipps hinaus und berühren Themen wie Selbstdisziplin oder Körperbewusstsein. Menschen haben verschiedene Erfahrungen mit Ernährungstipps. Einige haben Erfolgsgeschichten zu erzählen, andere haben mit Rückschlägen zu kämpfen. Diese Vielfalt an Erfahrungen und Meinungen führt zu lebhaften Diskussionen, in denen jeder etwas beisteuern kann. Die emotionale Tiefe und der Wunsch nach Unterstützung und

Anerkennung machen dieses Thema zu einem dauerhaften Gesprächsstoff.

Daher sind Themen wie Selbstverwirklichung, Anerkennung, Status, Liebe und Beziehungen so erfolgreich in Communitys, weil sie eben nicht nur oberflächliche Gespräche ermöglichen, sondern tief in die menschliche Psyche eindringen. Es sind »Plauderthemen«.

Auf der anderen Seite ist es so, dass wenn dein Thema nur ein Grundbedürfnis wie Sicherheit oder physische Bedürfnisse anspricht, du damit riskierst, dass kaum Gespräche und Austausch entstehen. Solche Themen heißen »Commodity« (englisch für »Rohstoff«) – etwas, das zwar notwendig, aber nicht wirklich verbindend ist. Ein Commodity-Thema ist seiner Natur nach funktional und erfüllt einen praktischen Zweck, doch es regt nicht zu tiefergehenden Diskussionen oder emotionalem Engagement an.

Ein Beispiel dafür sind Alltagsgegenstände wie eine Packung Mehl oder Glühbirnen. Mehl ist ein Grundnahrungsmittel, das in fast jeder Küche benötigt wird. Glühbirnen sind durchaus wichtig, um Licht in unserem Zuhause zu haben. Doch diese Themen bieten wenig Stoff für eine Community. Mehl wird nur dann wirklich wahrgenommen, wenn es für das Backen benötigt wird, und Glühbirnen fallen uns meist erst dann auf, wenn sie ausgetauscht werden müssen. In beiden Fällen gibt es wenig Raum für Gespräche oder Austausch, weil diese Dinge so alltäglich und unauffällig sind.

Wenn dir Mehl oder Glühbirnen fehlen, willst du das damit verbundene Bedürfnis sofort befriedigen – und bloß nicht darüber diskutieren! Somit sind das keine guten Community-Themen, sondern etwas für einen Mehl- oder Glühbirnen-Onlineshop.

Die nun folgenden realen Beispiele zeigen dir, welche Community-Themen gut funktionieren.

»Sketching Familie«

Die »Sketching Familie« von Silke Bryant ist eine deutsche Community, die sich auf die Kunst des »Urban Sketching« konzentriert – eine kreative Mal- und Zeichenmethode. Diese Community bietet ihren Mitgliedern Inspiration, Anleitungen und eine Plattform, um ihre Werke zu teilen und sich gegenseitig zu unterstützen.

Sketching Familie

Silke Bryant
Urban Sketching Live-Onlinekurse und Malreisen

3:26

Die Community »Sketching Familie« bietet Malreisen und ist erkennbar auf höheren Ebenen der Maslow-Pyramide angesiedelt.

Quelle: Skool.com

Die »Sketching Familie« ist ein gutes Beispiel dafür, wie eine Community rund um ein spezifisches Thema erfolgreich aufgebaut werden kann. Was diese Community so besonders macht: dass sie Menschen mit einer Leidenschaft fürs Malen vereint und ihnen eine Plattform bietet, auf der sie sich inspirieren lassen, voneinander lernen und ihre Werke teilen können.

Diese Community zeigt, dass es nicht immer ein breites, allgemein bekanntes Thema sein muss – oft liegt der Schlüssel zum Erfolg in der Spezialisierung und Fokussierung auf eine bestimmte Praxis oder Technik.

In der Maslow-Pyramide bewegt sich die »Sketching Familie« in den oberen Ebenen, bei den Bedürfnissen nach Anerkennung und Selbstverwirklichung. Die Mitglieder finden hier nicht nur die Möglichkeit, ihre eigenen selbstgemalten Bilder zu zeigen, sondern auch die Anerkennung von Gleichgesinnten, die ihnen wichtig ist. Diese Anerkennung und die Chance, sich künstlerisch auszudrücken, tragen dann zur Selbstverwirklichung bei, die auf der oberen Maslow-Ebene verankert ist.

Lululemon, ein Hersteller von Sportkleidung, hat es geschafft, weit über die Produktion recht teurer Produkte hinaus eine starke, engagierte Community aufzubauen. Die Marke (die aus dem Yogasegment stammt) hat erkannt, dass ihre Produkte nicht nur funktionale Sportbekleidung sind, sondern tiefere Aspekte wie Selbstverwirklichung, Gesundheit und ein positives Körpergefühl ansprechen – alles Themen, die auf höheren Ebenen der Maslow'schen Bedürfnishierarchie verankert sind. Diese Ausrichtung macht Lululemon zu einem Beispiel dafür, wie auch Unternehmen durch die Schaffung einer eigenen Community ihre Marke erheblich aufwerten können.

So wird aus einer Commodity (Kleidung) eine Community, weil Lululemon durch den Community-Gedanken die Maslow-Pyramide auch auf den oberen Ebenen besetzt.

Überhaupt spielt Sportkleidung eine wesentliche Rolle in der Förderung von Selbstverwirklichung und körperlichem Wohlbefinden. Wer Sport treibt, tut dies oft nicht nur aus gesundheitlichen Gründen, sondern ebenso, um persönliche Ziele zu erreichen und sich selbst weiterzuentwickeln. Lululemon hat dieses Bedürfnis nach Selbstverwirklichung erkannt und bietet Kleidung an, die sowohl funktional als auch stilvoll ist und das Selbstbewusstsein der Träger stärkt. Anders als bei normaler Sportkleidung geht es hier nicht nur um den äußeren Eindruck, sondern auch um die Unterstützung eines aktiven, gesunden Lebensstils. Somit ein Ansatz, der in höheren Ebenen der Maslow-Pyramide verwurzelt ist, sprich in den sozialen Bedürfnissen und dem Bedürfnis nach Wertschätzung.

Hier ist ein Bestandteil von Lululemons Ansatz die gezielte Schaffung einer Community rund um die Marke. Diese Community geht weit über den bloßen Kauf von Kleidung hinaus. Lululemon organisiert regelmäßig Veranstaltungen wie Yogakurse, Laufgruppen und Fitnessworkshops, die sowohl online als auch offline stattfinden. Diese Events bieten den Kunden die Möglichkeit, ihre Fitnessziele in einem unterstützenden und motivierenden Umfeld zu verfolgen und gleichzeitig Gleichgesinnte zu treffen.

Durch solche Aktivitäten wird die Marke nicht nur als Anbieter von Produkten wahrgenommen, sondern als integraler Bestandteil eines gesunden, aktiven Lebensstils. Die Community bietet Raum für Austausch, Inspiration und gemeinsames Wachstum. Das alles sind Elemente, die die Bindung an die Marke stärken.

Ein weiterer wichtiger Teil von Lululemons Community-Strategie ist das Konzept der »Brand Ambassadors«. Diese Brand Ambassadors sind in der Regel Influencer aus der Fitness- und Wellnessbranche, die sich mit den Werten und der Philosophie von Lululemon identifizieren. Diese Botschafter werden sorgfältig ausgewählt, um die Marke authentisch zu repräsentieren und ihre Reichweite zu vergrößern. Sie spielen eine große Rolle dabei, die Community zu pflegen und zu erweitern. Die Brand Ambassadors führen eigene Fitnesskurse durch, teilen ihre Erfahrungen mit Lululemon-Produkten und inspirieren andere durch ihren persönlichen Weg zu Gesundheit und Wohlbefinden.

Diese Ambassadors sind nicht nur Werbegesichter, sondern aktive Mitglieder der Community, die andere motivieren und anleiten. Durch die enge Zusammenarbeit mit diesen Botschaftern erschafft Lululemon ein Netzwerk von Influencern, das die Glaubwürdigkeit und Reichweite der Marke weiter stärkt und gleichzeitig die Community um sie herum festigt.

Der Sportbekleidungshersteller Lululemon unterhält eine große eigene Community. Durch diese Aufwertung erklimmt der Hersteller die Maslow-Pyramide, löst sich von der reinen Funktion der Sportkleidung und bindet die eigenen Kunden an sich.

Quelle: Lululemon.com

Lululemons Strategie, eine eigene Community aufzubauen, die auf den Themen Selbstverwirklichung, Gesundheit und einem positiven Körpergefühl basiert, hat das Unternehmen von einem reinen Sportbekleidungshersteller zu einer Lifestyle-Marke gemacht.

Paid oder Free Community: Welcher Weg führt zum Erfolg?

Zu Beginn steht noch eine weitere Frage im Raum: Soll deine Community kostenlos (»free«) zugänglich sein, oder möchtest du eine Mitgliedsgebühr (»paid«) erheben? Diese Wahl beeinflusst nicht ausschließlich die Frage, ob du mit deiner Community Geld verdienst, denn das ist ja offensichtlich. Sie beeinflusst außerdem das Engagement und die Qualität der Member innerhalb deiner späteren Community.

Eine kostenlose Community kann schnell eine breite Zielgruppe ansprechen und bietet eine offene, zugängliche Plattform für viele. Aber gerade, wenn sich die Menschen von den sozialen Medien abwenden, kann eine kostenpflichtige Community erhebliche Vorteile bieten. Diese Vorteile gehen weit über den bloßen monetären Aspekt hinaus und sind eng mit der richtigen Themenwahl verbunden.

Cash ist Commitment: Mehr als nur eine Bezahlung

Wenn Mitglieder bereit sind, für den Zugang zu deiner Community zu bezahlen, zeigt dies eine höhere Verbundenheit (englisch »Commitment«) zum Thema. Wer also Geld bezahlt, ist stärker »committed«: Die Mitglieder signalisieren damit, dass sie nicht nur Interesse haben, sondern dass sie sich aktiv in die Community einbringen wollen.

»Cash ist Commitment«: Dieses Prinzip schafft eine Grundlage, auf der eine engagierte und lebendige Gemeinschaft entsteht. Anders herum erklärt: Was nichts kostet, ist oft nichts wert.

Die Zahlung stellt sicher, dass die Mitglieder nicht nur das Recht haben, von der Community zu profitieren, sondern auch die Verantwortung tragen, ihren Beitrag zu leisten. Das führt zu einer Atmosphäre, in der Austausch und Unterstützung auf hohem Niveau stattfinden, weil alle Beteiligten das Thema wirklich schätzen und sich ihm verpflichtet fühlen.

Die Schutzbarriere: Qualität durch Exklusivität

Eine Paid Community bietet zudem eine natürliche Schutzbarriere. Diese Barriere sorgt dafür, dass die Mitglieder tatsächlich ein Interesse am Thema haben und bereit sind, aktiv mitzuwirken. Sie schützt die Community vor passiven Teilnehmern und solchen, die die Gemeinschaft möglicherweise negativ beeinflussen könnten. In einer bezahlten Community schaffst du viel mehr Intimität – eine Umgebung, in der sich die Mitglieder sicher und respektiert fühlen.

Die Themenwahl spielt hierbei eine zentrale Rolle. Ein Thema, das nicht nur dir gefällt, sondern das auch für andere eine echte Leidenschaft darstellt, rechtfertigt nicht nur den finanziellen Beitrag, sondern zieht ebenso Mitglieder an, die bereit sind, mehr zu geben – sei es in Form von Wissen, Unterstützung oder Engagement. Das ist in einer kostenlosen, offenen Community schwerer zu erreichen.

Premium Free: Der Net Promoter Score als »Türsteher«

Eine Paid Community zu starten, ist eine Herausforderung. Der Grund liegt auf der Hand: Du möchtest an das Wertvollste, was ein potenzielles Mitglied hat – sein Geld. Diese Schwelle »zu überwinden, erfordert eine Menge Vertrauen oder bereits bestehenden Zielgruppenbesitz« (die Mitglieder kennen dich also beispielsweise von deinen Social-Media-Kanälen und ziehen mit dir um). Die Hürde für jemanden, Geld in eine Community zu investieren, ist hoch. Daher musst du den Mehrwert deiner Community eindeutig und überzeugend kommunizieren, bevor jemand bereit ist, sich finanziell zu engagieren; denn oft ist der Mehrwert erst erkennbar, wenn jemand Geld bezahlt hat und darüber Mitglied wurde. Das setzt voraus, dass du bereits einen guten Ruf hast oder in der Wahrnehmung deiner Zielgruppe eine starke Marke aufbauen konntest.

Auf der anderen Seite steht die Free Community, die keine Kosten verursacht und daher viel leichter mit Members zu füllen ist. Das Problem? Sie zieht oft Mitglieder an, die nur wenig Commitment zeigen. Ohne eine finanzielle Beteiligung fehlt häufig das Engagement, das für eine lebendige und nachhaltige Community erforderlich ist. Und diese Art von Community bringt dir keinen direkten Umsatz ein.

An dieser Stelle kommt die Premium Free Community ins Spiel. Sie ist kostenlos, aber nicht frei zugänglich. Anstatt eine monetäre Schranke zu setzen, stellst du Fragen oder setzt andere Kriterien als »Türsteher« ein. Neue Mitglieder müssen sich also »bewerben« und können nicht einfach per Knopfdruck beitreten. Dieser Bewerbungsprozess stellt sicher, dass nur diejenigen in die Community aufgenommen werden, die wirklich passen und ein hohes Maß an Qualität mitbringen. Diese Members bringen zwar im Gegensatz zum Bezahlmodell ein geringeres Commitment mit, aber immerhin deutlich mehr, als wenn sie nur mit einem Klick beitreten würden.

Durch die gezielte Auswahl der Mitglieder erzielst du einen exklusiven Kreis von Teilnehmern, die sich tatsächlich engagieren wollen. Obwohl die Community kostenlos ist, vermittelt dein Bewerbungsprozess ein Gefühl von Exklusivität und Wertigkeit. Es wird klar, dass die Mitgliedschaft nicht selbstverständlich ist, sondern erarbeitet werden muss.

Für dich als Community-Gründer bietet dieses Modell gleich mehrere Vorteile. Zum einen senkst du die Einstiegshürde, was dir hilft, schnell eine kritische Masse an Mitgliedern zu erreichen. Zum anderen sicherst du dir durch den Bewerbungsprozess ein hohes Maß an Engagement und Qualität. Damit sorgst du nicht nur für eine aktivere Community, sondern schafft auch die Grundlage für spätere Monetarisierungsstrategien.

Mit der Premium Free Community sammelst du wichtige Erfahrungen, baust Vertrauen auf und schaffst eine solide Basis, um später eventuell auf eine Paid Community umzustellen oder zusätzliche kostenpflichtige Angebote zu integrieren.

Der Net Promoter Score

Ein gutes Werkzeug, das dir beim Aufbau einer Premium Free Community hilft, ist der Net Promoter Score (NPS). Ursprünglich wurde der NPS entwickelt, um die Zufriedenheit und Loyalität von Kunden zu messen. Die klassische Frage lautet: »Wie wahrscheinlich ist es, dass du uns an einen Freund oder Kollegen weiterempfiehlst?« Die Antwort erfolgt auf einer Skala von 0 bis 10, wobei 0 »überhaupt nicht wahrscheinlich« und 10 »äußerst wahrscheinlich« bedeutet.

Für deine Community kannst du diese Frage jedoch sinnvoll adaptieren. Da potenzielle Mitglieder deine Community selbst ja noch gar nicht kennen, können sie schwer beurteilen, ob sie diese weiterempfehlen würden.

Was sie jedoch sehr wohl einschätzen können, ist ihr Interesse am Thema deiner Community. Deshalb fragst du: »Wie sehr interessiert dich *das Thema* dieser Community?«. Gerade zu Beginn willst du nämlich nur die Enthusiasten, die wirklich für dein Thema brennen.

Der NPS teilt die Antworten in drei Kategorien ein:[1]

- **Promotoren (9 bis 10 Punkte):** Diese Menschen sind extrem interessiert am Thema und brennen hierfür. Sie sind hochmotiviert, sich einzubringen, und werden schnell zu treibenden Kräften in deiner Community. Im englischsprachigen Raum werden diejenigen als »Evangelists« bezeichnet, die von sich aus andere Menschen für deine Community gewinnen.

- **Passive (7 bis 8 Punkte):** Diese Personen haben ein gewisses Interesse am Thema, sind aber nicht wirklich begeistert. Ihr Engagement ist mittelstark, und sie verlieren oft schnell das Interesse oder arbeiten doch eher wenig an der Community mit.

- **Detraktoren (0 bis 6 Punkte):** Diese Personen zeigen wenig bis gar kein Interesse am Thema. Sie sind manchmal sogar negativ gegenüber der Community eingestellt und bringen keine oder sogar negative Energie mit.

Gerade zu Beginn deiner Premium Free Community solltest du nur solche Mitglieder in deine Community einlassen, die eine Bewertung von 9 oder 10 geben – also diejenigen, die als Promotoren gelten. Diese Personen haben nicht nur ein starkes Interesse am Thema, sondern sind auch bereit, aktiv daran teilzunehmen und es weiterzuentwickeln.

Warum ist das so wichtig für dich? Indem du dich auf Mitglieder konzentrierst, die ein tiefes Interesse an deinem Thema haben, sicherst du dir eine engagierte Basis von Teilnehmern, die deine Community von Anfang an mit positiver Energie und Aktivität füllen.

Du kannst danach sukzessive diese Grenze herabsetzen mit größerer Mitgliederzahl, bis du ein ausgewogenes Verhältnis hast. Denn zu »hart« sollte deine »Einlasskontrolle« nicht sein – schließlich möchtest du ja ein Wachstum sehen in deiner Community.

Markt- und Zielgruppenanalyse

Wer nun soll die Zielgruppe deiner Community werden? Die Analyse hierzu bildet das Herzstück all deiner weiteren Entscheidungen und bestimmt maßgeblich, ob deine Community die richtigen Menschen erreichen wird und damit langfristig bestehen kann.

Es geht darum, die Personen zu identifizieren, die nicht nur von deinem Thema angesprochen werden, sondern die auch einen echten Bedarf an deiner Community haben.

Deine Zielgruppe bestimmt zudem, wie du kommunizieren und welche Inhalte du in deiner Community anbieten solltest. Unterschiedliche Gruppen reagieren auf unterschiedliche Kommunikationsstile, bevorzugen bestimmte Medien und haben spezifische Erwartungen an die Inhalte. Eine sorgfältige Zielgruppenanalyse ermöglicht es dir, gute Inhalte so zu erstellen, dass sie nicht nur die richtigen Menschen erreichen, sondern dies ebenso in einer Form, die sie anspricht und motiviert, aktiv zu werden.

Eine Zielgruppenanalyse verschafft dir zudem einen Einblick in deinen USP. Dies differenziert dich von anderen, gleichzeitig positioniert es deine Community als die beste (differenzierteste) Wahl in deinem Themenbereich. Außerdem hilft dir eine gute Zielgruppenanalyse, Trends frühzeitig zu erkennen und die Entwicklung deiner Community strategisch zu planen, sodass sie auch langfristig relevant bleibt.

Das Prinzip »Ask«

Das Prinzip »Ask« (englisch für »Fragen«) basiert auf der Annahme, dass es direkte Fragen sind, die oft die am wenigsten verstellten und die ehrlichsten Antworten liefern.

Es mag verlockend sein, sich auf umfangreiche Marktforschungen und datengetriebene Analysen zu verlassen, um Entscheidungen zu treffen. Aber das Prinzip »Ask« rückt eine uralte, einfache Weisheit in den Vordergrund: Manchmal ist es besser, einfach zu fragen.

Im Gegensatz zu langwierigen, oft teuren Marktforschungen, die von komplexen Datenanalysen, Algorithmen und statistischen Modellen abhängig sind, setzt das direkte Fragen auf einfache Frage- und Antwortformulare.

Das Prinzip »Ask« schlägt somit vor, direkt auf die Kunden zuzugehen und sie einfach zu fragen, was sie wirklich denken und wollen. Und dem Community-Gedanken folgend, ist das ein sehr brauchbarer Ansatz.

Ein persönliches Gespräch, eine offene Frage oder ein direktes Feedbackformular können dir oft mehr Klarheit bieten als eine langwierige Analyse. Der Grund dafür ist simpel: Wenn Menschen direkt gefragt werden, geben sie oft Antworten, die ungefiltert und authentisch sind. Menschen neigen dazu, ehrlicher zu sein, wenn sie direkt gefragt werden.

Insgesamt zeigt »Ask«, dass in dieser Social-Media-Welt voller Daten die direkte Frage oft der kürzeste Weg zur Wahrheit ist.

Als Bonus profitieren wir Fragenden davon, dass Menschen es genießen, um ihren Rat gefragt zu werden; sie fühlen sich wertgeschätzt und geben gern ihre ehrliche Meinung preis.

Mit Online-Umfragetools wie Google Forms oder SurveyMonkey kannst du gezielt Fragen stellen, um demografische Daten, Interessen und Bedürfnisse deiner Mitglieder zu erfassen. Noch besser aber ist es, dass du Menschen aus deiner Zielgruppe anrufst – persönlich eins zu eins – und ihnen sehr gut zuhörst. Die Analyse dieser Ergebnisse hilft dir, Muster und gemeinsame Interessen zu erkennen.

Sobald du eine Vorstellung davon hast, wer sich für dein Thema interessiert, kannst du sogenannte *Personas* entwickeln, das sind detaillierte Beschreibungen der Menschen, die deine Community nutzen. Basierend auf den Daten aus deiner Marktforschung hast du dann eine ganz gute Vorstellung von deinen späteren Mitgliedern und vergibst für diese Menschen Namen, Altersgruppen, Berufe, Interessen, Ziele und Herausforderungen.

Demografische Daten wie Alter, Geschlecht, Einkommen und Bildung sowie psychografische Informationen wie Lebensstil, Werte und Überzeugungen gehören ebenfalls zur Persona-Definition.

Diese Daten kannst du übrigens in der gleichen Umfrage erheben, die du für das Ask-Prinzip nutzt.

Sonja Kreye: »Money Mindset«

Die bekannte Podcasterin Sonja Kreye beschäftigt sich in ihren Sendungen und ihrem Newsletter mit dem Thema »Geld im Business für Selbständige« und hat eine erfolgreiche Community dazu ins Leben gerufen.

Sie hat das Prinzip »Ask« gut verstanden und fragt in einem »Money Mind Selbsttest« und darin enthaltenen Checklisten zunächst sehr genau nach bei ihren Community-Mitgliedern. Die Member lernen sich dabei selbst kennen, und Sonja Kreye fordert sie anschließend auf, sich in der Community anhand dieses Selbsttests vorzustellen und sich selbst zu charakterisieren.

Die Podcasterin Sonja Kreye hat das Prinzip »Ask« gut umgesetzt, indem sie ihre Community-Mitglieder gleich zu Beginn in einem »Money Mindset Selbsttest« nach deren Beziehung zum Geld befragt.

Quelle: Money Mindset Community

Das Relevanzkriterium

Das Relevanzkriterium bezieht sich darauf, ob dein Thema für eine genügend große und engagierte Zielgruppe von Bedeutung ist. Es geht darum, zu prüfen, ob das Thema für deine Community nicht nur momentan interessant ist, sondern ob es ebenso langfristig Relevanz besitzt.

Um herauszufinden, ob dein Thema wirklich langfristig relevant ist, kannst du dir folgende Fragen stellen:

- **Gibt es ein dauerhaftes Interesse an deinem Thema?**

  Dein Thema sollte nicht nur eine kurzfristige Modeerscheinung repräsentieren, sondern etwas, das Menschen kontinuierlich beschäftigt.

- **Bietet dein Thema Lösungen oder Mehrwert?**

  Dein Thema sollte ebenfalls einen klaren Mehrwert bieten, indem es Probleme löst, Wissen vermittelt oder einen Raum für Austausch und Unterstützung schafft. Wenn deine Community eine echte Hilfe für ihre Mitglieder darstellt, erfüllt sie das Relevanzkriterium.

- **Ist dein Thema breit genug, um eine stabile Gemeinschaft zu bilden, aber spezifisch genug, um sich abzuheben?**

  Ein zu eng gefasstes Thema kann dazu führen, dass deine Community schnell öde wird, weil es nicht genügend Menschen gibt, die sich dafür interessieren. Oder weil es schlicht »auserzählt« ist. Hier ist deshalb eine Balance wichtig: Dein Thema sollte genügend Menschen anziehen, aber auch spezifisch genug sein, um sich von anderen Communitys abzuheben.

- **Gibt es bereits bestehende Communitys, die das Thema behandeln, und was fehlt dort?**

  Wenn andere Lagerfeuer bereits brennen, überlege dir, was deine Flamme einzigartig machen könnte – und das ist dann dein USP! Vielleicht bieten andere Communitys nicht die Tiefe, die persönliche Betreuung oder die speziellen Inhalte, die du aufgreifen und in deiner Community anbieten könntest. Diese Lücke zu erkennen und zu füllen, ist ein Zeichen dafür, dass dein Thema relevant ist und ein Bedürfnis erfüllt, das bisher unbefriedigt geblieben ist.

Die Idee, eine Gemeinschaft rund um ein bestimmtes Thema oder Interesse zu schaffen, ist verlockend, doch viele Gründer begehen denselben Fehler: Sie glauben, das Rad neu erfinden zu müssen und auch alles besser zu wissen. Es ergibt aber großen Sinn, zunächst einmal genau hinzuschauen, was andere Communitys in dem gleichen Bereich bereits erreicht haben.

Bevor man sich in das Abenteuer der Community-Gründung stürzt, ist es entscheidend, sich intensiv mit bestehenden Communitys auseinanderzusetzen. Diese haben oft bereits eine lange Lernkurve durchlaufen und stellen die aktuell beste Evolutionsstufe dar. Anstatt sich von der eigenen Vision blenden zu lassen und zu glauben, dass man es besser könne, sollte man die Erfolge und Fehler der Vorgänger studieren. Das bedeutet: Mitglied dieser Communitys werden, sich aktiv beteiligen und vor allem genau hinsehen!

Der erste Schritt besteht darin, dass du dir einen Überblick über die Landschaft der bereits existierenden Communitys verschaffst. Welche Themen werden diskutiert? Welche Strukturen haben sich bewährt? Was gefällt den Mitgliedern besonders? Und welche Punkte werden oft kritisiert? Indem du dich intensiv umschaust und dir Notizen machst, kannst du wertvolle Erkenntnisse gewinnen, die dir helfen, die eigene Community besser zu positionieren.

Es ist wichtig, dabei nicht in die Falle zu tappen, alles umschmeißen zu wollen, was andere bereits aufgebaut haben. Revolutionäre Ansätze mögen in seltenen Fällen sinnvoll sein, doch im Bereich der Community-Gründung gilt, dass Evolution der bessere Weg ist. Die bestehenden Communitys haben sich nicht aus dem Nichts entwickelt. Sie sind das Ergebnis eines langen Prozesses, in dem verschiedene Ansätze ausprobiert, angepasst und optimiert wurden. Diese Communitys zeigen somit die Resultate zahlreicher dahingehender Versuche, die Bedürfnisse und Wünsche ihrer Mitglieder verstehen und bestmöglich erfüllen zu wollen.

Diese Entwicklungen einfach zu ignorieren und von Grund auf neu anzufangen, bedeutet, wertvolle Lektionen zu übersehen. Es geht nicht darum, blind zu kopieren. Es geht vielmehr darum, das Beste aus dem zu übernehmen, was bereits funktioniert. So kannst du auf den Erfolgen anderer aufbauen und gleichzeitig eigene Ideen einbringen, die die bestehende Struktur sinnvoll ergänzen.

Dies bedeutet nicht, dass du keine Innovationen einbringen kannst, sondern dass du diese Innovationen auf eine solide Grundlage stellst, die sich bereits bewährt hat.

Mache den Leidensdruck in anderen Communitys zu deinem Thema

Bei der Analyse bestehender Communitys ist es sinnvoll, auf die großen Problemfelder der dortigen Mitglieder zu schauen und diese möglichst gut zu verstehen.

Hier steht eine Frage im Vordergrund: Wie groß ist der Leidensdruck? Und Leidensdruck bedeutet, dass die Menschen ein drängendes Problem haben, das sie lösen möchten.

Menschen, die unter einem Leidensdruck stehen, sind nicht nur bereit, sich deiner Community anzuschließen, sondern auch aktiv daran teilzunehmen, um Erleichterung und Unterstützung zu finden, wofür sie gern zahlen.

Betrachten wir zum Beispiel eine Community für Menschen mit Rheuma: Rheuma ist eine chronische Erkrankung, die mit großen Schmerzen und Einschränkungen im Alltag verbunden ist. Die Betroffenen stehen unter einem enormen Leidensdruck, da die Krankheit ihre Lebensqualität stark beeinträchtigt. Dieser Leidensdruck äußert sich in verschiedenen Formen. Etwa in ständigen Schmerzen oder der Unfähigkeit, alltägliche Aufgaben ohne Hilfe zu bewältigen. Vor allem aber im Gefühl, allein mit der Krankheit zu sein. Menschen, die unter diesen Bedingungen leben, suchen dringend nach Lösungen, nach Erleichterung und nach einem Ort, an dem sie verstanden werden.

Wenn du dir die bestehenden Communitys für Rheumabetroffene ansiehst, wird schnell klar, dass diese oft genau auf diesen Leidensdruck reagieren. Sie bieten ihren Mitgliedern nicht nur Informationen und Ratschläge, sondern auch emotionale Unterstützung und ein Gefühl der Gemeinschaft. Dort können sich Betroffene austauschen. Sie können ihre Erfahrungen teilen und von anderen lernen, wie sie mit ihrer Erkrankung besser umgehen können.

Die Stärke deiner Community hängt oft davon ab, wie gut sie den Leidensdruck ihrer Mitglieder adressiert. Menschen, die unter einem hohen Leidensdruck stehen, sind motiviert, aktiv zu werden. Sie suchen nach Lösungen, nach Austausch und nach einem Weg, ihre Situation zu verbessern. Diese Motivation macht sie zu engagierten Mitgliedern, die bereit sind, Zeit, Energie und oft auch Geld in deine Community zu investieren. Für eine Community bedeutet dies nicht nur eine höhere Aktivität, sondern auch eine größere Bereitschaft seitens der Mitglieder, für Premiumdienste oder exklusive Inhalte zu zahlen.

Der Leidensdruck ist somit ein entscheidender Faktor bei der Analyse bestehender Communitys und bei der Gründung einer neuen. Wenn du eine Community gründen möchtest, solltest du genau darauf achten, welche Probleme die Menschen bewegen, und wie stark der Leidensdruck ist, der sie antreibt. Eine erfolgreiche Community zeichnet sich dadurch aus, dass sie diesen Druck nicht nur erkennt, sondern auch gezielt anspricht und Lösungen anbietet.

Analyse der Stärken und Schwächen bestehender Communitys

Sobald du bestehende Communitys identifiziert hast, ist es wichtig, ihre Stärken und Schwächen zu analysieren. Achte darauf, welche Aspekte besonders gut funktionieren. Das können beispielsweise eine hohe Interaktionsrate, die Art der Inhalte und ein aktiver Austausch unter den Mitgliedern sein.

Genauso wichtig ist es, die Schwächen dieser Communitys zu erkennen. Gibt es Bereiche, in denen sie ihre Mitglieder nicht gut bedienen? Vielleicht fehlt es an tiefergehenden Inhalten, persönlicher Betreuung oder einer klaren Struktur? Diese Schwächen bieten dir die Möglichkeit, dich mit deiner eigenen Community abzuheben und genau das anzubieten, was anderen fehlt. Daraus wird dann dein USP.

Beispielsweise gibt es in einer Nische wie Fitness oder Bodybuilding bereits viele allgemeine Communitys, die sich mit Workouts und Ernährung beschäftigen. Du könntest dich jedoch darauf konzentrieren, eine Community für Menschen zu schaffen, die an speziellen Herausforderungen interessiert sind, wie etwa einer Triathlonvorbereitung oder einer Handicapverbesserung im Golfspiel.

Bei der Entwicklung deiner eigenen Nische kannst du dich an den folgenden Schritten orientieren:

1. Suche innerhalb eines großen, wettbewerbsintensiven Themas nach Nischen, die dich selbst interessieren.

2. Spezialisiere dich in diesen Nischen auf Themen, die die Hauptprobleme deiner Zielgruppe lösen. Beispielsweise kannst du dich im (großen) Bereich »Recht« auf »Verkehrsrecht« spezialisieren und dort nach Lösungen für Berufskraftfahrer suchen, die ihren Führerschein und somit ihre Existenz durch eine medizinisch-psychologische Untersuchung zu verlieren drohen. Oder im Bereich »Golf« konzentrierst du dich eben auf die Handicapverbesserung.

3. Fokussiere dich in großen Nischen auf Themen, in denen du besonders effektive Methoden oder Abkürzungen anbieten, Lösungen also schnell herbeiführen kannst!

4. Vielleicht kannst du mit deiner Expertise in einer bestimmten Nische auch verwandte Themenbereiche finden und die Nische sogar größer denken. So könntest du als Top-Experte in einer neu geschaffenen Nische wahrgenommen werden und auf diese Weise zur Top-Referenz zu werden. Als Sportler kannst du beispielsweise über Zielerreichung und Erfolg im Business sowie über Teambuilding sprechen, wenn du darin über deinen Sport wirklich gut geworden bist.

Diese Kriterien und die Idee, digital nach unbesetzten Geschäftsbereichen zu suchen, beschreiben das Konzept der »Blue Ocean«-Strategie. Die Blue-Ocean-Theorie, entwickelt von W. Chan Kim, nutzt die Metapher von Ozeanen, in denen Fische um Ressourcen kämpfen. In einem »roten Ozean« gibt es viele Konkurrenten und wenig ungenutztes Potenzial. Ein »blauer Ozean« hingegen zeichnet sich durch wenig Konkurrenz aus, kann jedoch auch weniger Chancen bieten.[2]

Das Ziel ist es, eine »blaue Lagune« innerhalb des roten Ozeans zu finden – einen Bereich, in dem es reichlich Chancen gibt, aber wenig Wettbewerb. Google kann bei der Suche nach solchen »blauen Lagunen« hilfreich sein.

Nehmen wir an, ein Experte für autogenes Training recherchiert für sich nach Marktmöglichkeiten. Er findet in Google beispielsweise viele Suchergebnisse zu Stressbewältigung oder Schlafproblemen. Diese Ansätze können durch eine weitere Recherche verfeinert werden, etwa mit Google Trends, was dann aufzeigt, welche Themen aktuell oft gesucht werden und wie sich diese im Laufe der Zeit entwickelt haben.

Die beste kommerzielle Suchmaschine für deine Themenwahl ist aber nicht Google, sondern – für dich womöglich etwas unerwartet – Amazon. Denn Google filtert primär Informationen und stellt dabei nicht solche Angebote in den Vordergrund, mit denen sich Geld verdienen lässt.

Bei Amazon dagegen gibt es ausschließlich Suchergebnisse, die der Kunde dann auch kaufen kann. Da Amazon primär bezahlte Inhalte wie Bücher, Ratgeber und Filme anbietet, lässt sich leichter erkennen, welche Themen für zahlende Kunden interessant sind. Amazon ist somit die größte »Suchmaschine« für kommerzielle Interessen.

Ein Beispiel: Wenn Google sehr viele Ergebnisse zur Suchanfrage »Klavierspielen« findet, muss das nicht unbedingt auf einen großen Markt hindeuten – es gibt beispielsweise zahlreiche kostenlose Klavierkurse. Findet Amazon dagegen gleich viele Bücher, die zum Bestseller wurden, zeigt das ein hohes kommerzielles Interesse an diesem Thema, denn schließlich kosten Bücher Geld. Amazon bietet somit einen wertvollen Einblick, welche Wissensgebiete lukrativ sein könnten.

Oder nehmen wir an, ein Nutzer gibt bei Google den Suchbegriff »Ibiza« ein. Dann wird er zahlreiche Informationen über das Wetter, Sehenswürdigkeiten sowie allgemeine Reisehinweise erhalten. Das deutet jedoch nicht zwangsläufig auf eine kommerzielle Nachfrage hin. Sucht derselbe Nutzer hingegen bei Amazon nach »Ibiza«, bekommt er stattdessen Produkte wie Reiseführer, Sonnencreme mit hohem Lichtschutzfaktor und Reiseaccessoires angeboten. Diese Kaufangebote zeigen also, dass es eine zahlungskräftige Zielgruppe gibt, die bereit ist, für Produkte im Zusammenhang mit Ibiza zu bezahlen.

Der »Follow the Money«-Ansatz hilft bei der Monetarisierung

Der »Follow the Money«-Ansatz bedeutet, dass du bei der Auswahl deiner Nische oder deines Geschäftsfeldes immer darauf achtest, ob in diesem Markt überhaupt Geld vorhanden ist. Es geht darum, Bereiche zu identifizieren, in denen Kunden bereit sind, für Produkte oder Dienstleistungen zu zahlen, und diese dann gezielt anzugehen.

Dies hilft dir, deine Zeit und Ressourcen in eine Nische zu investieren, die auch tatsächlich wirtschaftlich profitabel ist.

Hier einige Beispiele:

1. **Golf:** Golf ist ein Sport, der viel teures Equipment erfordert. Golfschläger, Golfbälle, spezielle Kleidung und Mitgliedschaften in Golfclubs sind nicht billig. Zudem sind viele Golfer bereit, tief in die Tasche zu greifen für professionelle Trainerstunden, hochwertige Ausrüstung und exklusive Golfausflüge. Das macht Golf zu einem Markt mit viel Geld und zahlungskräftigen Kunden.

2. **Reiten:** Auch Reitsport ist eine Nische, in der viel Geld zirkuliert. Pferdehaltung, Ausrüstung, Pflege, Tierarztkosten und Reitunterricht sind sehr kostspielig. Hinzu kommen spezielle Kleidung und Zubehör für Reiter. Reitsport spricht oft Menschen an, die bereit sind, hohe Summen für ihre Leidenschaft zu investieren.

3. **Fitness und Wellness im High-End-Bereich:** Während einfaches Joggen oder Schwimmen relativ wenig kosten, gibt es im Fitness- und Wellnessbereich Nischen, die deutlich mehr Geld anziehen: Personal Training, spezialisierte Yoga-Retreats, exklusive Wellnessprogramme und High-End-Fitnessstudios sind Beispiele für Bereiche, in denen Kunden hohe Summen investieren, um ihre Gesundheit und Fitness zu verbessern.

4. **Sammlermärkte:** Bereiche wie Kunstsammlungen, Antiquitäten, Uhren oder seltene Weine sind Nischen, in denen viel Geld steckt. Sammler sind oft bereit, große Summen für einzigartige Stücke auszugeben.

5. **Musikinstrumente im Premiumsegment:** Zwar gibt es günstige Musikinstrumente, aber eben auch hochwertige und handgefertigte Instrumente, die schon mal mehrere Tausend Euro kosten können. Kunden in diesem Marktsegment sind bereit, für Qualität und Exklusivität zu zahlen, was diesen Bereich interessant macht.

Der CPC-Preis als Marktindikator

Der CPC-Preis (Cost-per-Click-Preis) ist ein Schlüsselindikator für attraktive Märkte, die dem »Follow the Money«-Ansatz folgen. Der CPC-Preis gibt an, wie viele Werbetreibende bereit sind, für einen einzelnen Klick auf deine Anzeigen zu zahlen, und gibt dir wertvolle Einblicke darin, wie profitabel ein Markt ist.

Der CPC-Preis entsteht durch den Wettbewerb der Gebote auf Werbeplattformen wie Google Ads. Unternehmen bieten darauf, dass ihre Anzeigen bei bestimmten Suchbegriffen (Keywords) angezeigt werden. Je mehr Unternehmen bereit sind, für ein bestimmtes Keyword zu bieten, desto höher steigt der Preis pro Klick. Unternehmen bieten besonders aggressiv auf Keywords, die sie als profitabel erkannt haben – bis zu dem Klickpreis, an dem sie noch Geld mit ihrem Angebot verdienen.

Das bedeutet, dass sie davon ausgehen, dass jeder Klick auf ihre Anzeige potenziell zu einem guten Geschäftsabschluss führt. Hohe CPC-Preise sind daher ein Hinweis darauf, dass in diesem Markt viel Geld fließt.

Einige Märkte sind wirtschaftlich besonders attraktiv und zeichnen sich durch sehr hohe CPC-Preise aus. Ein Beispiel dafür ist die Versicherungsbranche, in der Keywords wie »Kfz-Versicherung« oder »Lebensversicherung« oft extrem hohe CPCs erreichen, manchmal bis zu 50 Euro oder mehr pro Klick. Das zeigt, dass Versicherungsunternehmen bereit sind, hohe Summen in Werbung zu investieren, denn offenbar lässt sich mit dem Abschluss einer Kfz-Versicherung gut Geld verdienen.

Auch anwaltliche Dienstleistungen wie »Scheidungsanwalt« oder »Unfallanwalt« haben oft CPCs von 20 bis 100 Euro, und das zeigt, dass Menschen bereit sind, viel Geld für rechtliche Unterstützung auszugeben.

Im Gegensatz dazu gibt es auch Märkte, in denen die CPC-Preise sehr niedrig sind, sodass in diesen Bereichen weniger Geld vorhanden ist. Ein

Beispiel sind Hobbyblogs, bei denen Begriffe wie »Strickanleitungen« oder »DIY-Bastelideen« oft nur wenige Cent pro Klick kosten.

Ein Grund dafür ist, dass die Zielgruppe in diesen Märkten selten bereit ist, viel Geld auszugeben, und dass die angebotenen Produkte meist günstig sind. Ähnlich verhält es sich bei Freizeitaktivitäten wie »Schwimmen lernen« oder »Joggingtipps«, die ebenfalls niedrige CPCs aufweisen, da diese Aktivitäten wenig Ausrüstung erfordern.

Hohe CPCs signalisieren Märkte, in denen viel Geld im Umlauf ist – sie sind aus wirtschaftlicher Sicht interessanter, auch wenn das nicht das einzige Kriterium für die Wahl deiner Community-Nische sein sollte.

Zielgruppen-Quadrant: Zeit versus Geld

Die Analyse deiner Zielgruppe in Bezug auf Zeit und Geld ist ebenfalls wichtig. Hat die Community-Zielgruppe mehr Geld – oder mehr Zeit? Dahingehend kannst du deine Zielgruppe in vier Quadranten einteilen:

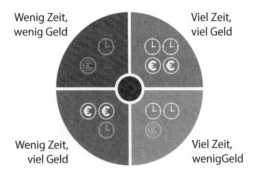

Der Geld-Zeit-Quadrant.

Quelle: Eigene Darstellung

1. **Viel Zeit, wenig Geld:** Diese Menschen haben zwar viel Zeit, aber wenig Geld, um in deine Community zu investieren. Sie engagieren sich eher in Communitys, die kostengünstige oder kostenlose Inhalte bieten. Ein Beispiel hierfür wären Studenten, die sich für Methoden zur Prüfungs-

stressbewältigung interessieren. Der »Follow the Money«-Ansatz ist hier kaum erfüllt.

2. **Wenig Zeit, wenig Geld:** Diese Zielgruppe ist schwer zu erreichen, da sie weder viel Zeit noch Geld zur Verfügung hat. Tipp: Meiden! Für deine Community brauchst du Member, die interagieren und daher eben Zeit aufbringen können. Außerdem ist auch hier der »Follow the Money«-Ansatz nicht erfüllt.

3. **Viel Zeit, viel Geld:** Menschen in diesem Quadranten haben sowohl Zeit als auch finanzielle Mittel, um sich intensiv in eine Community einzubringen. Ein Beispiel wäre eine Community für wohlhabende Pensionäre, die bereit sind, in solche hochwertigen Angebote und Aktivitäten zu investieren, die ihre Freizeit bereichern. Triathlon zum Beispiel benötigt viel Zeit fürs Training – und das Equipment ist teuer. In diesen Quadranten fällt die beste Community-Zielgruppe für Paid-Angebote.

4. **Wenig Zeit, viel Geld:** Diese Gruppe hat wenig Zeit, ist aber bereit, für zeitsparende und exklusive Angebote mehr Geld auszugeben. Manager, die nach effizienten Methoden zur Stressbewältigung suchen, fallen oft in diesen Quadranten. Sie sind eher bereit, für derlei hochwertige und spezialisierte Inhalte oder Dienstleistungen zu zahlen, die ihnen helfen, ihre Zeit optimal zu nutzen.

Golfer zum Beispiel geben oft viel Geld für ihre Leidenschaft aus. Sie investieren in teure Ausrüstung, Clubmitgliedschaften und persönliche Trainingsstunden. Außerdem dauert eine 18-Loch-Runde mehrere Stunden. Diese Zielgruppe fällt in den Quadranten »viel Geld, viel Zeit«; eine gute Zielgruppe also für eine Paid Community.

Im Gegensatz dazu zieht eine Community für Marathonläufer weniger finanzkräftige Mitglieder an. Marathonläufer investieren mehr Zeit in ihr Training, aber weniger Geld in Ausrüstung oder Mitgliedschaften (Golf ist in Clubs organisiert; Marathon aber nicht und ist eher ein Einzelsport). Marathon ist viel breiter aufgestellt, und man braucht eben nur ein paar Laufschuhe statt teurer Ausrüstung.

Die Marathon-Zielgruppe fällt eher in den Quadranten »viel Zeit, wenig Geld«. Hier könnte eine Community erfolgreich sein, die kostenlose oder kostengünstige Trainingspläne, Ernährungstipps und Foren für den Austausch unter Gleichgesinnten bietet.

Differenzierung von anderen Communitys: Personal Brand und Markenkern

Der Aufbau einer eigenen Community ist einer der effektivsten Wege, um deine Personal Brand zu stärken und dich als Experte und Leader in deinem Fachgebiet zu positionieren; im ersten Kapitel konntest du nun schon Grundzüge davon erfahren.

Als aktive und engagierte Community schaffst du es nicht nur, regelmäßig in den direkten Austausch mit deiner Zielgruppe zu treten, sondern diese verleiht dir auch eine besondere Sichtbarkeit und Autorität, die deinen Markenkern nachhaltig stärkt.

Dadurch, dass du eine Community aufbaust und leitest, wirst du automatisch als Experte und Leader wahrgenommen. Menschen suchen nach Führung und Orientierung, und wenn du eine Plattform bietest, auf der sie sich austauschen, auf der sie lernen und wachsen können, wirst du als Nummer-eins-Autorität wahrgenommen.

Du wirst als derjenige gesehen, der den Weg weist, der Antworten auf Fragen hat und der die Community zusammenhält. Diese Rolle verleiht dir eine natürliche Autorität, die weit über das Fachwissen hinausgeht. Du wirst als vertrauenswürdige Quelle für Informationen und Unterstützung akzeptiert, was ein entscheidender Faktor für den Aufbau einer starken Personal Brand ist.

Ein weiterer Punkt beim Aufbau einer Community ist das Vertrauen, das du durch dein aktives Mitwirken aufbaust. Wenn du regelmäßig mit deiner Community »sprichst«, Fragen beantwortest, Hochwert-Inhalte teilst und ehrliches Feedback gibst, entsteht eine starke Bindung zwischen dir und deinen Mitgliedern. Vertrauen ist die Basis jeder erfolgreichen Marke, und je mehr deine Community auf dich zählt, desto stärker wird deine Personal Brand. Menschen schätzen Authentizität und Hilfsbereitschaft – und genau das kannst du durch einen engen und persönlichen Kontakt innerhalb deiner Community bieten.

Und noch etwas: Du bekommst viel Sichtbarkeit, weil das der Aufbau deiner Community mit sich bringen wird. Dabei hilft dir die »Frequenzillusion«. Dieser psychologische Effekt tritt auf, wenn du plötzlich etwas vermehrt wahrnimmst, nachdem du erstmals darauf aufmerksam geworden bist. Ein klassisches Beispiel ist der Kaufwunsch nach einem bestimmten Auto – vielleicht einem roten 5er BMW. Plötzlich siehst du dieses Modell überall auf der Straße, obwohl es dir vorher kaum aufgefallen ist. Dein Gehirn filtert diese Informationen nun viel bewusster heraus, weil es für dich relevant geworden ist.

Übertragen auf den Aufbau deiner Community bedeutet dies, dass Menschen dich durch deine regelmäßige Präsenz viel häufiger wahrnehmen. Sie sehen deine Beiträge, hören deinen Namen, nehmen an deinen Diskussionen teil und verknüpfen all diese Eindrücke zunehmend mit deiner Person. Je häufiger sie auf dich stoßen, desto mehr steigt deine Sichtbarkeit und die Wahrnehmung, dass du in deinem Bereich eine zentrale Autorität bist.

Menschen assoziieren eine hohe Sichtbarkeit oft mit Kompetenz. In der menschlichen Psychologie gibt es eine starke Tendenz, sichtbare Personen als kompetenter und einflussreicher wahrzunehmen. Wenn du also durch deine Community regelmäßig präsent bist, beginnt deine Zielgruppe unbewusst, dich als besonders fähig und sachkundig zu betrachten. Das ist schon allein deswegen praktisch, weil einzig deine Präsenz in der Community bereits bewirkt, dass du als Experte wahrgenommen wirst – und zwar unabhängig davon, ob du in deinem Bereich tatsächlich mehr Wissen hast als andere oder nicht.

»One Trick Pony« als USP

Aus deiner speziellen Positionierung und deiner Personal Brand kannst du dein Community-Thema ableiten und deine Sichtbarkeit dort nutzen, um dich weiter zu positionieren. Deine Personal Brand und deine Community stehen also in einer wechselseitigen Beziehung zueinander.

Das »One Trick Pony«-Modell ist ein Ansatz, um einen einzigartigen Verkaufsvorteil (USP) zu entwickeln und sich mit einer Community von der Masse abzuheben und zugleich die eigene Personal Brand zu stärken.[3]

Der Begriff »One Trick Pony« mag auf den ersten Blick negativ erscheinen, da er oft jemanden beschreibt, der nur eine Sache besonders gut kann (eben wie ein Zirkus-Pony, das genau einen einzigen Trick kann, beispielsweise einen Rückwärtssalto).

Aber genau für diesen einen Trick zahlen die Zirkusbesucher Eintritt – und diesen Trick beherrscht eben kein anderes Pferd!

Deine Community sollte sich auf eine einzige, sehr spezifische Fähigkeit, Methode oder ein spezielles Wissen konzentrieren, womit du dich von anderen abhebst. Indem du dich auf diesen einen »Trick« fokussierst, kannst du deine Expertise in diesem Bereich perfektionieren und einen einzigartigen USP entwickeln, der dich deutlich von deiner Konkurrenz abgrenzt.

Warum ist dieser Ansatz so wirkungsvoll? Anstatt zu versuchen, in vielen verschiedenen Bereichen gut zu sein, was oft zu Mittelmäßigkeit führt, wird deine Community damit in einem spezialisierten Bereich außergewöhnlich gut. Diese Spezialisierung macht dich in den Augen deiner Zielgruppe zu einem echten Experten – zu jemandem, der eine besondere Fähigkeit besitzt, die sonst kaum jemand in dieser Qualität anbieten kann.

Dein »Trick« wird zu deinem Markenzeichen, das dich unverwechselbar macht und das das Vertrauen deiner Zielgruppe stärkt.

Ein Beispiel dafür ist Dr. Sheila de Liz, die als niedergelassene Gynäkologin in Wiesbaden arbeitet und sich als »One Trick Pony« auf das Thema Wechseljahre spezialisiert hat. Diese Fokussierung hat ihr geholfen, einen nationalen Ruf als führende Expertin auf diesem Gebiet aufzubauen.

Ihr Buch *Woman on Fire: Alles über die fabelhaften Wechseljahre* ist ein Dauerbrenner in den großen Bestsellerlisten Deutschlands und erreichte sogar den dritten Platz in der *Spiegel*-Sachbuchliste. Der Klappentext des Buches positioniert sie als die führende Stimme zu diesem Thema: »Deutschlands beliebteste Gynäkologin weiß: Die Wechseljahre sind cooler, als wir glauben! Hitzewallungen, Gewichtszunahme, Stimmungsschwankungen – kaum eine Frau sieht den Wechseljahren gelassen entgegen. Doch unser Bild von der Perimenopause ist veraltet und benötigt dringend ein Update.«[4]

Dank ihres Bucherfolgs gilt Dr. Sheila de Liz heute als die Nummereins-Expertin für Wechseljahre in Deutschland. Sie schreibt für renommierte Magazine wie *Stern*, *Freundin* und *Brigitte* und ist auch in überregionalen Zeitungen wie *Frankfurter Allgemeine* und *Die Welt* präsent. Darüber hinaus ist sie häufig in TV-Sendungen, Podcasts und YouTube-Shows zu Gast.

Mission und Vision

Jede gute Community hat eine Mission – und eine Vision. Ohne beides fehlt der rote Faden, der die Community strategisch zusammenhält und langfristig motiviert.

- Die **Vision** deiner Community ist das große Ziel, das du erreichen möchtest.
- Die **Mission** hingegen beschreibt, wie du diese Vision erreichen willst. Sie ist der konkrete Auftrag, den du dir selbst und deiner Community gibst. Die Mission definiert, was deine Community jeden Tag tut, um der Vision näherzukommen, und wie sie dies umsetzt.

Deine Mission sollte das wichtigste Problem deiner Community ansprechen und die Lösung in den Mittelpunkt stellen. Eine Mission, die ein relevantes Problem adressiert, motiviert die Mitglieder, aktiv zu bleiben und sich für die Gemeinschaft einzusetzen. Es ist auch entscheidend, dass du deine Zielgruppe in die Entwicklung der Mission einbeziehst. Deine Mission sollte die Bedürfnisse und Wünsche deiner Mitglieder widerspiegeln. Frage dich: Was treibt deine Mitglieder an? Was hoffen sie zu erreichen?

Deine Mission sollte ihnen das Gefühl geben, dass sie Teil von etwas Größerem sind, das ihre individuellen Ziele unterstützt.

Eine erfolgreiche Mission muss klar und prägnant formuliert sein. Vermeide komplexe und abstrakte Formulierungen und konzentriere dich auf das Wesentliche. Jeder, der die Mission liest, sollte sofort verstehen, worum es geht und warum sie wichtig ist.

Diese Mission sollte nicht nur *informieren*, sondern zusätzlich ebenso *inspirieren*. Denn mit einer inspirierenden Mission erzeugst du Begeisterung und stärkst das Gemeinschaftsgefühl.

Während die Vision ein idealer, vielleicht auch weit entfernter Zustand ist, sollte die Mission umsetzbar und realistisch sein. Sie muss konkrete Schritte und Aktionen definieren, die deine Community tatsächlich unternehmen kann.

Bei der Entwicklung deiner Mission ist es hilfreich, dir die Frage zu stellen: »Hilft meine Community, ein Problem zu lösen, das der Kunde gar nicht kennt oder hat?«

Diese Frage ist entscheidend, weil sie dich dazu zwingt, die wirklichen Bedürfnisse deiner Zielgruppe zu hinterfragen. Manchmal wissen Menschen nicht einmal, dass sie ein bestimmtes Problem haben. Oder sie erkennen nicht, dass es eine bessere Lösung gibt als die, die sie bisher genutzt haben. Deine Community-Mission könnte darin bestehen, diese Lücke zu schließen – deinen Mitgliedern bewusst zu machen, dass es ein Problem gibt, und ihnen dann die Mittel an die Hand zu geben, es zu lösen.

Es gibt zahlreiche erfolgreiche Communitys, die durch klare Missionen und Visionen angetrieben werden. Ein gutes Beispiel ist die TED-Community.

TED Talks Vision ist es, »Ideen zu verbreiten, die es wert sind, geteilt zu werden.« Ihre Mission lautet, eine Plattform zu schaffen, auf der Vordenker ihre Ideen präsentieren können, um sie weltweit zugänglich zu machen.

Diese Ausrichtung hat TED zu einer globalen YouTube-Bewegung und damit Community gemacht, die Menschen inspiriert und zum Nachdenken anregt. TED hilft dabei, die kreative und intellektuelle Neugierde seiner Mitglieder zu wecken, gleichzeitig bietet ihnen TED eine Bühne, um ihre Ideen zu verbreiten.

Kaufimpuls zum Beitritt auslösen: Das Fogg-Modell

Anhand des Fogg Behavior Models[5] kann man erkennen, warum Kunden die Kaufentscheidung für den Beitritt in deine Paid Community treffen.

Besonders bei einer Paid Community ist der Schritt zur Anmeldung oft eine große Hürde – selbst, wenn du die Zielgruppe klar umrissen hast, das Problem erkennbar darstellst und deine Vision und Mission herausgearbeitet hast.

Dennoch: Die Entscheidung, Geld zu investieren, wird meist aus einem Impuls heraus getroffen – einem Moment, in dem jemand den Wunsch verspürt, Teil deiner Community zu werden. Genau hier setzt das Fogg Behavior Model an, indem es davon ausgeht, dass der Trigger, der diesen Impuls auslöst, von zwei Schlüsselfaktoren abhängt – der Motivation und dem Glauben an die eigene Fähigkeit.

Um jemanden davon zu überzeugen, deiner Community beizutreten, sollte die Motivation stark genug sein. Dazu muss der »Schmerzpunkt« also deutlich genug ausgeprägt sein; aber das haben die vorherigen Abschnitte deutlich genug gezeigt. Ein wesentliches Element in diesem motivatorischen Prozess ist das Gefühl von sozialer Akzeptanz. Menschen haben das Bedürfnis, gesehen zu werden und zu einer Gruppe zu gehören, die ihre Werte, Interessen und Probleme teilt – und genau das ist ja der Hauptvorteil einer Community.

Der Triggerpunkt ist der Glaube an die eigene Fähigkeit

Neben der Motivation muss aber die Möglichkeit deines zukünftigen Mitglieds vorhanden sein, sich schnell und unkompliziert bei deiner Community anmelden zu können.

Ein Beispiel: Das zukünftige Mitglied deiner Ernährungs-Community hat den festen Willen, seine Ernährung umzustellen, mehr Sport zu treiben und gesünder zu leben. Also sucht es nach einer Community, die es bei diesem Vorhaben unterstützt. Dann stößt es auf deine Abnehm-Community, die von Mitgliedern berichtet, die es geschafft haben, viel Gewicht zu verlieren. Aber in den Beschreibungen und Testimonials, die vor einem Community-Beitritt für alle sichtbar sind, berichten viele Mitglieder, dass der Weg sehr hart war, dass sie sich durch quälende 8-Wochen-Programme kämpfen mussten und oft kurz vor dem Aufgeben standen.

Was passiert in diesem Moment? Dein Member in spe, das zwar motiviert ist und damit den ersten Teil des Fogg-Modells erfüllt, beginnt zu zweifeln. Dieser Jemand fragt sich, ob er es denn ebenso schaffen könnte, weil in den Erfahrungsberichten ja betont wird, wie schwierig der Prozess war.

Plötzlich schwindet das Selbstvertrauen. Und obwohl der Wunsch abzunehmen immer noch da ist, zögert das potenzielle Mitglied, der Community beizutreten. Es denkt: »Wenn es so anstrengend ist, schaffe ich das vielleicht ja gar nicht?«

Die Motivation allein reicht also nicht aus, wenn die Person nicht gleichzeitig das Gefühl der Fähigkeit hat, den vor ihm liegenden Weg zu meistern. Der Glaube, dass man es schaffen kann, ist entscheidend.

Noch ein Beispiel dazu: Du gründest eine Community für Menschen, die eine neue Sprache lernen wollen, zum Beispiel Spanisch. Viele Menschen träumen davon, eine neue Sprache zu beherrschen, sei es für die Arbeit, fürs Reisen oder die persönliche Weiterentwicklung – eine spannende Zielgruppe!

Die Motivation ist also vorhanden: Diese Leute wollen Spanisch lernen und sind bereit, sich Zeit dafür zu nehmen. Sie stoßen auf deine Community, in der Mitglieder berichten, wie gut sie Spanisch nach nur wenigen Monaten sprechen. Aber dann lesen sie genauer: Viele dieser Mitglieder erzählen von langen Nächten, die sie mit dem Lernen zugebracht haben, von unendlich vielen Grammatikregeln und davon, wie schwierig es war, bis sie die Sprache endlich fließend sprechen konnten.

Was passiert? Die Interessenten beginnen zu zweifeln. Obwohl sie motiviert sind, Spanisch zu lernen, fragen sie sich, ob sie wirklich die nötige Disziplin und Zeit aufbringen können. Sie haben Angst, dass sie es nicht schaffen könnten, besonders wenn sie denken, dass der Prozess so mühselig und langwierig werden könnte. Wieder schwindet das Vertrauen in die eigene Fähigkeit. Wieder entscheiden sich Leute gegen den Beitritt, obwohl sie den Wunsch haben, die Sprache zu lernen.

Erst wenn du beides – Motivation und Fähigkeit – nacheinander löst, trifft dein Kunde die Kaufentscheidung.

Balancespiel zwischen Werbeversprechen und Ehrlichkeit

Es geht bei deinem Community-Marketing vor allem darum, die richtige Balance zu finden – und das ist ein kniffliges Spiel der feinen Abstimmung. Auf der einen Seite möchtest du den Menschen vermitteln, dass es machbar ist, ihre Ziele zu erreichen. Aber auf der anderen Seite solltest du eben keinesfalls den Eindruck erwecken, dass alles mühelos funktioniert, wenn das in der Realität nicht der Fall ist. Denn das »Community Game« ist ein langfristiges Spiel. Und Erfolg baust du nur langfristig auf, wenn du ehrlich und vertrauenswürdig bleibst.

Ein Beispiel, das zeigt, wie im Marketing oft die Einfachheit überbetont und verzerrt wird, sind Werbespots für Waschmittel. Darin sieht man, wie jemand einfach ein bisschen Waschmittel auf einen hartnäckigen Fleck aufträgt – etwa einen Rotweinfleck –, und mit scheinbar minimalem Aufwand verschwindet der Fleck sofort. Das vermittelt den Eindruck: »Mach es einfach drauf, und dein Problem löst sich von allein.«

In der Realität sieht das aber ganz anders aus. Auch nach mehreren Waschgängen und langer Einwirkzeit bleibt oft noch ein Schatten des Flecks sichtbar. Es erfordert deutlich mehr Aufwand, als uns die Werbung hier suggeriert. Das heißt dann eben »Marketingversprechen«, und der Kunde preist das bereits in seiner Kaufentscheidung mit ein, der er es im Laufe seiner Jahre erübt hat als Konsument.

Dieses Prinzip lässt sich leicht auf andere Bereiche übertragen, beispielsweise auf ein Trainingsprogramm, das damit wirbt, wie schnell und einfach man fit und muskulös werden kann. Die Bilder zeigen durchtrainierte Körper, die scheinbar mühelos geformt wurden. Aber in Wahrheit benötigt es viele Wochen oder Monate an harter Arbeit, Disziplin und Anstrengung, um solche Ergebnisse zu erzielen. Und genau das weiß der Kunde ja natürlich.

In Bezug auf deine Community gibt es ein ähnlich gelagertes Risiko: Wenn du versprichst, dass alles ganz leicht wird, und die Menschen dann aber die harte Realität erkennen, bleiben sie enttäuscht zurück und kündigen gleich wieder. Das Vertrauen, das du bei ihnen aufgebaut hast, wird zerstört. Sie fühlen sich getäuscht – und berichten darüber im Internet.

Für eine langfristig erfolgreiche Community ist also Ehrlichkeit entscheidend. Dein Ziel sollte nicht sein, möglichst schnell viele Mitglieder zu gewinnen, die dann nach kurzer Zeit wieder abspringen. Vielmehr geht es darum, eine treue und engagierte Community zu schaffen, in der sich die Mitglieder langfristig wohlfühlen und ihre Ziele wirklich erreichen. Das erreichst du nur, wenn du von Anfang an ehrlich bist.

Natürlich musst du die Motivation deiner potenziellen Mitglieder wecken, aber du darfst ihnen nicht versprechen, dass der Weg zum Erfolg mühelos sei, wenn das nicht der Fall ist. Ein guter Mittelweg liegt darin, eine realistische Vorstellung zu vermitteln, ohne die Mitglieder gleich gänzlich zu entmutigen. Du kannst ihnen durchaus Mut zusprechen, indem du sagst: »Ja, es wird Herausforderungen geben, aber du wirst sie meistern – nicht allein, sondern mit Unterstützung der Community.« Ein realistisches Bild zu zeichnen, stärkt sogar das Vertrauen und verhindert spätere Enttäuschungen.

Wenn du beispielsweise ehrlich sagst: »Der Weg zur Gewichtsabnahme ist nicht einfach, aber du bist nicht allein, sondern wir sind eben eine Community aus Gleichgesinnten. Wir haben bereits vielen Menschen geholfen, ihre Ziele zu erreichen – und das nicht, weil es mühelos gewesen wäre, sondern weil sie von der Gemeinschaft unterstützt wurden«, vermittelst du beides, was wichtig ist, Realismus und Zuversicht!

Ein weiteres Beispiel ist eine Community für Menschen, die sich selbstständig machen wollen. Viele träumen davon, ihr eigenes Unternehmen zu gründen und unabhängig zu arbeiten. Die Motivation ist hoch, aber in der Realität ist der Weg oft mit Unsicherheiten und Rückschlägen gepflastert. Wenn du potenziellen Mitgliedern suggerierst, dass der Start in die Selbstständigkeit ganz einfach sei, werden sie schnell überfordert sein, sobald die ersten Schwierigkeiten auftauchen.

Du kannst also besser gleich von Anfang an ehrlich sein und sagen: »Ja, es wird Herausforderungen geben, aber hier in der Community lernst du von anderen, die denselben Weg bereits gegangen sind. Du wirst schnell für dich feststellen, dass auch schwierige Phasen gemeistert werden können.«

In all diesen Fällen ist es wichtig, die Motivation hochzuhalten, ohne die Wahrheit zu verzerren. Wenn du versprichst, dass alles viel zu leicht wird, riskierst du, dass die Mitglieder schnell wieder abspringen, sobald sie merken, dass der Weg schwieriger als erwartet ist.

Sei stattdessen offen und ehrlich: »Der Weg mag nicht immer leicht sein, aber mit der Unterstützung der Community und der richtigen Einstellung ist das Ziel erreichbar.«

Dieses Balancespiel zwischen Motivation und Ehrlichkeit ist entscheidend für den langfristigen Erfolg deiner Community. Schließlich möchtest du Mitglieder gewinnen, die nicht nur kurz dabei sind, sondern solche, die langfristig Teil deiner Gruppe bleiben, weil sie dir vertrauen und an das glauben, was du ihnen bietest.

Auch aus wirtschaftlicher Sicht ergibt das Sinn: Denn die Mitgliedsgebühr zahlen dir deine Mitglieder nur dann, wenn sie dir langfristig erhalten bleiben. Deshalb hast du nichts von nur kurzzeitig verweilenden Mitgliedern.

Wahl der Community-Plattform

Die Wahl der Community-Plattform spielt eine große Rolle. Hier gibt es verschiedene Optionen – von spezialisierten Community-Softwarelösungen bis hin zu sozialen Netzwerken und Foren-Plattformen. Wichtig ist, dass die Plattform leicht zu bedienen ist, den gewünschten Funktionsumfang bietet und skalierbar ist, damit sie mit dem Wachstum der Community mithalten kann.

Die folgende Zusammenstellung zeigt dir wichtige Kriterien für die Auswahl der für dich geeigneten Community-Plattform:

- **Benutzerfreundlichkeit**
  Intuitive Bedienung: Die Plattform sollte leicht verständlich und intuitiv zu bedienen sein, sowohl für dich als Administrator als auch für deine Mitglieder. Eine klare Navigation und ein ansprechendes, übersichtliches Design erwarten Kunden heute.

  Einfache Registrierung: Der Anmeldeprozess sollte unkompliziert und schnell sein, um Mitglieder nicht abzuschrecken.

- **Skalierbarkeit**
  Wachstumspotenzial: Die Plattform sollte in der Lage sein, mit deiner Community zu wachsen. Das bedeutet, dass sie auch bei steigender Mitgliederzahl und zunehmender Aktivität stabil und performant bleibt.

  Flexibilität: Ebenfalls wichtig ist die Möglichkeit, dass du Funktionen und Module hinzufügen kannst, damit du auf sich ändernde Bedürfnisse deiner Community eingehen kannst.

- **Funktionsumfang**

  Kommunikationstools: Die Plattform sollte dir verschiedene Möglichkeiten für Interaktionen bieten, beispielsweise Foren, Chats, Kommentare und private Nachrichten.

  Content-Management: Entscheidend ist die Technik, also dass du Inhalte einfach erstellen, teilen und verwalten kannst. Dazu gehören unter anderem Community-Beiträge, Videos und Umfragen.

  Personalisierung: Wichtig ist auch die Möglichkeit für dich, das Design und die Funktionen der Plattform an die spezifischen Bedürfnisse und das Branding deiner Community anpassen zu können.

- **Gamification und Engagement-Features**

  Gamification: Funktionen wie Punkte, Abzeichen, und Rankings sollen deine Mitglieder dazu motivieren, aktiver teilzunehmen.

  Benachrichtigungen: Automatische Benachrichtigungen über neue Beiträge, Antworten oder Veranstaltungen halten deine Mitglieder auf dem Laufenden und fördern die Beteiligung.

- **Sicherheit und Datenschutz**

  Datenschutzbestimmungen: Die Plattform muss den geltenden Datenschutzgesetzen entsprechen und sicherstellen, dass die persönlichen Daten der Mitglieder geschützt sind.

  Sicherheitsfunktionen: Eine gute Plattform bietet robuste Sicherheitsfunktionen wie Zwei-Faktor-Authentifizierung, SSL-Verschlüsselung und so weiter.

- **Analytik und Reporting**

  Nutzerstatistiken: Du brauchst die Möglichkeit, detaillierte Statistiken über das Verhalten deiner Mitglieder, ihr Engagement und die Interaktionen zu erhalten.

  Feedback-Mechanismen: Funktionen, die es deinen Mitgliedern ermöglichen, direkt Feedback zu geben, helfen dir, ihre Bedürfnisse besser zu verstehen. Achte daher auf solche Mechanismen.

- **Integration und Kompatibilität**
  API-Zugriff: Die Plattform sollte APIs anbieten, um dir nahtlose Integrationen mit anderen Tools und Diensten zu ermöglichen, beispielsweise mit Blick auf CRM-Systeme, E-Mail-Marketing-Software oder Social-Media-Plattformen.

  Multiplattform-Unterstützung: Eine gute Community-Plattform sollte auf verschiedenen Geräten (Desktop, Tablet, Smartphone) gleichermaßen gut funktionieren.

> Die großen und relevanten Community-Plattformen findest du hier in einer Übersicht: www.founder.de/community-buch-ressourcen. Der Digitalmarkt ist schnelllebig und immer in Bewegung. Deshalb gibt es diese Infoseite, die wir dann aktuell halten können.

Community-Namen festlegen

Der Name deiner Community sollte klar und deutlich vermitteln, worum es in deiner Gemeinschaft geht. Er sollte den Kern des Themas oder der Mission auf den Punkt bringen, sodass potenzielle Mitglieder sofort verstehen, was sie in der Community erwartet.

Ein gutes Beispiel hierfür ist der Name »Urbansportsclub«. Dieser Name macht sofort deutlich, dass es sich um eine Community handelt, die Sport und Fitness in städtischen Umgebungen unternimmt.

Ein einprägsamer Name ist wesentlich, damit sich Mitglieder leicht an deine Community erinnern können. Der Name sollte einfach auszusprechen und zu schreiben sein, ohne komplizierte Wörter oder ungewöhnliche Schreibweisen. Dies erleichtert es den Menschen, sich an deine Community zu erinnern und sie weiterzuempfehlen.

Nebenan.de ist hier ein gutes Beispiel. »Nebenan« ist ein alltägliches Wort, das sofort verstanden wird und leicht im Gedächtnis bleibt.

Dein Community-Name sollte sich von anderen Communitys abheben, um Verwechslungen zu vermeiden und eine klare Identität zu schaffen.

Eine sorgfältige Recherche, ob der Name bereits von anderen Plattformen oder Communitys genutzt wird, ist außerdem wichtig.

Der Name sollte außerdem so gewählt werden, dass er auch in Zukunft relevant bleibt, selbst wenn sich die Community weiterentwickelt oder wächst. Vermeide zu spezifische oder trendabhängige Begriffe, die schnell an Bedeutung verlieren könnten. Freeletics beispielsweise hat einen Namen gewählt, der flexibel genug ist, um auch zukünftige Entwicklungen und Erweiterungen der Marke abzudecken. Der Name »Freeletics« ist nicht nur auf das aktuelle Angebot beschränkt, sondern könnte auch auf andere Formen von athletischen Aktivitäten angewendet werden, was dem Unternehmen Raum für Wachstum lässt.

Content vorbereiten

Die Vorbereitung von Inhalten für die ersten Tage ist ein erster Schritt, um den Start deiner Community erfolgreich zu gestalten und das Engagement der Mitglieder von Anfang an sicherzustellen. Gut durchdachte und ansprechende Inhalte sorgen dafür, dass sich neue Mitglieder willkommen fühlen und schnell in die Community integriert werden.

Eine sympathische und einladende Begrüßungsnachricht ist der erste Kontaktpunkt zwischen dir und deinen neuen Mitgliedern. Diese Nachricht sollte die Mitglieder herzlich willkommen heißen und sehr persönlich wirken. In dieser Nachricht kannst du auch die Mission und Vision der Community kurz umreißen, um den neuen Mitgliedern eine klare Vorstellung davon zu geben, worum es in der Community geht und welche Ziele ihr gemeinsam verfolgt. Die Begrüßungsnachricht kann entweder als E-Mail verschickt oder als erster Beitrag in einem speziellen Begrüßungsforum veröffentlicht werden.

Es ist wichtig, dass sich die Mitglieder von Anfang an mit dir und deinem Team identifizieren können. Stell deshalb dich selbst und (wenn ihr mehrere seid) ebenso die Hauptakteure deiner Community vor, damit die Mitglieder wissen, wer hinter der Community steht und an wen sie sich bei Fragen wenden können. Eine kurze Biografie und ein paar persönliche Worte über deine Motivation und deine Vision für die Community können helfen, Vertrauen aufzubauen und eine persönliche Verbindung zu den Mitgliedern herzustellen.

Bitte die neuen Mitglieder sehr früh, sich ebenfalls vorzustellen. Dies kann in einem speziellen Forum oder einer dafür vorgesehenen Kategorie geschehen. Lade sie ein, der Community etwas über sich selbst, ihre Interessen und ihre Erwartungen zu erzählen. Diese Vorstellungsrunde gibt den Mitgliedern die Möglichkeit, direkt Kontakte zu knüpfen und gemeinsame Interessen zu entdecken.

Um das Ganze zu erleichtern, kannst du beispielsweise auch Fragen stellen, die die Mitglieder zum Nachdenken anregen, oder du greifst aktuelle Themen auf, die für die Community relevant sind.

Beispiele für Einstiegsbeiträge:

- **Fragen stellen:** »Was sind eure größten Herausforderungen in [Themenbereich]? Wie geht ihr damit um?«
- **Erfahrungen teilen:** »Erzählt von einem Erfolgserlebnis in [Themenbereich], und was ihr daraus gelernt habt.«
- **Aktuelle Themen diskutieren:** »Wie steht ihr zu den neuesten Entwicklungen in [Themenbereich]? Was bedeutet das für euch?«

Da neue Mitglieder noch nicht mit der Plattform vertraut sind, ist es hilfreich, eine kurze Anleitung oder ein Tutorial zur Nutzung der Community bereitzustellen.

Dies kann in Form eines Beitrags, eines Videos oder einer PDF-Anleitung geschehen. Zeige den Mitgliedern, wie sie Beiträge verfassen, auf andere Beiträge reagieren und ihr Profil anpassen können. Eine einfache und verständliche Anleitung hilft, mögliche Einstiegshürden zu überwinden und erleichtert den neuen Mitgliedern die Navigation auf der Plattform.

Stell sicher, dass die Community-Regeln und Verhaltensrichtlinien von Anfang an klar und deutlich kommuniziert werden. Diese Regeln sollten einen respektvollen Umgang, konstruktive Diskussionen und das Einhalten der thematischen Ausrichtung der Community enthalten. Die Regeln können als eigener Beitrag oder als festgepinntes Dokument auf der Startseite der Community verfügbar gemacht werden.

Um das Engagement von Anfang an zu steigern, starte beispielsweise eine Challenge, die alle Mitglieder einbezieht. Dies könnte eine einfache

Aufgabe sein, die jeder in der ersten Woche erledigt, oder eine themenbezogene Herausforderung, die zum Mitmachen anregt. Solche Aktivitäten fördern das Gemeinschaftsgefühl und machen den Einstieg in die Community spannend und unterhaltsam.

Kategorien für Beiträge festlegen

Die Festlegung von Kategorien für Beiträge ist ein wichtiger Schritt, um eine übersichtliche und gut strukturierte Community zu schaffen. Eine klare Kategorisierung hilft den Mitgliedern, relevante Themen schnell zu finden und sich in der Community leicht zurechtzufinden. Dies trägt nicht nur zu einer besseren Orientierung bei, sondern fördert auch das Engagement und die Beteiligung der Mitglieder. Hier folgen nun einige typische Kategorien, die du in deiner Community einführen solltest:

- Eine **Einführungskategorie** mit »Hier starten« oder »Deine ersten Schritte« hilft neuen Mitgliedern, sich willkommen zu fühlen und erste Kontakte zu knüpfen. Hier können sie sich vorstellen und etwas über sich selbst erzählen. Gleichzeitig kannst du in dieser Kategorie wichtige Informationen zur Community bereitstellen, beispielsweise deine Mission und Vision, Community-Regeln und Nutzungshinweise. Diese Kategorie dient somit als Ausgangspunkt für neue Mitglieder.

- Eine **Kategorie für** »Fragen und Antworten« ist in jeder Community unverzichtbar. Hier können Mitglieder Fragen stellen, die von anderen Mitgliedern oder Experten beantwortet werden.

- In der **Kategorie** »Erfolgsgeschichten« können Mitglieder ihre persönlichen Erfolge und Meilensteine teilen. Diese Beiträge inspirieren andere Mitglieder und zeigen, was durch die Teilnahme an der Community erreicht werden kann.

- Die »Ressourcen«-**Kategorie** ist der Ort, an dem Mitglieder nützliche Materialien, Links, Bücher, Artikel oder Tools teilen können, die für die Community relevant sind. Diese Kategorie dient als Wissensdatenbank und kann regelmäßig aktualisiert werden, um den Mitgliedern

Zugang zu den besten verfügbaren Informationen und Werkzeugen zu bieten.

- Eine **allgemeine Kategorie für »Diskussionen«** bietet den Mitgliedern die Möglichkeit, über aktuelle Themen, Trends oder Herausforderungen in dem jeweiligen Fachbereich zu diskutieren. Hier können kontroverse Meinungen ausgetauscht und neue Ideen entwickelt werden. Diese Kategorie sollte breit genug gefasst sein, um verschiedene Diskussionsthemen zuzulassen.

- Eine **Kategorie für »Events und Ankündigungen«** ist nützlich, um Mitglieder über bevorstehende Veranstaltungen, Webinare, Workshops oder wichtige Updates innerhalb der Community zu informieren. Diese Kategorie hält die Mitglieder auf dem Laufenden und fördert die Teilnahme an gemeinsamen Aktivitäten.

- Um die Community kontinuierlich zu verbessern, sollte es eine **Kategorie für »Feedback und Vorschläge«** geben. Hier können Mitglieder ihre Meinung über die Plattform, den Inhalt oder die Struktur der Community äußern und Verbesserungsvorschläge einbringen.

Es kann außerdem sinnvoll sein, eine **»Off-topic«-Kategorie** einzurichten, in der Mitglieder über Themen diskutieren können, die nicht direkt mit dem Hauptthema der Community zu tun haben. Dies bietet eine Möglichkeit, sich auch über persönliche Interessen auszutauschen und das Gemeinschaftsgefühl zu stärken.

Begrüßungstext erstellen

Ein Begrüßungstext ist oft der erste Kontaktpunkt, den neue Mitglieder mit deiner Community haben. Dieser Text spielt deshalb eine entscheidende Rolle, den »Ton« deiner Community zu setzen. Ein gut durchdachter Begrüßungstext sollte nicht nur herzlich und einladend sein, sondern den neuen Mitgliedern auch eine erste Vorstellung davon vermitteln, was sie in der Community erwartet und wie sie sich am besten einbringen können.

Nachstehend findest du ein Beispiel, das du als Vorlage anpassen kannst:

Willkommen in der [Community-Name]!

Hallo und herzlich willkommen in der [Community-Name]! Wir freuen uns sehr, dich als neues Mitglied begrüßen zu dürfen. Du hast dich unserer Community angeschlossen, die sich mit [kurze Beschreibung des Themas oder der Mission] beschäftigt und Menschen wie dich zusammenbringt, die [gemeinsames Interesse oder Ziel] teilen.

Ein kurzer Überblick über unsere Community:

In der [Community-Name] dreht sich alles um [Hauptthema der Community]. Hier findest du Gleichgesinnte, mit denen du dich austauschen, neue Ideen entwickeln und wertvolle Erfahrungen teilen kannst. Unsere Community bietet eine Vielzahl von Ressourcen, Diskussionen und Veranstaltungen, die dir helfen, [Ziel oder Nutzen der Community] zu erreichen.

So startest du am besten:

Stell dich vor: Wir würden uns freuen, mehr über dich zu erfahren! Stell dich doch kurz in unserem »Einführung«-Forum vor, und erzähle uns etwas über deine Interessen und was du dir von unserer Community erhoffst. Du findest das Forum [hier].

Erkunde die Kategorien: Schau dich in den verschiedenen Kategorien um, die wir für dich eingerichtet haben.

Lies unsere Community-Regeln: Um sicherzustellen, dass unsere Gemeinschaft für alle ein angenehmer und respektvoller Ort bleibt, haben wir einige grundlegende Regeln aufgestellt. Bitte nimm dir einen Moment Zeit, um diese zu lesen. Du findest sie [hier].

Brauchst du Hilfe?

Falls du Fragen hast oder Unterstützung benötigst, stehen wir dir gern zur Seite. Du kannst uns jederzeit über [Kontaktmöglichkeit] erreichen oder dich direkt an unsere Moderatoren wenden.

Beste Grüße
[Dein Name]
[Deine Rolle in der Community]
[Community-Name]

Community-Regeln

Die Formulierung klarer und fairer Community-Regeln ist sinnvoll, da sie die Community-Kultur festschreiben. Es folgt ein Beispiel, das du ebenso als Vorlage für deine Community verwenden kannst.

Community-Regeln der [Community-Name]

Willkommen in der [Community-Name]! Um sicherzustellen, dass unsere Community für alle Mitglieder ein angenehmer, respektvoller und sicherer Ort bleibt, bitten wir dich, die folgenden Regeln zu beachten:

1. **Respekt und Höflichkeit**

   Sei respektvoll: Behandle alle Mitglieder mit Respekt, unabhängig von ihrer Meinung, Herkunft, Religion, sexuellen Orientierung, ihrem Geschlecht oder anderen persönlichen Merkmalen. Respektvoller Umgang ist das Fundament unserer Community.

   Konstruktive Kritik: Kritik ist willkommen, solange sie konstruktiv und höflich formuliert ist. Persönliche Angriffe, Beleidigungen oder herablassende Kommentare werden nicht toleriert.

2. **Keine Diskriminierung und Belästigung**

   Diskriminierung und Hassrede: Jegliche Form von Diskriminierung, rassistischen, sexistischen, homophoben oder anderen abwertenden Äußerungen ist untersagt.

   Belästigung: Belästigungen, Stalking, unerwünschte Nachrichten oder sonstiges aufdringliches Verhalten sind in unserer Community nicht erlaubt.

3. **Datenschutz und Privatsphäre**

   Schütze deine Privatsphäre: Teile keine persönlichen Informationen wie deine Adresse, Telefonnummer oder finanzielle Daten öffentlich in der Community. Achte darauf, dass du auch die Privatsphäre anderer Mitglieder respektierst.

   Kein Teilen sensibler Daten: Veröffentliche keine personenbezogenen Daten von anderen Mitgliedern ohne deren ausdrückliche Zustimmung.

4. **Themenbezogene Beiträge**

On-topic bleiben: Beiträge sollten themenbezogen und relevant für die jeweilige Kategorie sein. Vermeide daher Off-topic-Diskussionen in themenspezifischen Foren.

Qualität statt Quantität: Überlege dir vor dem Posten, ob dein Beitrag einen Mehrwert für die Community bietet. Spam, irrelevante oder sich wiederholende Beiträge werden entfernt.

5. **Umgang mit Konflikten**

Bleibe sachlich: Wenn Meinungsverschiedenheiten auftreten, diskutiere sachlich und respektvoll. Versuche, Konflikte durch direkte und höfliche Kommunikation zu lösen.

Moderatoren kontaktieren: Solltest du das Gefühl haben, dass ein Konflikt außer Kontrolle gerät oder gegen die Regeln verstoßen wird, kontaktiere bitte unsere Moderatoren, anstatt selbst einzugreifen.

6. **Urheberrecht und geistiges Eigentum**

Achte auf Urheberrechte: Veröffentliche nur Inhalte, an denen du die Rechte besitzt, oder stell sicher, dass du die nötigen Erlaubnisse eingeholt hast, wenn du fremdes Material teilst.

Zitiere korrekt: Wenn du Inhalte von anderen Mitgliedern oder externen Quellen zitierst, gib die Quelle korrekt an und respektiere das geistige Eigentum.

7. **Werbung und Selbstpromotion**

Keine unerwünschte Werbung: Unerwünschte Werbung, Spam oder übermäßige Selbstpromotion sind in unserer Community nicht gestattet. Wenn du deine eigenen Projekte vorstellen möchtest, kontaktiere bitte zuerst die Moderatoren.

Erlaubte Promotion: In bestimmten Kategorien und unter Einhaltung der Community-Richtlinien kann Selbstpromotion gestattet sein. Bitte halte dich an die spezifischen Regeln dieser Kategorien.

8. **Einhaltung der Regeln**

Verantwortung: Indem du unserer Community beitrittst, erklärst du dich mit diesen Regeln einverstanden und verpflichtest dich, sie einzuhalten.

Konsequenzen bei Regelverstößen: Verstöße gegen die Community-Regeln können je nach Schwere des Vorfalls zu Verwarnungen, temporären Sperrungen oder dem dauerhaften Ausschluss aus der Community führen.

Erste Calls und Aufzeichnungen planen

Die Planung von Live-Calls oder Webinaren in den ersten Tagen oder Wochen nach dem Start deiner Community ist eine sehr gute Möglichkeit, das Engagement schnell sicherzustellen und die Mitglieder miteinander zu vernetzen. Diese Veranstaltungen bieten den Mitgliedern die Gelegenheit, sich nicht nur untereinander auszutauschen, sondern auch direkten Kontakt mit dir und anderen wichtigen Personen in der Community aufzunehmen.

Um diese Calls erfolgreich zu gestalten, gibt es einige wesentliche Schritte, die du beachten solltest:

Zunächst ist es wichtig, die Ziele und Inhalte der Calls klar zu definieren. Überlege dir, welche Themen für deine Mitglieder besonders interessant sind und wie die Calls dazu beitragen können, diese Themen zu vertiefen. Beispielsweise könnte ein erster Call dazu dienen, die Mission und Vision der Community vorzustellen und den Mitgliedern zu zeigen, wie sie das Beste aus ihrer Mitgliedschaft herausholen können. Ein weiteres Format könnte eine Live-Session »Frage und Antworten« sein, bei der die Mitglieder ihre Fragen direkt an dich oder an Experten richten können. Darüber hinaus könnte ein Netzwerk-Event oder ein Workshop mit einem Gastredner eine gute Möglichkeit sein, die Mitglieder aktiv einzubinden und wertvolle Inhalte zu bieten.

Verwende für die Durchführung der Live-Calls eine Plattform, die sowohl für dich als auch für die Mitglieder einfach zu bedienen ist. Beliebte Optionen sind Zoom, Microsoft Teams, Google Meet oder spezielle Webinar-Plattformen wie GoToWebinar. Es ist wichtig, dass die Plattform den Call aufzeichnen kann, damit du die Aufnahmen später als Ressource bereitstellen kannst.

Während des Calls ist eine gute Moderation entscheidend, um den Ablauf reibungslos zu gestalten und alle Teilnehmer einzubeziehen. Beginne den Call mit einer kurzen Begrüßung und einer Vorstellung der Agenda. Je nach Größe des Calls kannst du die Teilnehmer einladen, sich kurz vorzustellen, bevor du in das Hauptthema einsteigst. Achte darauf, genügend Raum für Fragen und Diskussionen zu lassen.

Lernmodule vorbereiten

Starte in deiner Community mit ein paar hochwertigen Lernmodulen. Gut strukturierte Lernmodule bieten einen guten Mehrwert, sich in der Community zurechtzufinden.

Zu Beginn solltest du grundlegende Lernmodule erstellen, die für alle Mitglieder zugänglich sind. Beispiele für solche Module sind eine Einführung in die Community, Navigationshilfen oder Best Practices für die Teilnahme. Diese Inhalte helfen den Mitgliedern, sich schnell zu orientieren und die Möglichkeiten der Community voll auszuschöpfen.

Neben solchen grundlegenden Modulen kannst du fortgeschrittene Lernmodule anbieten, mit denen du tiefer in die spezifischen Themenbereiche eintauchst. Diese Module könntest du nach einem bestimmten Level oder Aktivitätsgrad freischalten, um die Mitglieder zu motivieren, aktiv zu bleiben und sich kontinuierlich weiterzuentwickeln. Fortgeschrittene Module könnten zum Beispiel spezialisiertes Wissen vermitteln, erfolgreiche Netzwerktechniken lehren oder konkrete Roadmaps für langfristige Projekte bereitstellen.

Eine weitere Überlegung ist die Einführung von Bezahlmodulen, die exklusive Inhalte oder fortgeschrittenes Wissen enthalten. Solche Module sind besonders für diejenigen Mitglieder attraktiv, die bereit sind, für hochwertigen Content zu zahlen. Beispiele hierfür sind exklusive Webinare oder Workshops, Premium-Checklisten und Anleitungen oder sogar persönliche Coaching-Sitzungen, die individuell auf die Bedürfnisse der Mitglieder zugeschnitten sind.

Die Freischaltung der Lernmodule kannst du gestaffelt vornehmen, um die Mitglieder zu motivieren, kontinuierlich aktiv zu bleiben.

Kalender einrichten und Termine festlegen

Ein gut geführter Kalender ist ein zentrales Instrument, um die Organisation und das Engagement in deiner Community sicherzustellen. Ein übersichtlicher und zugänglicher Kalender hilft den Mitgliedern, den Überblick über bevorstehende Veranstaltungen zu behalten und sich rechtzeitig darauf vorzubereiten.

Sobald die Termine festgelegt sind, trägst du sie in den zentralen Community-Kalender ein. Dieser Kalender sollte für alle Mitglieder leicht zugänglich sein, idealerweise direkt auf der Plattform der Community oder über eine App, die von den meisten Mitgliedern genutzt wird. Ein gut platzierter Kalender auf der Startseite der Community oder als fest integriertes Element im Menü sorgt dafür, dass er von allen schnell aufgefunden werden kann.

Ein zusätzlicher Vorteil eines gut geführten Kalenders ist die Möglichkeit, Erinnerungen für anstehende Events zu hinterlegen. Diese Erinnerungen können automatisiert per E-Mail oder über Push-Benachrichtigungen gesendet werden, um sicherzustellen, dass niemand wichtige Ereignisse verpasst. Solche Erinnerungen erhöhen die Teilnahmequote und sorgen dafür, dass mehr Mitglieder aktiv in der Community eingebunden werden.

Ein durchdachter und regelmäßig gepflegter Kalender ist also weit mehr als nur eine organisatorische Notwendigkeit – er ist ein entscheidendes Tool, um das Engagement in deiner Community zu fördern und zudem sicherzustellen, dass alle Mitglieder über die neuesten Entwicklungen und bevorstehenden Veranstaltungen informiert sind.

Soft- und Hard-Launch

Für den Start deiner Community (»Launch«) gibt es zwei unterschiedliche Strategien.

Ein Soft-Launch ist ein schrittweiser und kontrollierter Start deiner Community, bei dem die Plattform zunächst nur für eine begrenzte Anzahl von Nutzern oder in einem eingeschränkten Umfang zugänglich gemacht wird. Im Gegensatz zu einem großen, öffentlichen Launch wird die Community dabei nicht sofort der breiten Öffentlichkeit präsentiert, sondern in einem kleineren Rahmen eingeführt.

Der Hauptvorteil eines solchen Soft-Launches liegt darin, dass du in einem kleineren, kontrollierten Umfeld Fehler identifizieren und beheben kannst, bevor die Community vollständig geöffnet wird. Außerdem kannst du durch den Soft-Launch wertvolles Feedback von den ersten Nutzern sammeln. Diese Early Adopters testen die Plattform intensiv.

Ein Soft-Launch ist besonders sinnvoll, wenn du eine Beta-Phase einplanst, in der die Plattform getestet wird, bevor sie offiziell startet. Auch wenn deine Plattform technisch komplex ist oder viele verschiedene Funktionen bietet, ist ein Soft-Launch eine gute Möglichkeit, die Stabilität und Benutzerfreundlichkeit unter realen Bedingungen zu testen.

Ein Hard-Launch ist ein groß angelegter, öffentlicher Start deiner Community, bei dem die Plattform von Anfang an vollständig und für alle Nutzer zugänglich gemacht wird. Im Gegensatz zum Soft-Launch zielt der Hard-Launch darauf ab, maximale Aufmerksamkeit zu erzeugen und eine große Welle neuer Mitglieder auf einmal anzuziehen.

Diese Launch-Art geht in der Regel mit einer intensiven Marketingkampagne einher, die eine klare und starke Markenbotschaft kommuniziert und darauf abzielt, den Markt schnell zu durchdringen. Der Hard-Launch eignet sich aber vor allem auch zum Umzug, also weg von Social-Media-Gruppen und gemeinsam hin in den geschützten Bereich einer Community.

Die Hauptvorteile von einem Hard-Launch liegen in der Möglichkeit, das Momentum des Starts voll auszunutzen. Durch die gut orchestrierte Einführung der Community kannst du eine hohe Anzahl von Mitgliedern in kurzer Zeit gewinnen, was die Interaktionen und das Engagement innerhalb der Community schnell in Schwung bringt. Außerdem hilft dir ein Hard-Launch dabei, deine Marke deutlich im Markt zu positionieren und von Anfang an eine starke Präsenz aufzubauen.

Ein Hard-Launch ist besonders sinnvoll, wenn deine Community bereits gut vorbereitet ist und du sicherstellen kannst, dass alle technischen und inhaltlichen Aspekte reibungslos funktionieren.

Warum du schnell gründen solltest

Schnell zu gründen, bietet dir den entscheidenden Vorteil, dass du das Momentum sofort nutzen und alles aufbauen kannst. Je früher du startest, desto schneller kannst du die ersten Mitglieder gewinnen, die als »Evangelisten« fungieren und die Interaktion in der Community aktiv fördern. Diese Mitglieder sind oft besonders engagiert und begeistert, sodass sie die Community aktiv mitgestalten. Eine hohe Interaktion in den ersten Tagen und Wochen nach dem Start ist wichtig für den langfristigen Erfolg der Community, da sie sofort für eine lebendige und aktive Atmosphäre sorgt.

Wenn die Community hingegen leer oder inaktiv wirkt, fühlen sich Mitglieder abgeschreckt und verlieren das Interesse, bevor sie sich überhaupt richtig eingebracht haben. Deshalb ist es wichtig, den Start nicht unnötig hinauszuzögern, sondern schnell zu gründen.

Ein weiterer wichtiger Grund für einen schnellen Start deiner Community ist die Sicherung deiner Marktposition. In vielen Bereichen ist die Konkurrenz groß. Wer frühzeitig startet, hat die Möglichkeit, sich eine Nische zu sichern, bevor andere Mitbewerber denselben Markt betreten. Durch eine schnelle Gründung kannst du dir diesen Vorsprung verschaffen und deine Community positionieren, noch bevor potenzielle Konkurrenten Fuß fassen konnten.

Jeder Creator hat seine Eigenzeit bei der Gründung einer Community

Bei der Gründung einer Community hat jeder Mensch seine »Eigenzeit«. Das muss auch so sein, denn Menschen haben unterschiedliche Voraussetzungen und Hintergründe. Ein Tech-Nerd kann beispielsweise sehr schnell die technischen Aspekte einer Community-Plattform verstehen und umsetzen. Ein Grafiker hingegen hat vielleicht eine eigene Stilwelt im Kopf und kann diese auch in die Community integrieren.

Ähnlich verhält es sich mit anderen Berufen und Fähigkeiten: Ein guter Texter findet direkt die besten Metaphern und Storys, die die Gemeinschaft inspirieren. Und ein Event-Manager wird vielleicht weniger Zeit in die Planung und Organisation von Community-Events investieren müssen.

Lass dir also Zeit. Plane in Ruhe deine Vision und lass Gelassenheit einziehen, bis dir dein Bauchgefühl sagt: »Jetzt bin ich startklar!« Es ist wichtig, dass du nicht in Hektik verfällst. Gib dir selbst den Raum, den du benötigst. Manchmal muss eine Idee reifen wie ein guter Whiskey – je länger er reift, desto besser wird er.

Diese Reifephase ist entscheidend und kann – wie es auch beim Whiskey der Fall ist – eben auch nicht abgekürzt werden. Sie ermöglicht es dir, deine Gedanken zu sortieren, Feedback von anderen einzuholen und deine Pläne immer wieder zu überarbeiten und zu verfeinern. So kannst du sicherstellen, dass deine Community von Anfang an auf einem soliden Fundament steht und das Potenzial hat, zu wachsen und zu gedeihen.

Die Gründung einer Community ist ein Prozess, der Geduld und Hingabe erfordert. Jeder Schritt, den du gehst, bringt dich näher an dein Ziel.

Und: Es gibt nicht nur den *einen* richtigen Weg; es ist in Ordnung, wenn dein Weg anders aussieht als der von anderen.

> Also: Starte sehr schnell, damit dir der Netzwerkeffekt in die Karten spielt, aber lass die Planung nicht ganz außer Acht!

Das Konzept der Minimum Viable Community

Ein Minimum Viable Product (MVP) ist ein grundlegendes Konzept aus der Lean-Startup-Methodik, das von Eric Ries populär gemacht wurde. Dieses lässt sich sehr gut auch als »Minimum Viable Community« (MVC) denken.

Generell bezeichnet es die einfachste Version eines neuen Produkts, die gerade genug Funktionen enthält, um von frühen Anwendern genutzt zu werden und wertvolles Feedback von ihnen erhalten zu können. Der Hauptzweck eines MVPs ist es, möglichst schnell und mit minimalem Aufwand Erkenntnisse über die Bedürfnisse und das Verhalten der Kunden zu gewinnen, bevor erhebliche Ressourcen in die Weiterentwicklung des Produkts investiert werden, weil sonst würde das Produkt völlig am Kunden vorbei entwickelt werden!

Warum sollte man überhaupt ein MVP entwickeln?

1. **Schnelles Lernen und Anpassung:** Ein MVP hilft Unternehmen, schnell zu erkennen, was die Kunden brauchen. Man kann Hypothesen testen und direktes Feedback sammeln. Dadurch kann man die Produktentwicklung anpassen, bevor man große Investitionen tätigt. Unternehmen verstehen so besser, welche Funktionen wirklich wichtig sind und welche verbessert werden müssen.

2. **Geringeres Risiko:** Mit einem MVP kann man das Risiko verringern. Man entwickelt und testet nur die wichtigsten Funktionen des Produkts, um zu sehen, ob der Markt das Produkt akzeptiert. So wird vermieden, dass viel Geld und Zeit in ein Produkt fließen, das später niemand kaufen möchte.

3. **Geld sparen in der Entwicklung:** Da ein MVP nur die wichtigsten Funktionen enthält, sparen Unternehmen Zeit und Geld. Diese Ressourcen können dann gezielt in die Weiterentwicklung investiert werden, basierend auf dem Feedback der ersten Nutzer. So kann man mit einem kleinen Budget beginnen und größere Summen erst dann investieren, wenn sich zeigt, dass das Produkt Erfolg hat.

Dropbox und Airbnb sind als MVP gestartet

Ein gutes Beispiel für ein Produkt, das mit einem MVP entwickelt wurde, ist Dropbox. Hier begann man mit einem sehr einfachen MVP, das nicht einmal eine voll funktionsfähige Software war.

Dropbox, ein Dienst zum Speichern und Teilen von Dateien, nutzte ein einfaches Erklärvideo als MVP. Dieses Video zeigte die Kernidee und die Hauptfunktionen des Produkts – und dies, ohne dass die Software zu diesem Zeitpunkt bereits entwickelt war. Die Gründer wollten herausfinden, ob es einen Markt für ihre Idee gab, bevor sie viel Zeit und Geld in die Entwicklung steckten.

Das erwähnte Erklärvideo wurde auf verschiedenen Plattformen geteilt.

Dieses MVP ermöglichte es Dropbox, wertvolles Feedback von potenziellen Nutzern zu erhalten. Die positive Resonanz auf das Video bestätigte, dass es eine Nachfrage nach einem einfachen und effizienten Dateispeicher- und Synchronisationsdienst gab. Aufgrund des Feedbacks und des wachsenden Nutzerinteresses begannen die Gründer dann mit der tatsächlichen Entwicklung der Software, aber eben erst dann.

Airbnb, die heute weltweit bekannte Plattform für die Vermietung von Unterkünften, begann ebenfalls mit einem einfachen MVP. Die Gründer, Brian Chesky und Joe Gebbia, hatten die Idee, ihre eigene Wohnung als Unterkunft während einer Konferenz in San Francisco anzubieten. Um die Idee zu testen, erstellten sie eine einfache Webseite, auf der sie ihre Wohnung mit ein paar Fotos und einer kurzen Beschreibung anboten. Sie nannten ihre Plattform »Air Bed & Breakfast« und boten den ersten Gästen Luftmatratzen in ihrem Wohnzimmer an.

Dieser Ansatz ermöglichte es den Gründern, direktes Feedback von den ersten Nutzern zu erhalten und die Nachfrage nach einer solchen Dienstleistung zu hinterfragen, ohne große finanzielle Mittel investieren zu müssen.

Der MVP-Ansatz, gedacht für Communitys

Die MVC funktioniert nach dem gleichen Prinzip: Gründe sie erst mit den Grundfunktionen – und entwickle sie dann mit deinen ersten Gründungsmitgliedern zusammen!

Es gibt Produkte, die von Anfang an nahezu perfekt sein müssen, da Fehler schwerwiegende Konsequenzen haben können. Flugzeuge etwa müssen mit höchster Präzision und Qualität konstruiert und gebaut werden, da ein Fehler katastrophale Folgen haben kann und Menschen sterben könnten. Ebenso müssen medizinische Geräte wie Herzschrittmacher oder MRT-Scanner extrem zuverlässig sein, da Fehler die Gesundheit oder das Leben von Patienten gefährden könnten.

Klar, dass sich ein MVP-Ansatz hier verbietet!

Dann ist auch beispielsweise bei vielen nicht digitalen Projekten (Hausbau, Aufbau einer Fertigungsstraße in einer Industrieanlage) die nachträgliche Verbesserung viel schwieriger und teurer. Ein Haus muss von Anfang an sorgfältig geplant und gebaut werden, da Änderungen während oder nach der Bauphase sehr kostspielig und zeitaufwendig würden. Wenn eine Wand falsch positioniert ist oder das Fundament nicht richtig gelegt wurde, kann dies erhebliche Probleme und Kosten verursachen. Schwenken wir jetzt zu unseren digitalen Produkten. Hier ist es so, dass diese eine Flexibilität erlauben, die in dieser Form beim Hausbau nicht gegeben ist. Ja, vielmehr können bei digitalen Produkten Verbesserungen und Iterationen schnell und kostengünstig nachträglich über Updates »eingebaut« werden – und das gilt natürlich ebenso für deine als MVC gedachte Community!

Was wäre da naheliegender, als die zukünftigen Mitglieder dieser Gemeinschaft von Anfang an einzubeziehen? Wir verraten dir die Hauptgründe, warum du deine Community gemeinsam mit deinen Kunden entwickeln solltest.

Deine Community wird als MVC genau das, was deine Mitglieder suchen

Wenn du eine Community im Alleingang entwickelst (also nicht als MVC, sondern indem du viel zu viel allein planst), läufst du Gefahr, in einen Tunnelblick zu verfallen. Du siehst die Dinge nur aus deiner eigenen Perspektive und verpasst wichtige Aspekte, die aber für die Mitglieder von großer Bedeutung wären. Erst durch deine ersten Mitglieder erhältst du vielfältige Sichtweisen und kannst sicherstellen, dass die Community auf einem breiten Fundament von Ideen und Bedürfnissen aufgebaut wird.

Deine Mitglieder möchten sich und ihre Bedürfnisse in der Community wiederfinden. Sie wollen das Gefühl haben, dass ihre Meinungen und Ideen geschätzt und berücksichtigt werden. Dieses Gefühl des Verstandenwerdens ist der Schlüssel zur Bindung und zum langfristigen Engagement der Mitglieder. Wenn sie sehen, dass ihre Beiträge einen echten Einfluss haben auf dich als Creator, sind sie eher bereit, aktiv teilzunehmen und sich langfristig zu engagieren.

Indem du die Mitglieder von Anfang an einbeziehst, kannst du sicherstellen, dass die Community an die tatsächlichen Bedürfnisse und Wünsche der Mitglieder angepasst wird. Feedback und Vorschläge der Mitglieder helfen dir, die richtigen Prioritäten zu setzen und die Community in eine Richtung zu entwickeln, die für alle von Vorteil ist.

Achtung, Überforderung!

Wenn du zu weit vorausdenkst und deine Community ohne Rücksprache mit den Mitgliedern entwickelst, besteht die Gefahr, dass du sie überforderst oder ihre Bedürfnisse verfehlst. Deine Mitglieder haben dann das Gefühl, nicht Schritt halten zu können oder ebenso, dass die Community nicht mehr ihren Interessen entspricht.

Durch regelmäßigen Austausch und Feedbackrunden stellst du sicher, dass alle Beteiligten auf dem gleichen Stand sind und sich wohlfühlen. Eine gemeinsam entwickelte Community fördert eine Kultur der Zusammenarbeit und Innovation. Durch den ständigen Austausch von Ideen entstehen neue, kreative Lösungen, die die Community bereichern und voranbringen. Die Mitglieder fühlen sich als Teil eines dynamischen Prozesses, in dem ihre Beiträge einen echten Unterschied bewirken.

Ein prototypisches Beispiel, das allzu oft in der Community-Praxis auftritt, ist das folgende:

Du willst mit einem Partner eine Community für Hobbygärtner aufbauen – eine übrigens sehr attraktive Community-Idee. Zu zweit habt ihr also die Vision für eine Community, auf der sich Gärtner austauschen, gegenseitig Tipps und Tricks teilen und ihre Erfolge anhand von Videos und Fotos präsentieren können. Anstatt die Plattform allein zu entwickeln und dann zu hoffen, dass sie den Nutzern schon gefallen wird, entscheidet ihr euch, die Community von Anfang an mit den Mitgliedern zusammen zu gestalten.

Aber es verläuft nicht alles wie geplant. Ihr beginnt mit der Entwicklung der Plattform und konzentriert euch auf die neuesten Technologien und Features, die ihr für relevant haltet. Ihr entscheidet, dass die Plattform Augmented Reality (AR) zur Pflanzenidentifikation nutzen soll, außerdem noch komplexe Algorithmen für personalisierte Gartenpflegetipps. Weil es eben ein Hype-Thema ist!

Doch weil ihr beide nun einmal nicht nur Hobbygärtner, sondern als Mitglieder der Generation Z digital unterwegs seid, steckt ihr viel Zeit und Ressourcen in die Umsetzung der AR-Idee.

Nach einigen Monaten der Entwicklung ladet ihr die ersten Nutzer ein, die Plattform zu testen. Ihr seid überzeugt, dass sie von den AR-Features begeistert sein würden. Doch das Feedback ist überraschend negativ. Viele Nutzer berichten, dass sie die AR-Funktion kaum nutzen und dass die komplexen Algorithmen sie eher verwirren als ihnen helfen würden. Sie seien mit Leib und Seele Hobbygärtner, aber wenig digital gebildet. Sie fühlen sich von der Plattform überfordert und haben Schwierigkeiten, jene grundlegenden Funktionen zu finden, die sie sich gewünscht hatten, also einfache Foren oder Kalender für saisonale Pflanzarbeiten. Diese Nutzer beginnen sich abgehängt und unverstanden zu fühlen. Sie hatten gehofft, eine einfache und benutzerfreundliche Plattform zu bekommen, auf der sie sich schnell zurechtfinden und unkompliziert austauschen könnten. Bei der Community geht's schließlich um den Austausch untereinander und nicht um AR (das wäre »Content«).

Zwei Ohren, nur ein Mund: Faustregel für die MVC

Der Schlüssel zum Erfolg einer neu gegründeten Community liegt, wie wir gesehen haben, in der aktiven Einbeziehung der Mitglieder, und zwar von Anfang an.

> Dabei gilt das Prinzip: Du hast zwei Ohren, aber nur einen Mund – höre doppelt so viel zu, als wie du redest. Dies bedeutet, dass du betreffend der Bedürfnisse und Wünsche deiner Community aufmerksam zuhören solltest, bevor du selbst Ideen einbringst oder Entscheidungen triffst.

Ein effektiver Weg, dies zu erreichen, besteht darin, eine kleine Gruppe mit 10 bis 50 Gründungsmitgliedern einzuladen und diese aktiv in den Entwicklungsprozess einzubeziehen; dazu gleich noch mehr. Wichtig ist zuvor noch eine weitere Voraussetzung: Lade nur die Mitglieder ein, die ein echtes Interesse an deiner Community haben und bereit sind, aktiv mitzuwirken. Mit diesen Gründungsmitgliedern hältst du regelmäßige Zoom-Meetings ab, um einen direkten Austausch und ein gemeinsames Brainstorming zu ermöglichen. Diese virtuelle Umgebung bietet allen Teilnehmern, unabhängig von ihrem Standort, die Möglichkeit, ihre Meinungen und Ideen einzubringen.

Während dieser Meetings ist es wichtig, offene Fragen zu stellen: »Was wünscht ihr euch von dieser Community?« oder »Was ist euch besonders wichtig?« – höre aufmerksam zu, ohne voreilige Schlüsse zu ziehen oder die Richtung vorzugeben. Dies ist entscheidend, um authentische und ehrliche Antworten zu erhalten. Erst nachdem du die Meinungen und Bedürfnisse der Mitglieder gehört hast, solltest du deine eigenen Ideen und Pläne teilen. Dies verhindert, dass du zu stark die Richtung vorgibst, und ermöglicht es den Mitgliedern, sich wirklich eingebunden zu fühlen.

Der »Club-Effekt«: Warum du mit 10 bis 50 Gründungsmitgliedern starten solltest

Wenn du eine Community gründest, ist der Start einer der wichtigsten Schritte. Es geht darum, das richtige Momentum aufzubauen. Und das beginnt am besten mit einer kleinen, überschaubaren Gruppe von 10 bis 50 Gründungsmitgliedern. Im US-Raum heißen solche Mitglieder »Evangelists«.

Der »Club-Effekt«: Niemand mag leere Räume

Wenn du schon einmal in einem leeren Club oder einer verlassenen Disco warst, weißt du, wie unangenehm das Gefühl sein kann. Ein leerer Raum wirkt kalt und unattraktiv, fast schon abschreckend. Das Gleiche gilt für eine Community: Wenn nur wenige Mitglieder aktiv sind, entsteht keine lebendige Atmosphäre. Menschen fühlen sich unwohl, wenn sie die einzigen Anwesenden sind, und dann gehen sie wieder. Das wirklich Schlimme daran ist: Sie kommen nie wieder!

Um diese anfängliche Leere zu vermeiden, nutzen Clubs oft eine Happy Hour oder bieten bis zu einer bestimmten Uhrzeit freien Eintritt an. Das Ziel ist es, die ersten Gäste anzulocken, weil sich Menschen in einer lebendigen, geselligen Umgebung wohler fühlen. Eine Community braucht ähnliche Anreize. Die ersten Mitglieder sind am schwersten zu gewinnen, aber sobald eine kritische Masse erreicht ist, werden von allein weitere Menschen angezogen.

Das andere Extrem ist ein überfüllter Raum. In einem Club, der so voll ist, dass man sich kaum bewegen kann, geht die persönliche Note verloren. Es wird schwierig, sich mit anderen zu unterhalten oder eine echte Verbindung aufzubauen. Ähnlich verhält es sich in einer Community: Wenn zu viele neue Mitglieder auf einmal dazukommen, kann es chaotisch werden. Die ursprünglichen Mitglieder fühlen sich überfordert und verlieren das Gefühl der Zugehörigkeit.

Der ideale Start für eine Community ähnelt einer privaten Party, zu der du zunächst die engsten Freunde einlädst – somit die 10 bis 50 Menschen, die dir am nächsten stehen oder die am besten zur Vision der Community passen. In einer solchen Gruppe kann sich eine echte, freundliche und plauderhafte Atmosphäre entwickeln, in der sich alle wohlfühlen und sich gegenseitig kennenlernen können.

Vorsicht vor zu schnellem Wachstum: Die Flashmob-Falle

Ein häufiger Fehler bei der Gründung von Communitys ist ein zu schnelles Wachstum. Man könnte versucht sein, möglichst viele Mitglieder auf einmal zu gewinnen, aber das kann der Community schaden! Es ist vergleichbar mit einer Flashmob-Party: Plötzlich erscheinen zu viele neue Gesichter. Dies mit der Folge, dass die ursprüngliche Stimmung verloren geht und die ersten Gäste – diejenigen, die den Grundstein gelegt haben – fliehen, weil sie sich nicht mehr wohlfühlen.

Ein behutsames, organisches Wachstum ist daher entscheidend. Füge nach und nach neue Mitglieder hinzu, sobald die Community stabil genug ist, um die zusätzlichen Teilnehmer zu integrieren, ohne die ursprüngliche Atmosphäre zu verlieren. Auf diese Weise bleibt die Gemeinschaft stark und zusammenhängend, und das Momentum wird aufrechterhalten.

Vielleicht kennst du das von dir selbst, wenn du beispielsweise zum ersten Mal ein neues Restaurant betrittst: Du schaust dich um und erkennst anhand der anderen Gäste sofort, ob du dich dort wohlfühlst. Dieser erste Eindruck ist oft entscheidend und beeinflusst, ob du bleibst oder lieber gleich wieder gehst. Ähnlich verhält es sich mit deiner Community: Die Menschen, die du am Anfang auswählst, ziehen andere an, die sich in dieser Umgebung wohlfühlen. Sie schaffen eine Atmosphäre, die für neue Mitglieder entweder einladend oder abschreckend wirkt. Als Restaurantbesitzer wählst du deine Stammgäste handverlesen und formst damit die Kultur deines Lokals. Diese Stammgäste setzen den Standard für alle, die nach ihnen kommen werden. »To set the tone« heißt es im Englischen, also den »Ton vorgeben«.

Ein wichtiger Fachbegriff in diesem Zusammenhang ist »Anschlussfähigkeit«. Damit ist gemeint, dass deine Community offen und zugänglich für verschiedene Menschen bleibt. Eine zu homogene Gruppe kann auf Außenstehende schnell langweilig wirken, weil sie wenig Raum für verschiedene Perspektiven und Erfahrungen bietet. Gleichzeitig darf die Vielfalt nicht so groß sein, dass die Gemeinschaft auseinanderfällt und keinen klaren Fokus mehr hat.

Du brauchst also eine gute, attraktive Streuung an Mitgliedern, die *unterschiedlich genug* sind, um spannende Diskussionen und dynamische Interaktionen zu fördern, die aber dennoch *ähnlich genug* sind, um eine gemeinsame Basis zu teilen. Menschen entscheiden in Sekundenbruchteilen, ob sie sich in einer Gemeinschaft wohlfühlen oder nicht. Daher muss deine Community in der Lage sein, eine breite Palette von Menschen anzusprechen, ohne dass deine Community hierbei allerdings ihre Identität verlieren würde.

Die Dinnerparty

Du kannst deine Community-Kultur wie eine Dinnerparty gestalten. Du lädst zehn enge Freunde ein. Wenn alle Gäste den gleichen Hintergrund haben, die gleichen Interessen teilen und ähnlich denken, mag das anfangs angenehm erscheinen, aber die Gespräche könnten schnell eintönig werden. Fehlt die Abwechslung, fehlt auch die Spannung und – noch ein weiteres wichtiges Element – die Inspiration durch andere Ideen und Gedanken!

Wenn du andererseits Gäste einlädst, die zu unterschiedlich sind – etwa Menschen, die keine gemeinsamen Interessen haben oder deren Weltanschauungen völlig gegensätzlich sind –, kann das ebenfalls problematisch werden. Die Gespräche könnten sich in hitzige Debatten verwandeln, oder es könnte zu einem Mangel an gemeinsamen Themen kommen, was die Stimmung belastet.

Die ideale Dinnerparty besteht deshalb aus einer Gruppe von Gästen, die genügend Gemeinsamkeiten haben, um miteinander zu harmonieren, aber auch ausreichend unterschiedliche Perspektiven mitbringen, um spannende Gespräche zu garantieren. Diese Mischung sorgt für eine lebendige, dynamische Atmosphäre, in der sich jeder wohlfühlen kann, aber auch etwas Neues und Interessantes lernt.

Genauso sollte es bei der Gründung einer Community sein: Die ersten Mitglieder setzen den Ton und definieren die Kultur. Und nur mit der richtigen Mischung schaffst du eine einladende Atmosphäre, die für viele Menschen anschlussfähig ist, aber dennoch eine klare, erkennbare Identität bewahrt.

Die Rolle des Community-Creators

Als Gastgeber einer Community trägst du die Verantwortung, die richtigen Menschen zusammenzubringen und dafür zu sorgen, dass sich alle wohlfühlen und die gewünschte Kultur entwickelt.

Danach ist es deine Aufgabe, sicherzustellen, dass sich diese Personen untereinander gut verstehen und positive Beziehungen aufbauen können. Das bedeutet, dass du als Gastgeber aktiv bist, indem du Gespräche anstößt, gemeinsame Interessen hervorhebst. Sobald die Gruppe harmoniert, kannst du dich langsam zurückziehen und selbst Teil der Gemeinschaft werden, anstatt sie nur zu moderieren.

Und was passiert, wenn sich jemand danebenbenimmt? Hier ist deine Verantwortung gefragt. Falls ein Mitglied durch unangemessenes Verhalten auffällt, ist es wichtig, dass du schnell und respektvoll reagierst. Sprich die Person am besten »ante portas« an, also noch bevor das Verhalten zu einem größeren Problem innerhalb der Gruppe wird. Ein höfliches, aber klares Gespräch kann bewirken, dass offene Konflikte gar nicht erst ausbrechen.

Auf der anderen Seite gibt es Mitglieder, die sich vielleicht zu sehr zurückziehen und kaum an den Diskussionen oder Aktivitäten der Gruppe teilnehmen. Diese Menschen könnten das Gefühl haben, dass sie nicht dazupassen oder dass ihre Beiträge nicht wertgeschätzt werden. Als Gastgeber ist es dann an dir, sie aus ihrer Zurückhaltung herauszuholen. Dies kannst du tun, indem du Themenbrücken baust. Also indem du Gespräche lenkst, die auf die Interessen dieser Mitglieder zugeschnitten sind. Oder du beziehst sie direkt in solche Diskussionen ein, in denen sie deiner Ansicht nach wertvolle Beiträge leisten können. Auf diese Weise hilfst du ihnen, sich in die Gemeinschaft zu integrieren und als Teil der Gruppe zu fühlen.

Das DISG-Modell in Communitys

Das DISG-Modell (englisch »DISC«) ist ein vom Psychologen William Marston entwickeltes Werkzeug zur Analyse und Beschreibung menschlicher Verhaltensweisen[6].

Es unterteilt Charaktereigenschaften von Menschen in vier Haupttypen und weist ihnen dann – der leichteren Zuordnung wegen – Farben zu: Dominant (Rot), Initiativ (Gelb), Stetig (Grün) und Gewissenhaft (Blau). Jeder dieser Typen bringt Stärken und Eigenschaften mit, die in verschiedenen Situationen wertvoll sind. Aus den Anfangsbuchstaben ergibt sich DISG.

- **Dominant (Rot):** Diese Personen sind zielorientiert, entschlossen und neigen dazu, die Führung zu übernehmen. Sie treiben Projekte voran und scheuen sich nicht, Entscheidungen zu treffen.
- **Initiativ (Gelb):** Gelbe Typen sind kommunikativ, optimistisch und begeisterungsfähig. Sie knüpfen leicht Kontakte und bringen Energie in soziale Interaktionen.

- **Stetig (Grün):** Grüne Persönlichkeiten sind einfühlsam, geduldig und unterstützend. Sie schaffen ein harmonisches Umfeld und achten darauf, dass sich alle wohlfühlen.
- **Gewissenhaft (Blau):** Blaue Typen sind analytisch, präzise und detailorientiert. Sie legen Wert auf Genauigkeit und planen sorgfältig.

Warum du zu Beginn mehr gelbe und grüne Typen in deiner Community brauchst

Zu Beginn der Community-Gründung spielen gelbe und grüne Typen eine besonders wichtige Rolle:

Gelbe Typen sind sehr gut in der Anschlussfähigkeit. Diese Menschen bringen automatisch Energie und einen guten »Plauderton« in die Gruppe. Du musst sie nur in den Raum setzen, und sie fangen selbst an, sich mit anderen auszutauschen, Kontakte zu knüpfen und eine freundliche, offene Atmosphäre zu schaffen. Ihre Offenheit und Kommunikationsfreude wirken ansteckend und förderlich auf die Gruppenkommunikation.

Grüne Typen hingegen sind die Wohlfühlmenschen der Community. Sie sind empathisch und haben ein feines Gespür für die Stimmungen und Bedürfnisse der Gruppe. Grüne Persönlichkeiten arbeiten oft im Hintergrund, sorgen aber dafür, dass sich jeder willkommen und verstanden fühlt. Sie verbessern den »Vibe« der Community, indem sie Spannungen abbauen und Harmonie schaffen. Diese Details sind in den frühen Phasen der Community von unschätzbarem Wert seitens der grünen Typen, da sie ein stabiles und unterstützendes Umfeld schaffen, in dem Mitglieder sich gern aufhalten.

Während gelbe und grüne Typen den »sozialen Kitt« in der Anfangsphase der Community liefern, sind rote und blaue Typen ebenfalls unverzichtbar – jedoch eher zu einem späteren Zeitpunkt.

Rote und blaue Typen sollten deshalb erst zu einem späteren Zeitpunkt in den Aufbau einer Community eingebunden werden, weil das »Community Game« in den frühen Phasen vor allem eines ist: sehr menschlich und überdies stark auf zwischenmenschliche Beziehungen ausgerichtet. Community heißt ja eben übersetzt »Gemeinschaft«, und das können gelbe und grüne Typen eben besser.

In dieser frühen Phase könnten rote und blaue Persönlichkeiten mit ihren typischen Verhaltensweisen leicht die natürliche Kultur stören, die für den Start einer erfolgreichen Gemeinschaft aber so wichtig ist.

Rote Typen neigen dazu, zu dominieren; zudem sind sie oft »laut« in ihrem Auftreten. Ihre Zielstrebigkeit und ihr Drang, Dinge voranzutreiben, können zwar später in der Entwicklung einer Community wertvoll sein, aber zu Beginn besteht die Gefahr, dass sie die natürliche, organische Kulturentwicklung ersticken. In den frühen Phasen geht es darum, Beziehungen aufzubauen, Vertrauen zu schaffen und eine freundliche, offene Atmosphäre zu etablieren. Wenn ein roter Typ frühzeitig das Ruder übernimmt, kann das andere (»leisere«) Mitglieder zum Rückzug bringen. Die Gefahr besteht darin, dass die Community zu schnell eine Richtung einschlägt, die von den lauten, dominanten Stimmen bestimmt wird, anstatt dass ein ausgewogener, menschlicher Austausch stattfinden würde.

Blaue Typen hingegen tendieren dazu, frühzeitig Struktur und Ordnung zu fordern. Sie suchen klare Regeln, Prozesse und Effizienz. Diese Eigenschaften sind zweifellos wichtig, um langfristig Stabilität und Organisation in die Community zu bringen, aber in der Anfangsphase kann auch diese Haltung zu erstickend wirken.

Zu viel Struktur und Kontrolle schränkt die Kreativität und das notwendige Chaos ein, das am Anfang einer Community fast immer entsteht und auch gewollt ist. Ja, es ist gerade das kreative Chaos, das die Initialzündung für Innovation, lebendige Diskussionen und die Entwicklung einer Kultur in der Community liefert. Gelbe und grüne Typen lassen dieses Chaos eher zu, weil sie die Beziehungen und den Menschen in den Mittelpunkt stellen, anstatt sich auf Prozesse oder Effizienz zu konzentrieren.

Ein einfacher Weg, um herauszufinden, welcher DISG-Typ jemand ist, besteht darin, ihn nach seiner Meinung zu deiner Community-Idee zu fragen, bevor die Community überhaupt startet. Dies kannst du leicht über eine kurze Nachricht per E-Mail oder WhatsApp tun. Schreibe dazu eine Nachricht, in der du deinen Wunschkandidaten erklärst, warum du sie in deiner zukünftigen Community haben möchtest. Schildere deine Vision, beschreibe kurz den Zweck der Community und warum du glaubst, dass sie gut dazupassen würden.

Und dann bittest du um ihre Meinung und fragst, ob sie mitmachen möchten als Gründungsmitglied, in etwa so:

»Was hältst du von meiner Idee für die Community? Würdest du mitmachen, und wenn ja, wie würdest du dich einbringen?«

Die Art und Weise, wie die Person antwortet, sagt dir direkt etwas über ihren DISG-Typ. Hier sind einige typische Antworten:

- **Roter Typ:** »Die Idee klingt interessant. Ich denke, wir sollten uns bald treffen, um zu besprechen, wie wir das Ganze am effizientesten umsetzen können. Es gibt sicherlich einige Punkte, die wir schnell klären müssen, damit alles reibungslos läuft.«

- **Gelber Typ:** »Das hört sich richtig spannend an! Ich bin auf jeden Fall dabei und freue mich darauf, viele neue Leute kennenzulernen und gemeinsam etwas auf die Beine zu stellen. Wer ist denn sonst noch dabei? Hast du schon Zusagen, und kenne ich jemanden? Ich hätte schon ein paar kreative Ideen, die wir umsetzen könnten.«

- **Grüner Typ:** »Schöne Idee, Menschen zusammenzubringen in einer Community! Ich bin gern dabei und habe schon gehört, dass XYZ auch dabei ist. Hauptsache jeder fühlt sich wohl! Und ich glaube, es ist wichtig, dass wir ein Umfeld aufbauen, in dem wir alle auf Augenhöhe miteinander agieren können.«

- **Blauer Typ:** »Deine Idee klingt vielversprechend. Bevor ich fest zusage, würde ich gern mehr über die Struktur und die langfristigen Ziele der Community erfahren. Gibt es noch mehr Infos, ein PDF oder eine Präsentation dazu?«

Für den Start brauchst du Motivation – für die Pflege aber Disziplin!

Für den Start eines neuen Projekts, sei es der Aufbau einer Community oder die Gründung eines Unternehmens, brauchst du vor allem eines: Motivation. Diese Energiequelle treibt dich an, lässt dich Hindernisse überwinden und ermöglicht es dir, deine Community schnell zu starten.

Aber die Wahrheit ist auch, dass Motivation allein nicht ausreicht, um langfristig erfolgreich zu sein. Sobald das anfängliche Feuerwerk der Begeisterung nachlässt, stehst du vor einer neuen Herausforderung – der Pflege und dem kontinuierlichen Aufbau deines Projekts –, dem Community-Betrieb, deinem »Tagesgeschäft«.

Hier kommt Disziplin ins Spiel. Denn sie ist es, die den Unterschied zwischen einem kurzlebigen Strohfeuer und einer langfristig erfolgreichen Unternehmung ausmacht.

Der Aufbau einer Community (oder eines Unternehmens allgemein) ist immer ein »Long Term Game«. Das bedeutet, dass der große, nachhaltige Erfolg oft erst nach vielen Jahren Arbeit sichtbar wird.

Während somit die Motivation dich dazu bringt, etwas Neues zu erschaffen, ist es die Disziplin, die dafür sorgt, dass dieses Neue auch Bestand hat. Du musst regelmäßig Zeit und Energie investieren, um deine Community zu pflegen, sie zu moderieren und weiterzuentwickeln. Disziplin bedeutet, auch dann dranzubleiben, wenn die anfängliche Euphorie verflogen ist und die tägliche Arbeit zur Routine wird.

Im Business unterscheidet man oft zwischen zwei Typen von Menschen, dem »Entrepreneur« und dem »Manager«. Der Entrepreneur ist der kreative Kopf, der Erfindergeist, der Neues erschafft. Das Wort »Entrepreneur« kommt aus dem Französischen und bedeutet etwa »Unternehmer« oder »Gründer«. Ein Entrepreneur ist jemand, der es liebt, Ideen in die Tat umzusetzen und neue Wege zu beschreiten – wie beim Aufbau einer Community. Unternehmer sind daher oft gelbe DISG-Typen, manchmal mit roten Anteilen.

Doch sobald das Neue geschaffen ist, braucht es jemanden, der es führt und fortsetzt, den Manager, der vor allem blaue (also strukturierte) DISG-Anteile in sich trägt.

Der Manager ist derjenige, der sich um den laufenden Betrieb kümmert, der Prozesse optimiert und sicherstellt, dass alles reibungslos funktioniert. Selten vereint eine Person beide Fähigkeiten in sich, weshalb es so wichtig ist, frühzeitig nach Partnern zu suchen, die deine Stärken ergänzen. Ein kongeniales Team, in dem Kreativität und Disziplin Hand in Hand gehen, ist oft der Schlüssel zu langfristigem Erfolg.

Ohne Kreativität kann nichts entstehen, aber ohne Disziplin nichts bestehen. Beide Elemente sind essenziell für den Aufbau und die Pflege deiner Community und deines Unternehmens. Wenn du das erkennst und (eventuell mit einem Partner) umsetzt, hast du beste Chancen, dein Community-Projekt erfolgreich und langfristig zum Erfolg zu führen.

DIE EIGENE COMMUNITY FÜHREN, PFLEGEN UND WACHSEN LASSEN

Der Aufbau einer Community ist der erste Schritt. Aber im Gegensatz zu reinen Content-Produkten wie Video- oder Onlinekursen ist es bei einer Community mit dem Aufbau nicht getan.

Der Weg zum langfristigen Erfolg liegt in der kontinuierlichen Pflege und Bindung der Mitglieder. Eine Community ist nicht – wie ein einmal produzierter Content – statisch; sie entwickelt sich mit der Zeit, wächst, verändert sich und passt sich den Bedürfnissen ihrer Mitglieder an.

Daher spielen die Pflege und Bindung der Mitglieder eine zentrale Rolle, denn nur, wenn diese zufrieden sind und für sich ein hohes Maß an Wert aus der Community mitnehmen, bleiben sie (zahlende) Mitglieder.

LTV: Die Nummer-eins-Kennzahl im »Community Game«

Ein Blick auf den »Lifetime Value of a Customer« (LTV – etwa »Wert während der gesamten Kundenbeziehung«) im Marketing zeigt deutlich, dass es weitaus kostengünstiger ist, bestehende Kunden zu halten, als neue zu gewinnen.

Das gilt auch für traditionelle Branchen wie die Telekommunikation und die Versicherungswirtschaft: Es ist erheblich kostengünstiger, bestehende Kunden zu halten, als neue zu gewinnen. Studien zeigen, dass es sogar fünfmal teurer ist, einen neuen Kunden zu akquirieren, als einen bestehenden zu behalten.[1]

Ein Beispiel aus der Mobilfunkbranche, die ja ebenso mit wiederkehrenden Einnahmen aus den Monatsgebühren kalkuliert, verdeutlicht das anschaulich: Unternehmen investieren oft immens in Marketing und Anreize wie kostenlose Smartphones oder Gratisdatenvolumen, um neue Kunden zu gewinnen, aber die Kosten pro Neukunde sind fast immer deutlich teurer, als einen schon bestehenden Kunden beispielsweise durch hochwertigen Service zufriedenzustellen und zu behalten.

Darüber hinaus liegt die Wahrscheinlichkeit, an einen bestehenden Kunden weitere Produkte oder Dienstleistungen verkaufen zu können, bei 60 bis 70 Prozent, verglichen mit nur 5 bis 20 Prozent bei neuen Interessenten[2]. Deshalb priorisieren Branchen mit wiederkehrenden Einnahmen – wie die Telekommunikationsunternehmen – Strategien zur Kundenbindung. Dies reduziert nämlich nicht nur die Churn Rate (Kündigungsquote), sondern maximiert auch den Customer Lifetime Value (LTV), was für die langfristige Rentabilität entscheidend ist.

Ähnliche Prinzipien gelten in der Versicherungsbranche wie beispielsweise bei Autoversicherern. Unternehmen, die auf Kundenzufriedenheit und -bindung setzen, erzielen höhere Verlängerungsraten. Letztere sind natürlich weniger kostenintensiv als die ständige Neukundengewinnung. Dies führt auch zu einem besser vorhersehbaren Umsatzstrom, da zufriedene Kunden eher bereit sind, ihre Policen ohne große zusätzliche Marketinginvestitionen zu verlängern, und weil die Churn Rates dem Unternehmen statistisch ohnehin aus der Vergangenheit bekannt sind.

Ganz andere Umsatzstrategien zwischen Content und Communitys

Übertragen auf Communitys bedeutet das: Es ist effektiver, den Schwerpunkt auf die Bindung der aktuellen Mitglieder zu legen, anstatt ständig – beispielsweise per Digital-Ads – teuer nach neuen zu suchen. Das hat übrigens auch Auswirkungen auf die Community-Kultur. Stammmitglieder sind bereits mit der Kultur, den Werten und Zielen der Community vertraut, haben emotional in die Gemeinschaft investiert und sind daher sogar oft wertvolle Fürsprecher.

Im Gegensatz dazu steht das Modell von Content-Produkten – das sind etwa Videos, Kurse oder Zeitungen. Hier zahlt der Kunde in der Regel einmalig für den gelieferten Content (beispielsweise ein Buch, aber auch einen Kinofilm). Das bedeutet, dass der Umsatz hier direkt an die Anzahl der Kunden gekoppelt ist: Doppelt so viele Kunden bedeuten einen doppelten Umsatz.

Aus betriebswirtschaftlicher Sicht sind Content-Produkte wie etwa Kinofilme, Bücher oder Software besonders gut skalierbar, da sie ein hohes Maß an der sogenannten »Fixkostendegression« aufweisen. Das heißt, dass die anfänglichen Produktionskosten für das allererste Exemplar (»First Copy Costs«) sehr hoch liegen, während die Kosten für die Vervielfältigung oder Verteilung des Produkts nahezu null sind.

Bei einem Kinofilm beispielsweise fallen erhebliche Kosten für die Produktion an – dazu gehören Drehbuch, Schauspieler, Dreharbeiten, Postproduktion und Marketing. Diese Kosten entstehen einmalig. Sobald der Film jedoch fertiggestellt ist, kann er beliebig oft in Kinos gezeigt, auf DVDs verkauft oder über Streamingplattformen angeboten werden, ohne dass nennenswerte zusätzliche Kosten entstehen würden.

Ähnlich verhält es sich bei Büchern. Die Erstellungskosten – das Schreiben, Lektorat, Design und Marketing – sind hoch, aber sie fallen nur einmal an. Die Produktion weiterer Exemplare nach dem Erstdruck verursacht zwar Kosten, doch sind diese im Vergleich zu den initialen Produktionskosten gering. Besonders im digitalen Bereich, etwa bei E-Books, können Bücher ohne zusätzliche Kosten beliebig oft vervielfältigt werden.

Diese Struktur führt zu erheblichen Skaleneffekten. Je mehr Exemplare eines Films oder Buches verkauft werden, desto niedriger werden die durchschnittlichen Kosten pro Einheit. Das bedeutet, dass jedes zusätzlich verkaufte Exemplar den Gesamtgewinn erheblich steigert, da die Produktionskosten bereits gedeckt und die zusätzlichen Vertriebskosten minimal sind.

Bei Communitys hingegen funktioniert das völlig anders. Ein gleichmäßiger, dauerhafter Umsatz lässt sich hier wie folgt erreichen:

- Ständig neue Kunden gewinnen bei hoher Churn Rate oder
- Stammkunden zufriedenstellen, Churn Rate minimieren und damit dauerhafte Umsätze aus Bestandskunden gewinnen.

Der entscheidende Faktor heißt Abogebühr: Je länger ein Kunde Mitglied bleibt, desto größer wird sein Lifetime Value (LTV). Dies macht die Mitgliederpflege und Mitgliederbindung umso wichtiger, da die Erträge mit der Zeit kontinuierlich steigen.

Wir werden im Verlauf dieses Kapitels feststellen, dass ein regelmäßig frischer Neukundenstrom durchaus wichtig ist, dass Communitys allerdings – im Gegensatz zu Content-Produkten – nicht beliebig stark skaliert werden dürfen, um die Integrität der Community nicht zu gefährden.

Ein weiteres bedeutendes Prinzip ist das Metcalfe-Gesetz, das wir bereits vorgestellt haben und das zusammengefasst besagt, dass der Wert eines Netzwerks exponentiell mit der Anzahl seiner Teilnehmer wächst. Auf eine Community angewendet, bedeutet dies: Je mehr aktive und engagierte Mitglieder vorhanden sind, desto wertvoller und lebendiger wird die gesamte Gemeinschaft. Dies lässt sich jedoch nur erreichen, wenn kontinuierlich in die Pflege dieser Beziehungen investiert wird und dieses Netzwerk nicht durch zu starkes Wachstum überstrapaziert wird und dann auseinanderreißt.

Der Übergang vom Aufbau einer Community zur langfristigen Pflege erfordert eine bewusste und strategische Vorgehensweise. Dem neuen Aufbau einer Community wohnt ein Zauber inne wie wohl jedem neuen Projekt, doch sobald die ersten Herausforderungen gemeistert sind, ist es erfolgsentscheidend, dass Strukturen eingezogen werden. Dies ist notwendig, um die Nachhaltigkeit der Community und die kontinuierliche Steigerung des LTV zu sichern.

Anstatt zu schnell zu wachsen oder den Fokus zu verlieren, sollte die Community mit einer langfristigen Vision bewusst und umsichtig zum Wachstum geführt werden. Dies erfordert Geduld, Leidenschaft und vor allem Freude an der gemeinsamen Reise.

LTV: Von Anfang an berücksichtigen – und Kundenbindung herstellen

Die ersten Mitglieder einer Community sind wie die Grundsteine eines Hauses – sie tragen das Gewicht der gesamten Struktur. Diese Menschen bilden den Kern deiner Gemeinschaft und prägen die Kultur, die Normen und den Umgangston. Wenn du sehr früh in diese Grundsteine investierst, erhöhst du damit auch den LTV.

Ein Eins-zu-eins-Zoom-Call oder ein persönliches Treffen, sofern möglich, kann ein solches Initial-Investment sein. Durch diesen Ansatz fühlen sich die ersten Mitglieder ernst genommen und wertgeschätzt, was die Basis für eine langfristige Bindung legt. Du kannst dabei heraushören und erkennen, was die Mitglieder bewegt und was sie sich vorstellen. Das gilt besonders in der Anfangsphase, wenn die ersten Mitglieder noch unsicher sind, ob diese Community die richtige für sie ist. Authentisch zu sein bedeutet, ehrlich und transparent zu kommunizieren, die eigenen Werte klar zu vertreten und keine falschen Versprechungen zu machen.

In dieser Phase ist es wichtig, keine Perfektion zu erzwingen, sondern vielmehr Echtheit zu zeigen. Mitglieder spüren schnell, wenn etwas gekünstelt oder aufgesetzt wirkt. Sei also ehrlich hinsichtlich deiner Ziele, deiner Herausforderungen und dahingehend, was du von deinen Mitgliedern erwartest. Diese Ehrlichkeit schafft Gemeinschaft und signalisiert, dass du nichts zu verbergen hast.

Ein gutes Beispiel hierfür ist der offene Umgang mit Fehlern. Zeige, dass du bereit bist, aus Fehlern zu lernen, und dass du Feedback schätzt. Damit zeigst du nicht nur deine menschliche Seite, sondern förderst auch eine Kultur des gemeinsamen Lernens und Wachsens.

Vertrauen (und damit, aus dem Vertrauen abgeleitet, ein höherer LTV) entsteht nicht über Nacht, sondern durch wiederholte, positive Interaktionen und den kontinuierlichen Austausch zwischen den Mitgliedern und der Community-Führung.

Fördere den Dialog und kultiviere eine offene Kommunikation. Es geht hierbei nicht nur ums Teilen von Informationen, sondern ebenso darum, eine behagliche Atmosphäre zu schaffen, in der sich Mitglieder dahingehend wohlfühlen, dass sie ihre Meinungen und Erfahrungen teilen.

Konsistenz ist ein Schlüsselfaktor für den Aufbau von Vertrauen. Mitglieder müssen wissen, dass sie sich auf dich und die Community verlassen können. Das zahlt auf deinen LTV ein.

Content muss perfekt sein

Content muss im Gegensatz zu Communitys perfekt sein, weil die Nutzer bei Content-Produkten ein hohes Maß an Genauigkeit und Richtigkeit erwarten, insbesondere in sensiblen Bereichen wie Gesundheit, Gewichtsreduktion oder medizinischen Informationen.

Der Content-Bereich hat also völlig andere Ansprüche als der Community-Bereich.

Der Grund dafür liegt in der Funktion und dem Zweck von Content: Dieser dient in der Regel der Informationsvermittlung und Bildung, weshalb die Nutzer auf exakte, evidenzbasierte Inhalte angewiesen sind, um fundierte Entscheidungen treffen zu können.

Exaktheit und Evidenzbasierung sind hier entscheidend. Wenn ein Content-Produkt beispielsweise Informationen zur Gewichtsreduktion bietet, erwarten die Nutzer präzise und wissenschaftlich fundierte Ratschläge. Fehlerhafte oder ungenaue Informationen könnten nicht nur den gewünschten Erfolg verhindern, sondern im schlimmsten Fall gesundheitliche Schäden verursachen. Dasselbe gilt für medizinische Inhalte. Hier könnten falsche Informationen besonders gefährlich sein und das Vertrauen der Nutzer erheblich schädigen.

Anders als in Communitys, bei denen der Austausch von Meinungen, Erfahrungen und subjektiven Perspektiven im Vordergrund steht, wird von Content eine objektive, gut recherchierte und verlässliche Darstellung der Fakten erwartet. Communitys leben von der Interaktion und dem Austausch der Mitglieder, die auch das Gegenteil von perfekt sein dürfen, da es um persönliche Meinungen und Erfahrungen geht. Content-Produkte hingegen tragen eine größere Verantwortung, da sie oft als autoritäre Quelle angesehen werden und Menschen sich bei wichtigen Entscheidungen darauf verlassen.

LTV durch Kundenbindung erhöhen

Der LTV einer Community hängt maßgeblich davon ab, wie engagiert und aktiv die Mitglieder sind, denn wer sich engagiert, bleibt als Kunde erhalten.

Ergo ist Engagement der Hauptfaktor einer langfristigen Mitgliederbindung. Nur wenn Mitglieder aktiv an den Angeboten und Diskussionen einer Community teilnehmen, sich mit anderen austauschen und die bereitgestellten Inhalte nutzen, steigt die Wahrscheinlichkeit, dass sie langfristig Teil der Community bleiben. Dies ist vergleichbar mit der Mitgliedschaft in einem Fitnessstudio: Wer regelmäßig trainiert und die Angebote nutzt, ist eher interessiert, seine Mitgliedschaft beizubehalten. Sobald jedoch die Besuche seltener werden und das Interesse nachlässt, ist eine Kündigung oft nur noch eine Frage der Zeit.

Dieses Prinzip lässt sich auf verschiedene andere Bereiche übertragen:

1. **Abonnement-basierte Software (SaaS):** Unternehmen, die Software-as-a-Service (SaaS) anbieten, sehen einen direkten Zusammenhang zwischen der Nutzung ihrer Software und der Kundenbindung. Wenn Nutzer regelmäßig die Software verwenden und sie in ihren Arbeitsalltag integrieren, ist die Wahrscheinlichkeit höher, dass sie ihre Abonnements verlängern. Wenn die Nutzung jedoch sinkt, steigt das Risiko einer Kündigung.

2. **Treueprogramme im Einzelhandel:** Kunden, die aktiv an Treueprogrammen teilnehmen, Punkte sammeln und die damit verbundenen Vorteile nutzen, bleiben dem Einzelhändler eher treu. Wenn sie jedoch aufhören, das Programm zu nutzen, verlieren sie das Interesse und wechseln leichter zu einem anderen Anbieter.

In den genannten Fällen zeigt sich, dass Engagement der Schlüssel zur Bindung von Mitgliedern oder Kunden ist. Ein hohes Maß an Aktivität und Interaktion führt zu einer längeren Verweildauer und damit zu einem höheren LTV. Daher ist es für Community-Betreiber entscheidend, ihre Mitglieder kontinuierlich zu motivieren und einzubinden, damit sie selbst langfristig erfolgreich sind.

Die Gründungsmitglieder spielen hierbei eine besondere Rolle: Sie setzen den Ton, prägen die Kultur und tragen als Multiplikatoren maßgeblich zum Wachstum der Community bei.

Hier einige Tipps, wie es dir gelingen kann, Engagement zu fördern:

- **Gut zuhören!** Menschen fühlen sich besonders engagiert, wenn sie das Gefühl haben, dass ihre Meinungen und ihre Beiträge zählen. Von Beginn an solltest du daher gezielt Möglichkeiten schaffen, damit deine ersten Mitglieder Verantwortung übernehmen und Einfluss auf die Entwicklung der Community ausüben können. Geschehen kann das durch die Einbindung in Entscheidungsprozesse, die Leitung von Projekten oder die Moderation von Diskussionen. Auch Umfragen sind gut geeignet. Wenn Mitglieder sehen, dass ihre Beiträge geschätzt werden und sie tatsächlich etwas bewirken können, steigt ihre Motivation, sich aktiv einzubringen und die Community voranzubringen.

- **Erkenne Beiträge öffentlich an:** Anerkennung ist ein wichtiges Werkzeug, um Engagement zu fördern. Stell also sicher, dass die Beiträge deiner ersten Mitglieder sichtbar gemacht und wertgeschätzt werden. Das kann durch öffentliche Danksagungen, spezielle Auszeichnungen oder das Hervorheben ihrer Ideen und Erfolge geschehen. Diese Art der Anerkennung motiviert nicht nur die aktiven Mitglieder, sondern ist auch ein positives Beispiel für andere.

- **Schaffe Gelegenheiten für Networking und Austausch:** Biete Plattformen und Veranstaltungen wie Zoom-Calls an, auf denen sich die Mitglieder untereinander vernetzen und austauschen können. Je mehr Gelegenheiten zum Austausch bestehen, desto stärker fühlen sich die Mitglieder miteinander verbunden und desto eher werden sie zu Fürsprechern der Community.

- **Fördere eine Kultur der Unterstützung und des gemeinsamen Wachstums:** Von Anfang an sollte eine Kultur etabliert werden, in der Mitglieder einander unterstützen und gemeinsam wachsen.

Organisches Wachstum: Wohnzimmerparty statt Flashmob

Der Aufbau einer Community ist vergleichbar mit dem Planen einer Party. Es gibt viele Wege, aber nicht alle führen zum gewünschten Ergebnis. Je nach Weg wird die Party lebendig oder eben eine Katastrophe – wie ein Flashmob, der die Party sprengt.

Eine erfolgreiche Community basiert auf starken, vertrauensvollen Bindungen zwischen ihren Mitgliedern. Diese Bindungen entstehen jedoch nicht über Nacht; sie benötigen Zeit, um sich zu entwickeln. Die Mitglieder müssen die Möglichkeit haben, ein gemeinsames Werteverständnis zu entwickeln, eine gemeinsame Kultur zu formen und Vertrauen zueinander aufzubauen. Wenn die Gemeinschaft langsam wächst, haben die Mitglieder mehr Zeit, diese Prozesse auf natürliche Weise zu durchlaufen. Dies führt zu einer intensiveren Identifikation mit der Community und einer höheren Bereitschaft, langfristig Teil dieser Gemeinschaft zu bleiben – und damit zu einem hohen LTV.

Das lässt sich mit einer kleinen, intimen Wohnzimmerparty mit 50 engen Freunden vergleichen. Die Atmosphäre ist gemütlich, die Gespräche sind vertraut, jeder fühlt sich wohl. Vor allem kennt sich dort jeder.

Aber dann kommen plötzlich 40 neue Gäste hinzu, die laut sind und sich kulturell nicht in die bestehende Gruppe einfügen. Die ursprünglichen 50 Freunde fühlen sich gestört und entfremdet – die vertraute Atmosphäre ist dahin! Statt eines harmonischen Abends herrscht nun Unruhe, und viele der alten Freunde ziehen sich zurück oder verlassen die Party sogar ganz.

Zu schnelles Community-Wachstum kann bestehende Mitglieder verunsichern und entfremden, das zeigt die Praxis. Neue Mitglieder bringen oft unterschiedliche Erwartungen, Werte und Verhaltensweisen mit, die nicht immer mit der bestehenden Kultur kompatibel sind. Wenn diese neuen Einflüsse zu stark und zu schnell in die Community einfließen, kann dies die bestehende Kultur destabilisieren (»Culture Clash«). Erst das langsamere Wachstum schafft es, dass neue Mitglieder sich besser in die bestehende Kultur einfügen können.

In Communitys gilt wie im ganz privaten Gespräch: Wenn jemand neu in eine kleine Gesprächsrunde hinzukommt, beobachtet er oder sie zunächst das Gespräch. Also ist das eine lockere, plauderhafte Atmosphäre, in der viel gelacht wird? Oder geht es um ein ernstes, tiefgründiges Thema? Die neue Person passt sich in der Regel der vorherrschenden Kultur an, übernimmt den Ton und die Verhaltensweisen der Gruppe.

Denn wenn die Community zu schnell wächst, fühlen sich die ursprünglichen Mitglieder, die diese Kultur mit aufgebaut haben, nicht mehr zugehörig und ziehen sich möglicherweise zurück. Der LTV der gesamten Community sinkt – weil es ja auch den neu hinzugekommenen Mitgliedern dann mit dem nächsten Mitgliederschub so ergehen wird.

Auch wenn es auf den ersten Blick wie ein Erfolg aussehen mag, die Anzahl der Mitglieder schnell zu steigern, zeigt sich langfristig ein oft gegenteiliges Bild. Erst ein langsames, organisches Wachstum ermöglicht es der Community, sich stabil zu entwickeln. Neue Mitglieder können schrittweise integriert werden und haben die Möglichkeit, sich mit der bestehenden Kultur vertraut zu machen und sich in diese einzufügen. Erst das erhöht den LTV!

So wird sichergestellt, dass die Community nicht nur *quantitativ*, sondern vor allem *qualitativ* wächst.

Die 20-Prozent-Wachstumsregel

Eine bewährte Faustregel für den langsamen und stabilen Aufbau einer Community ist es, das Wachstum auf etwa 20 Prozent der bestehenden Mitglieder pro Monat zu begrenzen. Diese Wachstumsrate stellt sicher, dass die Gemeinschaft kontinuierlich wächst, aber nicht so schnell, dass die bestehende Kultur gefährdet würde. Bei einer Churn Rate von 10 Prozent pro Monat sorgt diese 20-Prozent-Regel dafür, dass ein gesundes Nettowachstum erreicht wird, ohne die Stabilität und den Zusammenhalt der Gruppe zu gefährden.

Wenn bei dieser Wachstumsrate neue Mitglieder in eine bereits etablierte Gemeinschaft kommen, orientieren sie sich an den vorhandenen Normen und Verhaltensweisen. Durch ein moderates Wachstum von 20 Prozent pro Monat bleibt die Gruppendynamik stark genug, um ihre Kultur weitergeben zu können. Die neuen Mitglieder lernen, sich anzupassen und die bestehenden Werte und Normen zu übernehmen, anstatt sie zu untergraben oder unbeabsichtigt zu verändern.

Dies führt zu einem nachhaltigen Wachstum, bei dem die Qualität der Bindungen innerhalb der Gruppe erhalten bleibt und sich weiterentwickeln kann. Indem die bestehende Kultur gepflegt und behutsam an neue Mitglieder weitergegeben wird, kann die Gemeinschaft langfristig erfolgreich wachsen, ohne dass die ursprünglichen Mitglieder sich entfremdet fühlen oder die Gemeinschaft verlassen.

Warum eine Community zum Wachstum verdammt ist

Auch wenn es auf den ersten Blick verlockend erscheinen mag, eine Community mit einer stabilen, unveränderten Mitgliederbasis zu erhalten, zeigt sich bei näherer Betrachtung, dass eine solche Gemeinschaft zum Stillstand und letztlich zum Verfall verurteilt wäre.

Rein theoretisch ließe ich ja argumentieren, dass eine Community mit einer Churn Rate von 0 Prozent – also ohne Mitgliederverluste – ein beständiges Einkommen sichern könnte, und das auf alle Ewigkeit. Der LTV der Kunden wäre dann extrem hoch, weil ja niemals jemand kündigt.

Die Mitglieder wären dann immer dieselben, die Gemeinschaft ein eingeschworener Kreis von Freunden. Doch diese Vorstellung, so attraktiv sie auch sein mag, übersieht einen entscheidenden Punkt: Ohne frischen Wind und neue Impulse wird eine Community über kurz oder lang ermüden.

Eine Community, die über längere Zeiträume unverändert bleibt, neigt dazu, in eine Art Routine zu verfallen. Die Mitglieder kennen einander in- und auswendig, die Gespräche drehen sich immer wieder um dieselben Themen, und es fehlt an neuen Inspirationen und Außenperspektiven. Das ähnelt der Situation eines alt gewordenen Ehepaares, das nach vielen Jahren des Zusammenlebens festgestellt hat, dass die Gespräche versiegen und die gemeinsamen Interessen nachlassen.

Es gibt keine neuen Reize, keine Überraschungen mehr – und das macht die Beziehung auf Dauer eintönig und öde. Die Trennung ist dann oft die Folge.

Eine Churn Rate von 0 Prozent mag also theoretisch attraktiv erscheinen, doch in der Praxis wäre dies für eine Community der Untergang. Denn es ist gerade die natürliche Fluktuation, die den Raum für neue Mitglieder schafft, die wiederum frische Ideen, neue Themen und andere Perspektiven in die Gemeinschaft einbringen. Diese neuen Impulse sind es, die eine Community lebendig halten und verhindern, dass sie in eine Stagnation gerät.

Churn Rate von 10 Prozent führt zu einer attraktiveren Community

Ein besseres Modell ist eine gesunde Churn Rate von etwa 10 Prozent, die durch ein entsprechendes Wachstum von neuen Mitgliedern ausgeglichen wird.

Diese dynamische Balance sorgt dafür, dass die Gemeinschaft kontinuierlich erneuert wird, ohne dabei ihre grundlegenden Werte und Strukturen zu verlieren. Die neuen Mitglieder bringen frische Energie mit, während die bestehenden Mitglieder ihre Erfahrungen und die etablierte Kultur weitergeben können. Auf diese Weise bleibt die Community lebendig und inspirierend, statt in Routine und Langeweile zu versinken.

Eine wichtige Kennzahl, also ein Key Performance Indicator (KPI), ist in diesem Zusammenhang die Interaktionsrate innerhalb der Community. Diese zeigt, wie aktiv und engagiert die Mitglieder sind. Sinkt die Interaktionsrate, ist dies ein deutliches Zeichen dafür, dass die Community ermüdet und Gefahr läuft, an Relevanz zu verlieren.

Eine abnehmende Interaktionsrate signalisiert dir, dass die Themen und Gespräche in der Gemeinschaft nicht mehr genug Anreize bieten, um deine Mitglieder aktiv einzubinden. In einem solchen Fall ist es entscheidend, frische Impulse von neuen Mitgliedern zu integrieren, um die Dynamik und das Interesse aufrechtzuerhalten.

Konzipiere deine Community wie eine Soap-Opera

Eine gesunde Community lässt sich gut mit einer erfolgreichen Soap-Opera vergleichen.

Serienproduzenten wissen, dass eine Serie nicht dauerhaft spannend und relevant bleiben kann, wenn das Personal immer gleich bleibt. Deshalb sterben in Soap-Operas gelegentlich Charaktere oder ziehen fort, um Platz für neue Figuren zu schaffen. Diese neuen Charaktere bringen frischen Wind, neue Handlungsstränge und interessante Geschichten in die Serie. Und das fesselt das Publikum. Gleichzeitig ist es entscheidend, dass die Serie ihre Kerncharaktere behält, um die Bindung der Zuschauer nicht zu verlieren. Der Schlüssel liegt in einem behutsamen und kontinuierlichen Austausch von Figuren, der dafür sorgt, dass die Serie sowohl vertraut als auch spannend bleibt.

Ein Beispiel für diesen Ansatz ist die britische Soap-Opera *EastEnders*, die seit 1985 erfolgreich und ununterbrochen auf BBC läuft und mit unglaublichen 33 Staffeln eine der am längsten laufenden Serien weltweit ist[3].

Über die Jahre hat *EastEnders* zahlreiche Charaktere eingeführt und verabschiedet, immer darauf bedacht, die zentrale Besetzung, die das Herzstück der Serie bildet, schrittweise zu verändern.

Erst diese Balance aus Alt und Neu ermöglicht es der Serie, relevant zu bleiben und das Interesse der Zuschauer aufrechtzuerhalten, während gleichzeitig eine gewisse Kontinuität gewahrt bleibt.

Überträgt man dieses Prinzip auf den Aufbau und das Management einer Community, wird deutlich, dass eine ähnliche Balance von Kontinuität und Erneuerung entscheidend ist. Die Community sollte so gestaltet sein, dass sie beständig wächst und sich entwickelt, ohne allerdings ihre ursprünglichen Werte und ihren »Markenkern« zu verlieren.

Es wäre jedoch fatal, das gesamte »Stammpersonal« einer Community auf einmal auszutauschen, etwa durch einen radikalen Einschnitt oder eine Neuausrichtung. Das würde die gesamte bestehende Struktur erschüttern. Und genau wie in einer Soap-Opera würde ein solcher drastischer Wechsel zu einer Desorientierung führen, bei der die Gemeinschaft ihren Zusammenhalt und ihre Identität verliert.

Community-Wachstum: Organisch versus anorganisch

Eine Community kann auf zwei grundlegende Arten wachsen: organisch und anorganisch. Beide Methoden haben ihre eigenen Vorzüge und Herausforderungen, aber im Allgemeinen ist organisches Wachstum die bessere Methode, wenn es um die langfristige Gesundheit und Stabilität einer Gemeinschaft geht.

Organisches Wachstum ist ein natürlicher Prozess, der weniger planbar, aber dafür nachhaltiger ist. In diese Kategorie fallen etwa Mund-zu-Mund-Empfehlungen, die durch positive Erfahrungen und starke Bindungen innerhalb der Community entstehen. Mitglieder, die zufrieden und engagiert sind, empfehlen die eigene Community gern an andere. Diese Empfehlungen sind besonders wertvoll, weil sie oft gezielt an Personen gerichtet sind, die gut zur bestehenden Kultur passen. Das lässt sich mit der Situation vergleichen, dass man zu einer Party einen Freund mitbringt: Man nimmt nur jemanden mit, bei dem man sicher sein kann, dass er sich gut benehmen und zur Gruppe passen wird. Niemand möchte schließlich riskieren, dass ein unangemessenes Verhalten den eigenen Ruf innerhalb der Community schädigt, weil das neue, empfohlene Member sich danebenbenimmt.

Um diesen organischen Prozess zu fördern, bieten viele Community-Plattformen Empfehlungsprogramme (»Affiliate«) an. Diese Programme belohnen Mitglieder dafür, dass sie neue Mitglieder in die Gemeinschaft bringen. Beispielsweise könnte das empfehlende Mitglied einen Freimonat erhalten oder einen Prozentanteil der Mitgliedsgebühr des neuen Mitglieds. Solche Anreize funktionieren erfahrungsgemäß auch offline gut (Fitnessstudios), da so nur passende Mitglieder gewonnen werden.

Ein wichtiger Tipp bei der Implementierung von Empfehlungsprogrammen ist es, sicherzustellen, dass Empfehlungen nur von Mitgliedern mit einem guten Aktivitätslevel und einer positiven Reputation in der Community ausgesprochen werden dürfen. Dazu bieten die meisten Community-Plattformen Level-Strukturen. Diese »Qualitätsschranke« stellt sicher, dass es bei den Empfehlungen nicht nur um den Bonus geht, sondern dass die Qualität der neuen Mitglieder und deren echtes Interesse im Vordergrund stehen.

Auf diese Weise bleibt der Community ihre Kultur erhalten, und das Wachstum erfolgt organisch und in Übereinstimmung mit den Werten und Normen der Gemeinschaft.

Anorganisches Wachstum hingegen ist gut planbar und lässt sich leichter steuern, birgt aber das Risiko, dass es weniger gut zur bestehenden Community passt. Diese Wachstumsstrategie basiert hauptsächlich auf bezahlter Werbung (Paid Ads) und anderen Formen der externen Werbung. Dabei werden gezielt Fremde angesprochen, die bisher keine Verbindung zur Community hatten. Das kannst du dir so vorstellen, als würdest du wildfremde Menschen zu einer Party einladen. Es kann zwar gut funktionieren, aber es ist risikoreicher.

Anorganisches Wachstum kann kurzfristig zu einer schnellen Steigerung der Mitgliederzahl führen, aber es ist besonders wichtig, dass die Community-Manager darauf achten, dass die neuen Mitglieder gut integriert werden und dass diese die Kultur der Community übernehmen. Die 20-Prozent-Wachstumsregel gilt insbesondere beim anorganischen Wachstum!

Schillernde, neue Charaktere ausdrücklich erwünscht

Rein organisches Wachstum hat zweifellos viele Vorteile. Dies insbesondere dann, wenn eine stabile und kulturell saubere Community aufgebaut werden soll. Aber es birgt auch gewisse Risiken, die nicht übersehen werden sollten. Eines der größten Probleme bei einem ausschließlich organischen Wachstum ist die Tendenz zur Bildung »hochhomogener Gruppen« – und die sind öde und langweilig!

Mitglieder laden üblicherweise Freunde und Bekannte ein, die ihnen ähnlich sind. Also Menschen, die ähnliche Interessen, Werte und Lebensstile teilen. Dies geschieht aus einem natürlichen Bedürfnis heraus, sich in der Gemeinschaft wohlzufühlen und Konflikte zu vermeiden.

Diese Homogenität kann jedoch dazu führen, dass die Community allmählich trist wird und an Attraktivität verliert. Wenn immer nur Mitglieder aufgenommen werden, die den bereits bestehenden Mitgliedern sehr ähnlich sind, bleibt wenig Raum für neue, ungewöhnliche Ideen und Perspektiven. Die Vielfalt, die eine Community lebendig und spannend hält, wird allmählich ausgedünnt. Die Gemeinschaft wird uniform. Es fehlt einfach an schillernden, besonderen Charakteren.

Eine Gemeinschaft, die nur aus »Tommis« und »Annikas« besteht – den typischen, wohlgeordneten Charakteren aus Astrid Lindgrens *Pippi Langstrumpf* –, würde niemanden an den Bildschirm oder an das gleichnamige Buch fesseln.

Diese Charaktere sind solide, nett und passen gut zueinander, doch ohne jemanden wie Pippi Langstrumpf würde die ganze Geschichte an Farbe und Spannung verlieren. Pippi ist exzentrisch, unkonventionell und bringt einen frischen, unvorhersehbaren Handlungsstrang ein. Sie steht für das Unerwartete, das die Serie erst wirklich spannend und attraktiv macht.

In einer Community ist es ähnlich: Wenn alle Mitglieder nur weitere »Tommis und Annikas« einladen, bleibt die Community nett und harmonisch, aber sie verliert ihre Anziehungskraft. Die einzigartigen, kreativen und möglicherweise auch herausfordernden Charaktere – die »Pippi Langstrumpfs« – werden oft nicht eingeladen, weil sie aus dem vertrauten Muster fallen. Doch gerade diese Mitglieder könnten die Community bereichern, indem sie neue Ideen einbringen, zu Diskussionen anregen und die Gruppe dazu bringen, über den Tellerrand hinauszuschauen.

Aber bitte nicht allzu viel Exzentrik – auch das treibt Mitglieder hinaus! Die Faustregel lässt sich aus dem Kinderklassiker ableiten: Eine Pippi Langstrumpf auf je zwei Tommis und Annikas.

Letztlich ist eine gesunde Balance zwischen organischem und anorganischem Wachstum ideal. Organisches Wachstum stärkt die Community durch Mitglieder, die gut zueinanderpassen und die Kultur der Gemeinschaft mittragen. Anorganisches Wachstum kann gezielt genutzt werden, um in neuen Märkten Fuß zu fassen oder die Reichweite der Community zu erhöhen.

Statussymbole: Gamification und Levelsysteme

Gamification und ein Levelsystem sind im »Community Game« unverzichtbare Elemente, die tief in den menschlichen Bedürfnissen nach Anerkennung, Status und Selbstverwirklichung verankert sind. Im Content-Bereich ist das wesentlich anders: Das Lesen einer Zeitung oder der Konsum einer Amazon-Prime-Serie bringt keinen Statusgewinn, schon allein deshalb nicht, weil er unsichtbar bleibt (es sein denn, der Leser eines Robert-Musil-Werks gibt sich damit ganz bewusst als Literaturkenner zu erkennen und trägt das bei allen denkbaren Gelegenheiten statusbewusst vor).

Aber im heutigen Zeitgeist, in der Statussymbole wie eine Gucci-Tasche oder eine Rolex-Uhr als Zeichen von Erfolg und Prestige gelten, spielt ebenso in digitalen Gemeinschaften der Status eine entscheidende Rolle. Ein Levelsystem, das auf Gamification-Prinzipien basiert, greift genau diesen Mechanismus auf und übersetzt ihn in die virtuelle Welt.

Die Währung in diesem »Community Game« ist die *Interaktion*. Mitglieder, die aktiv an Diskussionen teilnehmen, hilfreiche Beiträge leisten oder die Community anderweitig bereichern, sammeln Interaktionspunkte. Diese Punkte lassen sich in Level ummünzen, die den Status eines Mitglieds innerhalb der Community widerspiegeln. Dieser Status ist nicht nur eine Zahl oder ein Titel – er symbolisiert das Engagement und den Wert, den ein Mitglied in die Gemeinschaft einbringt.

Je höher das Level, desto mehr Anerkennung und Prestige genießt das Mitglied, ähnlich wie bei Loyalitätsprogrammen von Fluggesellschaften und Hotels.

Vielflieger- und Vielreisendenprogramme wie die der Lufthansa oder großer Hotelketten belohnen ihre treuesten Kunden nicht nur mit praktischen Vorteilen wie bevorzugtem Check-in oder Upgrades. Viel wichtiger ist der Status, den diese Programme verleihen. Ein Vielflieger, der den höchsten Status erreicht hat (beispielsweise die schwarze »Lufthansa HON Circle«-Karte), genießt eben nicht nur handfeste Vorteile, sondern auch eine exklusive Anerkennung.

Selbst erfahrene, äußerst differenzierte, einkommensstarke DAX-Manager nehmen gelegentlich Umwege und längere Reisezeiten in Kauf, um den benötigten Meilenstand zu erreichen und sich den begehrten Status zu sichern.

Dieser Drang nach Status und Anerkennung ist tief in der menschlichen Psyche verwurzelt. In einer Community kann ein gut durchdachtes Levelsystem genau diese Bedürfnisse bedienen. Obendrein ist es eine motivierende Kraft, die Mitglieder dazu anspornt, sich stärker zu engagieren, um ihre Position innerhalb der Gemeinschaft zu verbessern. Statt ein solches System als trivial oder gar lächerlich abzutun, sollte es ein Community-Creator bewusst einsetzen, um die Interaktionsrate zu steigern und das Engagement seiner Mitglieder zu fördern.

Gerade die Generation Z, die in einer Welt aufgewachsen ist, in der digitale Spiele und soziale Medien allgegenwärtig sind, erwartet heute Gamification als natürlichen Bestandteil ihres digitalen Erlebens. Diese Generation ist mit der Logik von Punkten, Levels und Belohnungen vertraut – sei es in Videospielen, Fitness-Apps oder auf Lernplattformen. Für sie ist es selbstverständlich, dass Engagement belohnt wird und dass Status durch kontinuierliche Anstrengung erreicht werden kann. Ein Levelsystem in einer Community spricht genau diese Erwartungshaltung an und motiviert die Mitglieder, sich stärker einzubringen.

Gamification ist also nicht nur ein nettes Extra, sondern ein essenzielles Werkzeug, um das Engagement in einer Community zu fördern und langfristig aufrechtzuerhalten. Es schafft eine spielerische, aber wirkungsvolle Möglichkeit, den Status innerhalb der Community zu definieren und zu steigern. Das lohnt sich zudem wirtschaftlich, denn Gamification-Komponenten erhöhen durch das höhere Maß an Mitgliederbindung eben auch den LTV.

Moderation: Aufbau einer positiven und sicheren Community-Kultur

In der typischen Führungsorganisation einer Community spielt der Community-Creator eine zentrale Rolle. Der Creator ist die treibende Kraft hinter der Entstehung der Community und hat zunächst die vollständige Kontrolle über die Werkzeuge und Strukturen, die die Gemeinschaft formen.

Zu Beginn legt der Creator die Regeln fest. Diese bilden die Grundlage für das Verhalten der Mitglieder, sind sozusagen das »Community Grundgesetz«. Somit können die Regeln von der Art der Inhalte, die geteilt werden dürfen, bis hin zu Verhaltensrichtlinien reichen, die sicherstellen sollen, dass die Community ein sicherer und positiver Raum bleibt.

Es ist durchaus fair, dass der Community-Creator zu Beginn sagt: »Meine Community, meine Regeln!« Schließlich hat er oder sie die Community ins Leben gerufen, Zeit und Energie investiert, um sie aufzubauen, und trägt damit die (auch juristische!) Verantwortung dafür, dass die Gemeinschaft ihren Zweck erfüllt. Mitglieder, die mit den festgelegten Regeln nicht einverstanden sind, haben schließlich immer die Möglichkeit, andere Communitys zu suchen, die besser zu ihren Vorstellungen passen – ähnlich wie in einem privaten Haushalt, wo der Gastgeber bestimmt, wer hereinkommt und welche Regeln gelten.

Allerdings verändern sich mit dem Wachstum einer Community die Anforderungen an die Führung. Es entstehen beispielsweise Konflikte, die zusätzliche Regeln oder eine Anpassung der bestehenden Richtlinien erfordern.

Wird das nicht friedvoll gelöst, können sich Untergruppen innerhalb der Community bilden, die eigene Interessen oder Schwerpunkte verfolgen. Oder Störenfriede tauchen auf, die das harmonische Miteinander beeinträchtigen und gezielt provozieren oder die Regeln missachten. Es können noch weitere Herausforderungen auftreten – etwa in Form von Konflikten zwischen Mitgliedern, unangebrachten Inhalten oder der Notwendigkeit, die Community vor externen Bedrohungen wie Spam oder Trollen zu schützen.

Angesichts dieser Entwicklungen ist es ratsam, dass der Creator frühzeitig eine Führungsebene einzieht, die ihn bei der Verwaltung der Community unterstützt. Diese Rolle übernehmen typischerweise Moderatoren. Moderatoren sind erfahrene und engagierte Mitglieder der Community, die nicht nur die Regeln durchsetzen, sondern auch als Vermittler in Konfliktsituationen fungieren. Sie sind die ersten Ansprechpartner für die Mitglieder, wenn es um Fragen, Probleme oder Verstöße gegen die Gemeinschaftsregeln geht.

Durch die Einführung von Moderatoren wird der Creator entlastet und kann sich auf die übergeordnete Steuerung und Weiterentwicklung der Community konzentrieren. Moderatoren sorgen dafür, dass die alltäglichen Herausforderungen gemeistert werden, ohne dass der Creator in jeden Konflikt oder jede Regelverletzung persönlich eingreifen muss.

Indem die Moderatoren als Puffer fungieren, wird verhindert, dass der Creator in unnötige Streitigkeiten verwickelt wird und sich die Distanz und Autorität, die er oder sie als Leader benötigt, bewahren kann.

Moderatoren übernehmen außerdem die Rolle von »Friedensstiftern« innerhalb der Community. Sie sorgen dafür, dass sich die Mitglieder an die Regeln halten, ohne dass die Gemeinschaft als zu restriktiv wahrgenommen wird. Sie bieten eine Anlaufstelle für die Mitglieder, die Unterstützung benötigen oder sich in der Gemeinschaft nicht mehr wohlfühlen. Dadurch tragen Moderatoren entscheidend zur Stabilität und Zufriedenheit innerhalb der Community bei.

Die Führungsorganisation einer Community muss also flexibel und anpassungsfähig (»agil«) sein, um mit dem Wachstum und den sich wandelnden Anforderungen Schritt halten zu können.

Umgang mit Konflikten

In jeder Community werden früher oder später Konflikte auftreten. Wie diese Konflikte gehandhabt werden, kann entscheidend für die Atmosphäre und das langfristige Wohl der Gemeinschaft sein. Eine effektive Moderation ist daher wichtig, um Diskussionen zu lenken und Konflikte konstruktiv zu lösen.

Zunächst einmal ist es als Moderator wichtig, eine neutrale Position einzunehmen und nicht in den Konflikt involviert zu sein. Die Aufgabe des Moderators besteht darin, einen sicheren Raum für den Dialog zu schaffen und sicherzustellen, dass alle Stimmen gehört werden. Eine der grundlegenden Techniken ist die aktive Moderation, bei der der Moderator die Diskussion lenkt, indem er Fragen stellt, unterschiedliche Perspektiven aufzeigt und die Teilnehmer bittet und notfalls auch deutlich auffordert, respektvoll miteinander zu kommunizieren.

Für die Konfliktlösung selbst ist es hilfreich, eine Mediationstechnik anzuwenden. Dabei werden die Konfliktparteien dazu angeleitet, ihre Standpunkte klar zu formulieren, ihre Bedürfnisse zu äußern und nach gemeinsamen Lösungen zu suchen. Der Moderator sollte darauf achten, dass die Diskussion konstruktiv bleibt und nicht in persönliche Angriffe oder Schuldzuweisungen abgleitet – das vergiftet die Community-Atmosphäre sonst sehr.

Ein weiterer wichtiger Ansatz ist die deeskalierende Kommunikation. Wenn ein Konflikt zu eskalieren droht, kann der Moderator durch eine ruhige, sachliche Ansprache und dem Setzen klarer Grenzen dazu beitragen, die Situation zu beruhigen. Dabei sollte immer das Ziel im Vordergrund stehen, eine Lösung zu finden, die für alle Beteiligten akzeptabel ist und die das Gemeinschaftsgefühl nicht beschädigt.

In schwierigen Fällen kann es notwendig werden, einen Konflikt offline oder in einem privaten Zoom-Gespräch zu klären, um den öffentlichen Raum der Community nicht zu belasten. Der Moderator sollte hier sensibel vorgehen und sicherstellen, dass alle Parteien die Möglichkeit haben, ihre Ansichten in einem geschützten Rahmen darzulegen.

Ein guter Moderator agiert stets im Interesse der gesamten Community und sorgt dafür, dass die Werte und Regeln, die für das Zusammenleben aller Mitglieder entscheidend sind, eingehalten werden.

Als Vertrauenspersonen haben Moderatoren die Aufgabe, ein offenes Ohr für die Anliegen der Mitglieder zu haben. Sie sollten ansprechbar und in der Lage sein, auch in schwierigen Situationen Unterstützung zu bieten. Die Mitglieder müssen wissen, dass sie sich auf die Moderatoren verlassen können, wenn sie Hilfe benötigen oder sich unsicher fühlen.

Langfristig tragen Moderatoren dazu bei, das Vertrauen der Mitglieder in die Community zu stärken. Denn sie sind die Garanten dafür, dass die Gemeinschaftskultur nicht nur auf dem Papier existiert, sondern auch im täglichen Miteinander gelebt wird. Durch ihre Arbeit stellen sie sicher, dass die Community ein Ort bleibt, an dem sich alle Mitglieder sicher und wertgeschätzt fühlen.

Warum es besser ist, sich früh von Störenfrieden zu trennen

Ein einziger Tropfen Gülle kann ein ganzes Fass teuersten Champagners sofort ungenießbar machen: So ähnlich verhält es sich mit Störenfrieden in einer Community.

Schon ein einziges Mitglied, das wiederholt destruktives Verhalten zeigt, kann die gesamte Kultur einer sorgfältig aufgebauten und gepflegten Gemeinschaft vergiften. Auch wenn es manchmal verlockend erscheint, solchen Personen eine zweite Chance zu geben oder zu hoffen, dass sich das Problem von selbst löst, ist es oft besser, sich frühzeitig von ihnen zu trennen. Denn der Schaden, den ein Störenfried anrichten kann, ist erheblich und kann die langfristige Gesundheit und den Zusammenhalt der Community gefährden – und damit auch massive Auswirkungen auf den LTV haben!

Störenfriede agieren oft wie jener Tropfen Gülle: Sie provozieren Konflikte, missachten die Regeln und bringen eine negative Stimmung in die Gemeinschaft. Wenn solche Konflikte nicht zeitnah und effektiv gelöst werden, kann dies zu einer Spaltung führen, bei der Mitglieder sich gezwungen fühlen, Partei zu ergreifen oder sich gar zurückzuziehen, um dem negativen Umfeld zu entkommen.

Communitys sind ja immer ein »People's Game« und basieren damit auf gemeinsamen Werten, Normen und Verhaltensweisen. Wenn ein Störenfried diese Kultur untergräbt, indem er wiederholt die Regeln missachtet oder andere Mitglieder beleidigt und herabsetzt, verliert die Gemeinschaft vor allem ihre *Orientierung*.

Die Mitglieder beginnen möglicherweise, an der Integrität und Durchsetzungskraft des Creators und der Moderatoren zu zweifeln, was zu einem Vertrauensverlust führt. Dieser Vertrauensverlust kann weitaus schwerwiegendere Folgen haben als der direkte Schaden, den ein Störenfried anrichtet, da er die Grundfesten der Fairness erschüttert.

Und das hat eine abschreckende Wirkung auf potenzielle neue Mitglieder. Wenn eine Community als chaotisch oder unkontrolliert wahrgenommen wird, werden sich potenzielle Mitglieder zweimal überlegen, ob sie Teil dieser Gemeinschaft werden wollen. Und unter den bestehenden Mitgliedern werden sich die besten und engagiertesten zu allererst aus Enttäuschung oder Frustration abwenden – und dann ist es schon zu einem sehr frühen Zeitpunkt viel zu spät!

Ein weiteres Problem liegt darin, dass Störenfriede oft eine unverhältnismäßige Menge an Ressourcen und Aufmerksamkeit des Community-Creators und der Moderatoren beanspruchen. Moderatoren und Community-Creator müssen viel Zeit und Energie aufwenden, um die Auswirkungen des destruktiven Verhaltens zu begrenzen, um Konflikte zu schlichten und die Gemeinschaft wieder ins Gleichgewicht zu bringen. Diese Ressourcen würden jedoch viel besser eingesetzt werden, um die Community vielleicht weiterzuentwickeln, neue Mitglieder zu begrüßen und bestehende zu unterstützen.

Zu guter Letzt sendet das entschlossene Handeln gegen Störenfriede eine klare Botschaft an die gesamte Gemeinschaft: »Die Regeln und Werte der Gemeinschaft werden ernst genommen und durchgesetzt!« Dies stärkt das Vertrauen in die Führung und ermutigt die Mitglieder, aktiv und positiv zur Gemeinschaft beizutragen – dies in dem Wissen, dass negative Verhaltensweisen nicht toleriert werden.

Neu ist gut!

In einer Community erwarten Member, regelmäßig etwas vollständig Neues zu erfahren – und daran teilzuhaben. Das Neue kann und sollte dabei besonders inszeniert werden.

Menschen haben eine natürliche Neigung, zu vereinfachen: »Das Neue ist besser als das Alte« (auch wenn das gar nicht so sein muss). Diese menschliche Psychologie lässt sich für die Gestaltung und das Management einer Community nutzen, um das Engagement hochzuhalten und das Interesse der Mitglieder langfristig zu sichern.

> Faustregel: Einmal im Monat sollte etwas komplett Neues in der Community vorgestellt werden – und als Event inszeniert werden.

Ein Beispiel für die starke Anziehungskraft des Neuen ist die jährliche Veröffentlichung neuer iPhone-Modelle. Obwohl es bereits 15 Vorgängerversionen gab, versammeln sich Menschen auch heute noch in langen Schlangen vor den Apple Stores, oft schon um Mitternacht, um zu den Ersten zu gehören, die das neueste »Modell 16« in Händen halten. Diese Begeisterung für das Neue ist tief in der menschlichen Natur verwurzelt. Das Gefühl, etwas als Erster zu besitzen oder zu erleben, erzeugt einen besonderen Reiz, der weit über den eigentlichen Nutzen des Produkts hinausgeht.

Vorreiter hier ist die Modebranche, in der jedes Jahr neue Kollektionen präsentiert werden. Auch hier gilt: Was neu ist, ist besonders gut – und die Kollektion von diesem Winter schon im Winter darauf aus der Mode.

Marken wie Gucci oder Louis Vuitton bauen gezielt Spannung auf, indem sie ihre neuen Kollektionen vorab ankündigen und in spektakulären Shows präsentieren.

Diese neuen Kollektionen sind nicht nur ein Beweis der Innovationskraft, sondern sie wecken auch das Verlangen der Konsumenten nach dem neuesten und exklusivsten Stück. Das wiederum hält die Nachfrage kontinuierlich hoch.

Um diesen Effekt in einer Community zu nutzen, ist es sinnvoll, neue Inhalte oder Funktionen nicht nur einzuführen, sondern sie ebenso im Vorfeld anzukündigen. Ein effektiver Weg, dies zu tun, ist es, etwa zwei Wochen vor der Einführung anzukündigen, dass etwas Neues kommt. Das kann beispielsweise in der Gestalt sein, dass ein neues Thema kommt, eine große Challenge oder ein neues Feature. Es könnte auch die Einladung eines Stargastes zu einem exklusiven Interview sein.

Ein wertvoller Lernansatz für das »Community Game« kann übernommen werden von Streamingdiensten wie Netflix und Amazon Prime. Diese Plattformen schalten neue Serien oder Staffeln nicht einfach frei, sondern sie erzeugen schon Wochen vorher Spannung durch gezieltes Anteasern. So sorgen Ankündigungen, Trailer und Social-Media-Kampagnen dafür, dass die Community gespannt auf die Veröffentlichung wartet.

Indem regelmäßig neue Elemente in die Community eingebracht werden und sodann um diese ein Hype entsteht, bleibt die Gemeinschaft lebendig und spannend. Das Gefühl, dass immer etwas Neues und Interessantes am Horizont entsteht, hält die Mitglieder engagiert und motiviert. Dies führt letztlich zu einem höheren Lifetime Value (LTV), da die Mitglieder länger in der Community aktiv bleiben und sich stärker mit ihr identifizieren.

Durch die Kombination aus Vorfreude, Spannung und dem Erlebnis des Neuen kann eine Community nicht nur wachsen, sondern auch eine dauerhaft positive interne Spannung aufrechterhalten. Das ist wichtig, denn einer der Hauptgründe für verödete Communitys und deren Absterben ist die Langeweile.

Erfolgsmessung: Die wichtigsten Kennzahlen für den langfristigen Community-Erfolg

Einige der wichtigsten Kennzahlen für den laufenden Community-Betrieb haben wir in diesem Buch bereits vorgestellt. Dem Überblick wegen fassen wir sie an dieser Stelle zusammen.

Die Bewertung des Erfolgs einer Community ist eine zentrale Aufgabe im Community-Management, die auf einer soliden Grundlage von Kennzahlen und Datenanalysen beruhen sollte und nicht – zumindest nicht nur – auf einem Bauchgefühl.

KPIs (»Key Performance Indicators« oder Kennzahlen) geben dir nicht nur Einblicke in die aktuelle Performance deiner Community, sondern helfen dir ebenso, langfristige Trends zu erkennen – und auch, ob Gefahr droht.

Wie gesund ist die eigene Community?

Zu den wichtigsten Kennzahlen zählen die Churn Rate, das Interaktionslevel (in manchen Plattformen auch Aktivitätslevel genannt) und der *LTV* sowie der Wert der *CAC*.

Die *Churn Rate* ist eine der kritischsten Kennzahlen für jede Community. Sie gibt den Prozentsatz der Mitglieder an, die die Community in einem bestimmten Zeitraum verlassen haben. Eine hohe Churn Rate kann auf verschiedene Probleme hinweisen wie etwa mangelndes Engagement, unzureichende Moderation oder unpassende Inhalte. Indem du die Churn Rate regelmäßig überprüfst, kannst du frühzeitig erkennen, wenn Mitglieder abwandern, und entsprechende Gegenmaßnahmen einleiten. Diese könnten etwa in der Anpassung der Content-Strategie, der Einführung neuer Features oder der Verbesserung der Mitgliederbetreuung bestehen.

Das *Aktivitätslevel* ist eine weitere wesentliche Metrik, die Aufschluss darüber gibt, wie aktiv die Mitglieder innerhalb der Community sind. Sie umfasst die Häufigkeit von Beiträgen, Kommentaren, Likes und anderen Interaktionen. Ein hohes Aktivitätslevel ist in der Regel ein Indikator für eine gesunde, engagierte Community. Es zeigt, dass die Mitglieder nicht nur präsent sind, sondern auch aktiv am Leben der Community teilnehmen.

Neben der Churn Rate und dem Aktivitätslevel gibt es weitere wichtige Metriken, die du im Auge behalten solltest. Dazu gehören beispielsweise die *Retention-Rate*, also der Prozentsatz derjenigen Mitglieder, die über einen längeren Zeitraum aktiv bleiben, sowie die *Engagement-Rate*, die das Verhältnis von aktiven zu passiven Mitgliedern misst.

LTV und CAC sind die wichtigsten wirtschaftlichen Kennzahlen

Auf Content basierende Digitalprodukte haben einen großen Vorteil gegenüber einer Community: Der Umsatz entsteht sofort (und auch der Cashflow).

Nimm eine Video-Masterclass oder eine Live-Coaching-Begleitung eines Projekts. Dein Kunde zahlt dir einmalig den Kaufpreis, beispielsweise 1000 Euro, um Zugang zu allen Inhalten zu bekommen, die Teil deines Produkts sind. Vielleicht bietest du ihm auch die Möglichkeit, in Raten zu zahlen, aber letztlich ist der Umsatz planbar: Du weißt genau, wie viel Geld du bekommst. Und du bekommst es eben vorab, sprich sofort!

Nun kommen die Customer Acquisition Costs (CAC) ins Spiel. Das sind die Kosten, die du aufwenden musst, um einen Kunden überhaupt zu gewinnen. Neben anderem zählen hierzu vor allem Marketingausgaben für Ads. Um profitabel zu sein, müssen deine CAC niedriger sein als der Umsatz pro Kunde. Wenn du also 500 Euro ausgibst, um einen Kunden zu gewinnen, der dir 1000 Euro einbringt, hast du 500 Euro Gewinn gemacht – zumindest auf den ersten Blick.

Diese Rechnung ist allerdings grob vereinfacht und würde in dieser Weise nicht in einem BWL-Lehrbuch auftauchen, da sie keine weiteren Faktoren wie laufende Kosten, Steuern oder andere betriebliche Aufwendungen berücksichtigt. Aber um das Grundprinzip zu verstehen, reicht es, zu wissen: Bei einem einmaligen Verkauf geht es darum, dass deine CAC niedriger sind als der Umsatz, den du machst.

Das »Community Game« funktioniert aber anders, mühsamer, denn du bietest eine Mitgliedschaft an, für die dir deine Kunden jeden Monat 100 Euro zahlen. Jetzt sieht die Rechnung etwas anders aus, weil du nicht nur auf den einmaligen Umsatz schaust, sondern auf den sogenannten Customer Lifetime Value (LTV) – den Gesamtwert, den ein Kunde im Laufe seiner »Lebenszeit« bei dir ausgibt.

Angenommen, du gibst 200 Euro aus, um einen neuen Mitgliedskunden zu gewinnen. Dann bist du im ersten Monat damit unprofitabel, weil der Kunde dir ja nur 100 Euro einbringt. Aber im zweiten Monat gleicht sich das aus – du erreichst den sogenannten »Break-even«, also den Punkt, an dem du weder Gewinn noch Verlust machst. Ab dem dritten Monat beginnt der Kunde, profitabel zu werden, weil er weiterhin seine 100 Euro zahlt, ohne dass der CAC steigt.

Der Nachteil bei diesem Modell: Den tatsächlichen LTV eines Kunden kennst du erst nach vielen Monaten. Am Anfang kannst du nur Vermutungen anstellen, basierend auf durchschnittlichen Werten oder Erfahrungen. Du weißt einfach nicht, wie lange ein Kunde tatsächlich bleibt und zahlt. Vielleicht kündigt er nach dem ersten Monat, vielleicht bleibt er drei Jahre. Erst nach einer Weile, wenn du genügend Daten gesammelt hast, kannst du genauer vorhersagen, wie hoch der LTV deiner Kunden im Durchschnitt ist.

Zu Beginn ist die Einschätzung des LTVs oft noch etwas ins Blaue hinein geschätzt. Oder, wie die Betriebswirtschaft hier sagen würde, diese Prognose hat eine geringe »Planqualität«. Diese Unsicherheit ist ganz normal und gehört dazu, wenn du ein Mitgliedschaftsmodell aufbaust.

Eine durchaus übliche Lösung besteht übrigens darin, Jahres- oder sogar Lebenszeitmitgliedschaften vorab zu verkaufen. Das setzt aber kundenseitig letztlich nahezu blindes Vertrauen voraus.

Die Community absichern

Als Betreiber einer Community solltest du dir bewusst sein, dass du immer abhängig von der Plattform bist, auf der du deine Community betreibst. Diese Abhängigkeit ist vergleichbar mit dem Bau eines Hauses auf gemietetem Grund. Obwohl du Zeit, Geld und Mühe investierst, gehört der Boden unter deinen Füßen jemand anderem. Der Plattformbetreiber kann dir jederzeit den Zugang verwehren oder deine Plattform sperren, was dein Geschäft gefährden kann. Dies ist auf großen Social-Media-Plattformen keine Seltenheit: Ein Account mit Millionen von Followern kann von einem Tag auf den anderen gelöscht werden, und damit sind jahrelang aufgebaute Karrieren und Business-Modelle ruiniert.

Diese Art von Abhängigkeit gilt jedoch nicht nur für die digitale Welt. Auch im herkömmlichen Business ist das durchaus üblich, etwa für einen Restaurantbesitzer. Auch er hat in der Regel einen Pachtvertrag für sein Lokal, der gekündigt werden kann. Aber wenn er nicht nur gutes Essen serviert, sondern auch als hervorragender Gastgeber eine emotionale Bindung zu seinen Stammgästen aufgebaut hat, dann hat er sich im Grunde eine Community geschaffen: Gäste, die nicht nur wegen des Essens (»Content«) zu ihm kommen, sondern weil sie andere Gäste und den Gastgeber treffen wollen (»Community«).

Im Falle einer Kündigung des Pachtvertrags würden seine treuen Gäste ihm in sein neues Restaurant folgen, weil sie die Verbindung zu ihm und dem besonderen Erlebnis, das er bietet, nicht aufgeben wollen.

So ist es auch bei deiner Online-Community: Der Wert liegt eben nicht im Content, den du erstellst, sondern in den Beziehungen, die du zu deinen Mitgliedern aufbaust – das ist ja die Kernaussage dieses Buches in wenigen Worten zusammengefasst.

Um diese Beziehungen nun ebenso technisch zu sichern, ist es sehr sinnvoll, dass du regelmäßig die Daten deiner Mitglieder exportierst, insbesondere die E-Mail-Adressen. Diese sind dein direkter Draht zu ihnen, unabhängig von der Plattform. Solltest du gezwungen sein, die Plattform zu wechseln, kannst du deine Community per E-Mail anschreiben und sie »mitnehmen«, denn die Mitglieder werden ihre persönlichen Verbindungen nicht so leicht aufgeben wollen.

Damit ziehst du also ein »Sicherheitsnetz« um deine Community herum ein, dies als eine Art »Lebensversicherung« für dein Business. Nutze also die Exportfunktion regelmäßig, um sicherzustellen, dass du im Worst Case schnell und effektiv auf eine andere Plattform umziehen kannst, ohne die wertvollen Verbindungen zu deinen Mitgliedern zu verlieren.

Wann ist der beste Zeitpunkt, mit einer Community zu starten?

Der beste Zeitpunkt, um mit dem Aufbau einer Community zu starten, wäre gestern gewesen – so lautet die einfache Antwort anhand einer Binsenweisheit, auch wenn natürlich ein Körnchen Wahrheit drinsteckt.

Unser Rat: Starte mit Spaß, und denke nicht sofort ans Geld. Bringe Leichtigkeit in den Prozess, und sieh das Ganze zunächst als Hobby an, nicht als Business. Das nimmt dir den Druck und erhält deine Freude!

Der Aufbau einer eigenen Community hat ein sehr angenehmes Risiko-Chancen-Profil – anders als bei jemandem, der ein Restaurant eröffnen möchte: Diese Geschäftsidee bringt ein hohes persönliches Risiko mit sich. Der Restaurantbesitzer in spe muss oft Hunderttausende Euro vorab investieren, und es ist fast sicher, dass er mit seinem Restaurant nicht stark wachsen können wird – die Zahl der Sitzplätze ist begrenzt. Ein Restaurant kann also nicht »skaliert« werden; hat es 50 Sitzplätze, so muss der Restaurantbesitzer den Gast Nummer 51 abweisen und vertrösten.

Hinzu kommt, dass er für sein Restaurant in der Regel seinen Vollzeitjob aufgeben muss, um sich ganz darauf zu konzentrieren. Somit doppeltes Risiko: einerseits das große Vorabinvestment, andererseits versiegt sofort das bisherige Einkommen. Es ist ein echter Sprung ins kalte Wasser. Mutig zwar, aber auch risikoreich!

Wenn du dagegen eine Community nebenher aufbaust, hast du eine ganz andere Ausgangsposition. Du kannst klein anfangen, vielleicht nur mit ein paar Euro für die Community-Plattform. Du behältst deinen Job und riskierst damit weder deine finanzielle Sicherheit noch deine berufliche Existenz. Außerdem kannst du dies in deinem eigenen Tempo tun – ohne den Druck, sofort profitabel sein zu müssen. Wenn du Spaß dabei hast und es als Hobby ansiehst, kann es sich organisch und ohne großen Stress entwickeln. Und wenn's einfach nicht klappt? Dann schließt du diese Geschäftsidee eben nach einem Jahr und hattest dennoch eine interessante Zeit.

Abschließend noch ein praktischer Tipp für dich: Ersetze einfach einen Abend pro Woche, den du mit Streamingserien verbracht hättest, durch zwei Stunden, die du konsequent in dein Community-Hobby investierst. Mach das ein Jahr lang und ziehe es auch in Phasen, in denen es sich mühsam anfühlt, mit Disziplin durch.

Die meisten Menschen *überschätzen*, was sie in einer Woche leisten können, aber sie *unterschätzen*, was sie in einem Jahr erreichen können, wenn sie nur zwei Stunden pro Woche investieren. Nach einem Jahr wirst du überrascht sein, wie viel du erreicht hast – und vielleicht hast du bis dahin eine lebendige Community, die sich sogar zu einer guten Einnahmequelle entwickelt hat.

RESSOURCEN ZUM BUCH

Die digitale Welt ist in reger Bewegung – so auch der Community-Markt. Deshalb haben wir die Beispiele in diesem Buch so plattformneutral wie möglich gehalten und uns eher auf Strategien konzentriert als auf die Technik, damit das Buch für eine größtmögliche Leserschaft attraktiv bleibt.

Für deinen nächsten Schritt zur eigenen Community haben wir eine Ressourcenseite zusammengetragen; dort lernst du auch die von uns empfohlenen Plattformen und unsere eigenen Communitys kennen.

> Das alles und uns findest du hier:
> www.founder.de/communitys-buch-ressourcen

DANKSAGUNGEN

Dass das »Community Game«, von dem wir in diesem Buch berichten, ausschließlich mit tiefen, ehrlich empfundenen Beziehungen auf Augenhöhe zu tun hat, zeigt sich auf den ersten Blick in der »Du«-Ansprache, für die wir uns in diesem Buch entschieden haben.

Die neuen Spielregeln hochwertiger Communitys, auch das hat dieses Buch gezeigt, haben mehr mit Zuhören als mit Reden zu tun. Und daher haben wir uns vor allem von den Mitgliedern der von uns geführten Communitys inspirieren und leiten lassen. Deren Themen, Ideen und Erfahrungen sind intensiv eingeflossen in dieses Buch.

Unseren gemeinsamen Community-Mitgliedern danken wir für die oft jahrelange Unterstützung, vor allem aber für die Zuneigung zu uns und auch untereinander. Oliver verwendet die Metapher des »Wohnzimmers«, Kathrin nutzt das »Lagerfeuer«, und beides zeigt unsere Nähe zu dem, was eben nicht nur Geschäftsmodelle, sondern wahre Herzensprojekte sind.

Für die Unterstützung bei der Führung unserer eigenen Communitys danken wir Nico Buhlinger und Dr. Helga Lichtblau (Moderatoren in Olivers Communitys), sowie Kathrin Korstian, Petra Molin, Doris Trauernicht, Angela Witt-Bartsch und Katja Zimiak (Moderatoren in Kathrins Communitys). Für die immerwährende Unterstützung – weit über dieses Projekt hinaus – geht ein besonderer Dank an Stefanie Sommerfeld (Personal Assistant von Oliver Pott).

Der Campus Verlag hat dieses Projekt in Rekordzeit entschieden und umgesetzt. Joachim Bischofs, dem Fels in der Brandung des Verlagsgeschäfts, danken wir mit großem Respekt vor dessen papiergewordener Lebensleistung.

Carolin Titze danken beide Autoren für die blitzschnelle Unterstützung seitens der Marketingabteilung des Verlags, die Carolin leitet.

Besonderer Dank gilt unserem Lektor Patrik Ludwig. Oliver und Patrik haben in der Vergangenheit bereits mehrere gemeinsame Buchprojekte überaus vertrauensvoll umgesetzt; und Patrik ist es angenehm und geduldig gelungen, auch Kathrin mit ins große Campus-Boot zu holen und dieses Buch mit großer Geschwindigkeit und zugleich Substanz auf den Markt zu bringen.

Prof. Dr. Oliver Pott
Dr. Kathrin Hamann

UNSERE EXPERTINNEN, EXPERTEN, UNTERSTÜTZERINNEN UND UNTERSTÜTZER

Dieses Buchprojekt haben unsere folgenden Community-Mitglieder als Experten und Expertinnen beziehungsweise Unterstützer und Unterstützerinnen begleitet, denen wir persönlich namentlich danken:

Eric Adler, Rudi Adlmanninger, Frank Alm, Doreen Amlung, Beate Balz, Dr. Hans Peter Bär, Dr. iur. Elisabeth Barta-Winkler, Heike Baumann, Diana Becker, Michael Becker, Kate Bergmann, Hermann Bettge, Eileen Bohnen, Andreas Boskugel, Heinz Braasch, Steven Brändle, Regina Braunsteiner, Katharina Brosch, Sabine Brutscher, Silke Bryant, Nico Buhlinger, Simone Bürger, Inga de Vries, Dr. med. Maria Diepgen, Prof. Dr.-Ing. Stefan Rüdiger Dietz, Karsten Dreyer, Max Eberhardt, Helmut Eberz, Sabine Luise Eckermann, Rainer Egert, Christina Maria Evans, Wolfgang Ficzko, Birgit Franz, Kerstin Freudenberger, Markus Frey, Beate Freytag, Michael Friedel, Gabi Gabler, Karl-Heinz Gartner, Gabriele Görnert, Felicitas Götte, Kevin Grosenick, Tom Gufler, Ursula Harvey, Michaela Hildegard Hauser, Britta Heimann, Silke Heinemann, Erika Hensellek, Thorsten Herbold, Gabriele Herbst, Ferydoon Herytash, Matthias Herzog, Dieter Hofer, Hannes Hofmann, Johann Högl, Stefan Horst, Carsten Huschka, Diane Carmen Ihlefeldt, Angela Imdahl, Prof. Dr. med. Matthias Imöhl, Dr. Björn Jakoby, Maria Jansen, Dr. Judith Jeske, Marcus Jungen, Guido Jureit, Stephan Kassel, Marion Kenklies, Dr. Hauke Kiene, Prof. Dr. Thomas Kinateder, Anita Klink, Lara Knutzen, Kathrin Anuschka Korstian, Dr. Arletta-Marie Kösling, Thomas Krauß, Marlis Anna Krieger, Jens Oliver Krystof, Sonja Lang, Dunja Lang, Willi Laskowski, Regina Laskowski, Carsten Lehmann, Harald Lell, Dr. Helga Lichtblau, Birgit Sieglinde Madlmayr, Hans Maier, Bernd Marti, Frank Märtin, Marion Masholder, Dr. Georg Mekras, Tobias Melle, Heiko Metz, Christoph Meyer, Tanja Milakovic, Petra Molin, Dr. Klaus Mühlhausen, Karsten Oltersdorf, Heike Orth, Michaela Ortmayer, Tiziana Osel, Gisela Ott, Hartmut Paschke, Sven Petersson, Regina Plank, Uwe Pöhner, Wolfgang Polzer, Ruth Pomelek, Martina Pophal,

Christa Raatz, Thorsten Ramazani, Florian Reichardt, Daniel Rodenbeck, Ronja Rossi, Mario Scarpellini, Annette Schaffer, Nicole Schauerte, Valeri Schick, Andreas Schiener, Toschi Schiesser, Dr. Andreas Schlatter, Dr. Petra Schlatter-Schober, Markus Bär Schlegel, Lothar Schmeller, Jürgen Anton Schmid, Nikola Schmitt, Helmut Schramm, Constanze Schröter, Viktoria Schrötlin, Heike Schubert, Dr. med. Susen Schulze, Stefan Schurr, Ulrich Schuster, Karin Schwaer, Udo Sill, Michael Staudt, Angelika Steiger-Cöslin, Marina Steinberger, Nicole Sterzenbach, Volker Stienemann, Anett Stimmeder, Annemarie Strubel, Birgit Stülten, Christian Taverner, Ulli Thessmann, Elsbeth Thomas, Doris Trauernicht, Marion Vetter, Dr. Stefanie Viehmeyer, Gabriele Vietze, Tobias Vogt, Sabine Wartha, Riva Wega, Beatrix Weintz, Robert Weißengruber, Emanuel Th. Weke, Ulrike Wendrich, Rolf Werner, Angelika Wessely, Dirk Widling, Prof. Dr. Angela Witt-Bartsch, Dr. Andrea Wolter-Abele, Marco Wunderlich, Gerd Ziegler, Jörg Zierep, Susanne Zischgl, Stefan Zoller

ANMERKUNGEN

Die Vertrauenskrise: Das Ende des Social-Media-Zeitalters und der Aufstieg der Communitys

1   https://www.derstandard.de/story/3000000211315/x-verliert-in-den-usa-30-prozent-der-nutzer, abgerufen am 8.9.2024.

2   https://www.rnd.de/wirtschaft/diese-deutschen-firmen-wenden-sich-von-x-ab-I6PMKUUYXFFWDDMSYN6SRXT3HQ.html, abgerufen am 16.8.2024.

3   https://www.wiwo.de/unternehmen/it/exodus-der-werbekunden-twitter-passt-nicht-mehr-zu-unserer-unternehmenskultur-/29523054.html#:~:text=Exodus%20der%20Werbekunden%20%E2%80%9ETwitter%20passt%20nicht%20mehr%20zu%20unserer%20Unternehmenskultur%E2%80%9C&text=Zahlreiche%20namhafte%20Werbekunden%20verabschieden%20sich,Testimonials%20f%C3%BCr%20sein%20Werbegesch%C3%A4ft%20auff%C3%BChrt, abgerufen am 16.8.2024.

4   https://www.onlinemarktplatz.de/237087/social-media-nutzung-in-deutschland/#:~:text=Nicht%20nur%20das%3A%20Die%20meistgenutzten,25%20Millionen%20Nutzer%3Ainnen), abgerufen am 11.8.2024.

5   https://www.spiegel.de/netzwelt/apps/tiktok-wie-gefaehrlich-ist-die-maechtigste-app-der-welt-a-70d67d33-8268-4dd8-8aaa-a6ae2f6d097f, abgerufen am 16.8.2024.

6   https://www.amnesty.at/mitmachen/actions/tiktok-ist-gefaehrlich-fuer-kinder-und-junge-menschen/#:~:text=TikTok%20verleitet%20auch%20zum%20stundenlangen,f%C3%BCr%20Kinder%20und%20junge%20Menschen, abgerufen am 3.9.2024.

7   https://www.deutschlandfunk.de/tik-tok-verbot-in-den-usa-100.html, abgerufen am 3.9.2024.

8   https://www.meltwater.com/de/resources/state-of-social-2024

9   Aus dem *Brand-Eins*-Newsletter vom 6.8.2024 mit Dank für den Hinweis an Stefan Horst.

10 https://www.gartner.com/en/newsroom/press-releases/2023-12-14-gartner-predicts-fifty-percent-of-consumers-will-significantly-limit-their-interactions-with-social-media-by-2025, abgerufen am 16.8.2024.

11 https://www.wiwo.de/unternehmen/mittelstand/ranking-2024-das-sind-die-zehn-wertvollsten-unternehmen-der-welt/29870272.html, abgerufen am 16.8.2024.

12 Staschen, Björn: *In der Social Media Falle*, Hirzel 2023, S. 12.

13   https://www.bmi.bund.de/SharedDocs/schwerpunkte/DE/desinformation/ artikel-desinformation-hybride-bedrohung.html, abgerufen am 18.8.2024.

14   https://www.jahrdernachricht.de/, abgerufen am 18.8.2024.

15   https://www.zeit.de/digital/datenschutz/2022–12/datenschutz-meta-facebook-cambridge-analytica-skandal-sammelklage-vergleich, abgerufen am 18.8.2024.

16   https://www.torquato.de/ueber-torquato/, abgerufen am 13.8.2024.

17   https://wirtschaftslexikon.gabler.de/definition/qualitaet-45908#:~:text= Definition%3A%20Was%20ist%20%22Qualit%C3%A4 t%22,Produzent) %2C%20H%C3%A4ndler%20und%20Hersteller, abgerufen am 13.8.2024.

18   https://www.bmfsfj.de/bmfsfj/aktuelles/alle-meldungen/erstes-einsamkeits-barometer-fuer-deutschland-veroeffentlicht-240202, abgerufen am 13.8.2024.

19   https://schalke04.de/inside/schalke-fan-feld-koenigsblau-ueber-den-tod-hinaus/, abgerufen am 7.8.2024.

20   https://www.welt.de/iconist/trends/article252070076/Teleshopping-Warum-dieses-Verkaufsprinzip-selbst-in-Zeiten-des-Onlinehandels-funktioniert.html, abgerufen am 13.8.2024.

21   https://www.welt.de/iconist/trends/article252070076/Teleshopping-Warum-dieses-Verkaufsprinzip-selbst-in-Zeiten-des-Onlinehandels-funktioniert.html, abgerufen am 13.8.2024.

22   https://www.welt.de/iconist/trends/article252070076/Teleshopping-Warum-dieses-Verkaufsprinzip-selbst-in-Zeiten-des-Onlinehandels-funktioniert.html, abgerufen am 3.9.2024.

23   https://www.welt.de/iconist/trends/article252070076/Teleshopping-Warum-dieses-Verkaufsprinzip-selbst-in-Zeiten-des-Onlinehandels-funktioniert.html, abgerufen am 13.8.2024.

24   https://www.stern.de/kultur/wirtschaftsfaktor-taylor-swift-34650412.html, abgerufen am 15.8.2024.

25   https://de.wikipedia.org/wiki/CRISPR/Cas-Methode#Entdeckungsgeschichte, abgerufen am 9.8.2024.

26   https://www.mpg.de/17283187/emmanuelle-charpentier

27   https://de.wikipedia.org/wiki/Rosenthal-Effekt, abgerufen am 3.9.2024.

28   https://www.zeit.de/kultur/musik/2020–05/patreon-musiker-crowdfunding-corona/seite-2, abgerufen am 27.8.2024.

29   https://www.zeit.de/kultur/musik/2020–05/patreon-musiker-crowdfunding-corona/seite-2, abgerufen am 27.8.2024.

30   https://www.zeit.de/kultur/musik/2020–05/patreon-musiker-crowdfunding-corona/seite-2, abgerufen am 8.8.2024.

31   Metcalfe, Robert. »Metcalfe's Law after 40 Years of Ethernet«. IEEE Computer, 2013.

32   https://grabon.com/blog/whatsapp-statistics/, abgerufen am 7.8.2024.

33   https://link.springer.com/chapter/10.1007/978–3-8349–9795–1_1, abgerufen am 7.8.2024.

34   Einige der größten Subreddits, wie r/AskReddit oder r/science, ziehen Millionen von Nutzern an, die aktiv Beiträge teilen, kommentieren und diskutieren.

Communitys statt Content

1   https://www.blog2social.com/de/blog/lebenszeit-social-media-posts/, abgerufen am 21.8.2024.
2   https://www.imperva.com/resources/resource-library/reports/2024-bad-bot-report/, abgerufen am 18.8.2024.
3   https://de.statista.com/infografik/27498/anteil-des-durch-bots-verursachten-web-traffics/, abgerufen am 18.8.2024.
4   https://www.voguebusiness.com/technology/virtual-influencer-miquela-is-back-this-time-brands-are-metaverse-ready, abgerufen am 3.9.2024.

Die eigene Community planen und aufbauen

1   https://de.wikipedia.org/wiki/Net_Promoter_Score, abgerufen am 27.8.2024.
2   https://de.wikipedia.org/wiki/Blue-Ocean-Strategie
3   Die Beispiele und der »One Trick Pony«-Ansatz stammen aus: Oliver Pott: *Personal Brands*, Campus 2024.
4   De Liz, Sheila: *Woman on Fire: Alles über die fabelhaften Wechseljahre*, Rowohlt 2020.
5   https://behaviormodel.org/, abgerufen am 9.9.2024.
6   https://blog.hubspot.de/marketing/disg-modell, abgerufen am 20.8.2024.

Die eigene Community führen, pflegen und wachsen lassen

1   https://econsultancy.com/companies-more-focused-on-acquisition-than-retention-stats/, abgerufen am 25.8.2024.
2   https://econsultancy.com/companies-more-focused-on-acquisition-than-retention-stats/, abgerufen am 25.8.2024.
3   https://de.wikipedia.org/wiki/EastEnders, abgerufen am 26.8.2024.

ÜBER OLIVER POTT UND KATHRIN HAMANN

© Ronny Barthel

Prof. Dr. Oliver Pott ist mehrfacher Digitalgründer und lehrt das Fach Entrepreneurship an der Fachhochschule der Wirtschaft in Paderborn. Eines seiner Unternehmen, ein Software-Start-up, hat er kurz nach der Gründung an einen französischen Konzern verkauft.

Seit mehr als 20 Jahren steht Oliver Pott als Keynote Speaker und Referent auf internationalen Bühnen und ist als Investor und Strategieberater mit dem Schwerpunkt Digitalisierung aktiv.

Seine Sachbücher erreichten Spitzenplätze auf den Bestsellerlisten von *Spiegel, Manager Magazin, Bild* und *Handelsblatt*. Sie wurden in sieben Sprachen übersetzt.

© privat

Dr. Kathrin Hamann ist Allgemeinmedizinerin, KI-Expertin und Autorin. Sie betreibt mehrere erfolgreiche deutsche Communitys und lebt mit ihrer Familie in München.